U0506610

国家航海

National Maritime Research

上海中国航海博物馆　主办

（第四辑）

上海古籍出版社

目 录

中国古代造船航海技术对日本的传播与影响

顿　贺*
（武汉　武汉理工大学　430063）

摘　要：本文以中国和日本的文物、文献为依据，较系统地介绍了中国古代的造船、航海技术，特别是船尾舵、橹、锚、水密隔舱及航海用指南针对日本的传播与影响。

关键词：造船技术　航海　古代　船舶

中国和日本是隔海相望的邻邦，中日之间在2000多年前就已开始了交往。中国既是大陆国家，也是海洋国家，日本是岛国。两国之间的交往必须通过航海才能实现，要航海就离不开船。因此，船舶技术与航海技术的交流自然伴随而生。

中国是具有五千多年文明史的古国，战国末期、秦代至五胡十六国时期，部分中国人移居到朝鲜半岛和日本。他们带去了中国先进的科学技术和文化，引发了日本从原始社会的绳文时代到农耕社会的弥生时代的社会变革。中国的文化、科学技术对日本产生了极大的吸引力。开始时，日本国王（倭奴国王、倭国王帅升、邪马台国女王卑弥呼、倭女王壹）遣使来华"入贡"，其实也带有考察目的。其后，日本人来华则是以学习中国的科学技术、文化为主要目的。从三国至隋、唐，特别是唐代，日本人不畏艰难险阻，频繁派遣使节、留学僧、留学生来中国学习。他们的学习是全面的，包括佛学、文字、诗歌、历史、美术、茶道、建筑、吏制、五刑、医学、历法、阴阳、教育、货币、杂戏等。宋至清代，除时有人员来华外，又把交往的重点放在了开展商品贸易活动上。

可以说，中国古代船舶与航海技术的东传仅仅是中日交流内容的其中之一。

一、中国和日本出现独木舟的年代

在距今约10000～4000年前，是中国的新石器时代。在新石器时代，由于人

---

* 作者简介：顿贺，武汉理工大学教授，研究方向为中国船舶科学技术史。

类能够保存火种并使用磨制石器,也就可以"刳木为舟,剡木为楫"制造独木舟了。

1977年浙江省余姚县河姆渡村出土了7000年前的雕花木桨,河姆渡的雕花木桨出土以后,曾经引起思索:最初的木桨应该是很简陋的,而用美丽的花纹进行装饰,属于锦上添花。以此推测,它应该不是最初的桨,最初的桨的年代要比这还早。这种分析被2001年浙江省杭州市萧山区跨湖桥遗址出土的的独木舟和木桨所证实,该遗址距今7500～8000年,跨湖桥的独木舟和木桨比河姆渡雕花木桨又早了很多年。跨湖桥的独木舟,内表面光滑平整,舟板厚度均匀,还有修补过的痕迹,表明此时的人们已经学会维修独木舟了。人类在最早制造独木舟的时候,既无经验也不熟练,制造出来的独木舟会是毛糙而粗陋的。造船时从粗制到精制,并且学会修补,如同从打制石器到磨制石器的进化。这种进化看似简单,在原始社会中却需要漫长的演进过程。以此分析,这条独木舟也不是最初的独木舟。

中国出现独木舟的年代当在距今10000～8000年之间。迄今,在中国不同的地区,已出土了几十条不同历史时期的独木舟。

在日本,也出土了一些不同时期的独木舟,最早的是福井县三方町鸟浜贝塚(今福井县南部鱼时川与高濑川合流之处)出土的独木舟,属绳文时代前期,距今约5500年。[1] 千叶县加茂遗址出土了独木舟和几把桨,其桨柄做工精美,距今5000±400年(史话,2)。此外还有千叶县烟町遗址出土的绳文时代后期的独木舟(史话,3),千叶县九十九里町出土的弥生时代(公元前3世纪～公元3世纪)的独木舟(史话,4),茨城县结城出土的古坟时代(公元4～6世纪)的独木舟和秋田县南鹿半岛出土的独木舟等(史话,5)。

已出土的文物表明,中国独木舟出现的年代至少早于日本2000～2500年。

二、早期船舶技术交流的线索

1977年,中国山东省荣成县松郭家村出土一条结构有些特殊的独木舟。这条独木舟底部留有横向的两个凸台,凸台规整,显然是有意留下的(图一)。这条独木舟距今3800～3000年。[2]

无独有偶,在日本千叶县八日市场町(图二)、千叶县下的印旛沼也出土了几条留有横向凸台的独木舟,凸台数量2～4个不等,时间比荣成的晚,属绳文时代晚期(史话,6)。

人类之初,船只沿海岸航行。山东半岛距日本较近,中日独木舟上的横向凸

[1] [日]石井谦治:《图说和船史话》,东京:至诚堂,1983年,第2页。因本文引用该书次数较多,为方便起见,后文以"(史话,页码)"格式标注,特此说明。

[2] 王冠倬:《中国古船图谱》,北京:生活·读书·新知三联书店,2000年,第21页。

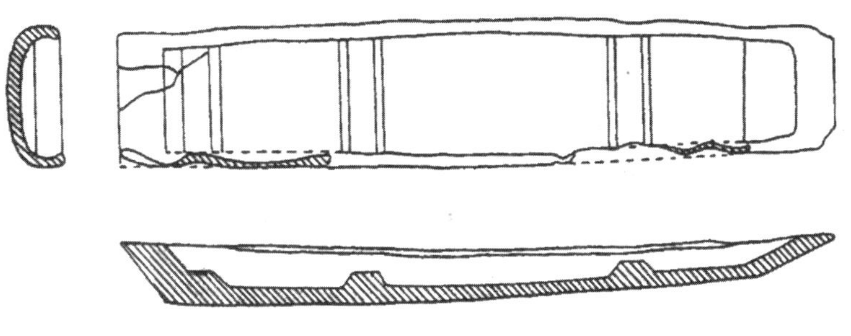

图一　中国山东省荣成县出土的有凸台的独木舟

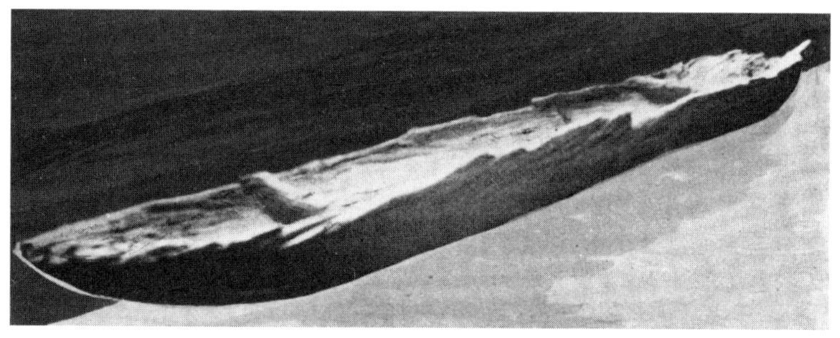

图二　日本千叶县八日市场町出土的绳文时代后期的有凸台的独木舟

台的出现，为了解早期中日造船技术的交流提供了信息。

三、早期木板船制造技术的传播

从河姆渡出土的文物可知，中国在7000年前已经建造过“杆栏式”建筑了，已经学会了剖木为板。遗址出土的企口板、榫卯结构和带锁钉的燕尾榫，[1]说明当时的木构技术已经发展到了一定的水平。

“在新石器时代的马家窑文化、大汶口文化、龙山文化和稍晚的齐家文化的遗存中，都发现有早期铜器或有关的线索”，[2]表明当时的人们已经掌握了青铜冶炼技术。1973～1974年河北省藁城市台西村商代遗址出土了铜制的凿、锯、刀、匕，铁(陨铁)刃的铜钺等。1976年在中国的河南省安阳市小屯殷墟遗址发现的商代妇好墓，出土了青铜器460余件(包括铜钺等武器)。金属工具的出现和使用为木板船的制造提供了方便。

在河南省安阳小屯，出土了大量殷墟甲骨文，甲骨文为象形文字。据中国科学院考古研究所于1965年编辑出版的《甲骨文编》可知，甲骨文的“舟”字和带“舟”字旁的汉字中的“舟”有几种书写方式。从字的结构分析，当时已经有了木

[1] 董贻安:《宁波文物集萃》，北京:华夏出版社，1996年，彩页第7页。
[2] 《中国大百科全书》编委会:《中国大百科全书·考古学卷》，北京:中国大百科全书出版社，1996年，第533页。

板船。中国最初的木板船以竹钉、木钉和榫卯连接船板。中国出现木板船的年代最晚也不会晚于殷商时期。

公元前1048年和公元前1046年，周武王在河南省孟津县(古称盟津)的黄河边与各路诸侯会师讨伐商纣王。周与诸侯联军仅用47艘船，便将数万大军、戎车和战马运过黄河。[1] 此时的船已经不是小划子，更不会是独木舟，应该是比较大的木板船了。

在中国，从新石器到青铜器再到铁器的使用，经历了漫长的历史过程。在日本则不然，青铜器和铁器在3世纪前后同时从中国传入。弥生时代后期，日本开始在九州北部开采铁矿。

战国至秦统一前夕，有的中国人为了躲避战乱，移居到朝鲜半岛和日本。秦代“徐福将童男女数千入海”求仙，同时也带去了船舶制造与航海技术。

中国的冶铜、冶铁及其工具的制造技术、水稻种子及栽培技术、织机技术等同时传入到日本，使日本发生了重大的社会变革。促使日本从绳文时代(至公元前1世纪)进入到弥生时代，有日本学者称之为“弥生的日轮”。

日本静冈县登吕出土的独木舟和茨城县结城出土的独木舟，都是弥生时代的遗物。船首内表面及外表面呈尖锐状，日本学者分析，只有使用铁器才能加工到这种精细的程度(史话，4)。

中国出土了三件绘有水战战船的战国时期的青铜器，两个铜壶和一个铜鉴。从其上的纹饰可以看出，当时的船已经有了甲板，船首尾起翘。中国广州市东郊出土的东汉陶船模，有舷伸甲板、棚屋，有桨的撑柱，还有船尾舵和有杆木锚(图三)。[2]

图三　中国广州出土的东汉陶船模(《中国大百科全书·考古学卷》)

日本福井县春江町出土的铜铎，是弥生时代的遗物。铜铎纹饰上面的船也是首尾高翘，有多把桨。宫崎县西都原出土的陶船模，时间比中国出土的东汉陶船模晚，属于日本古坟时代的遗物(图四)。这个陶船模的首尾高翘，有12个棒状物(也应为支撑桨的立柱)，船主体为刳船形，舷边用木板缝合(史话，7)，显然使用了金属工具。从结构、外形上分析，日本西都原的陶船模与中国东汉的陶船模可能有内在的联系。

[1] (宋)李昉等:《太平御览》卷四《舟部一》，北京:中华书局，1960年，第3415页。
[2] 《中国大百科全书》编委会:《中国大百科全书·考古学卷》，彩页第43页。

图四　日本宫崎县西都原出土的古坟时代的陶船模(底部为复合刳船结构)

在日本的古坟时代,王仁(自称汉高祖后裔)、阿知使主(自称汉灵帝后裔)带领一些中国人先移居到朝鲜半岛,继而移居到日本。[1] 据公元720年完成的《日本书记》载,雄略天皇七年(公元463年)派吉备弟君偕欢因知利到百济交涉,"天皇又命百济国贡献贤人",将技艺超群、有技术专长的大批人才引进到日本,[2]这些人中可能不乏船舶技术人员。

日本主动吸收来自中国的文化、科学技术,并多次派人来中国学习。首次派人来中国是公元57年,即东汉光武帝建武中元二年。其后,日本又多次派出使节、留学生、留学僧到中国学习。这些活动为中国船舶技术的东传创造了条件。

随着对船舶载量增大的需求,一根独木刳成的独木舟的载量越来越难以满足现实需要。到了5世纪,在日本出现了"复合刳船结合法"。[3] 首先在船底用两段以上的独木先挖成独木舟的槽型,再以舌形榫纵向搭接,再通过木栓闩起来,船侧加木板。这种结构的船称之为"准结构船",西都原出土的陶船模就是典型的准结构船(图五)。东汉陶船模底部也具有复合刳船特征,其横向用梁支撑。

这种底部以舌形榫纵向搭接的复合独木舟的结构形式,在中国也有实物例证,如1975年山东省平度县出土的隋代双体独木舟。[4]

日本到了室町时代(公元1393～1576年),为了满足商品流通量日益增大的需求,船舶更为大型化。船侧外板数量增加,在外板上挖槽孔,再用1～3根木栓联接(这种木栓,在日本称为"船梁",与高丽船的"驾龙木"相似),船底板用复合独木舟式舌形搭接,连接形式可见于《图说和船史话》的第9、32、33、47页。这就

[1] 王勇:《日本文化·模仿与创新的轨迹》,北京:高等教育出版社,2001年,第192页。

[2] 王勇:《日本文化·模仿与创新的轨迹》,第193页。

[3] 在日本,独木舟称"刳船";船底用两个或两个以上独木舟舟体纵向搭接,船侧以上用木板的船称"复合刳船"或"准结构船";全木板结构的船称"结构船",前期的结构船以"船梁"作横向支撑,后期的结构船以横舱壁作横向支撑。

[4] 席龙飞:《中国造船史》,武汉:湖北教育出版社,2000年,第20页。

图五　日本出土的古坟时代的古船(底部为复合刳船式结构,《图说和船史话》)

是日本一直使用到江户时代(公元 1603～1868 年)的中、小型木船的典型结构形式。

日本的全木板式结构船出现在 16 世纪后半叶至 17 世纪初,开始主要作为军船来使用。

日本早期的全木板结构船用船梁作横向支撑。文禄元年(公元 1592 年),丰臣秀吉出兵侵略朝鲜时用的军船“大安宅丸”(史话,271)、“小安宅丸”、“关船”(图六)、“小早”等还没出现舱壁(史话,158)。直到公元 1786 年的“三国丸”,才“设置了中国式的舱壁七道”(史话,290)。

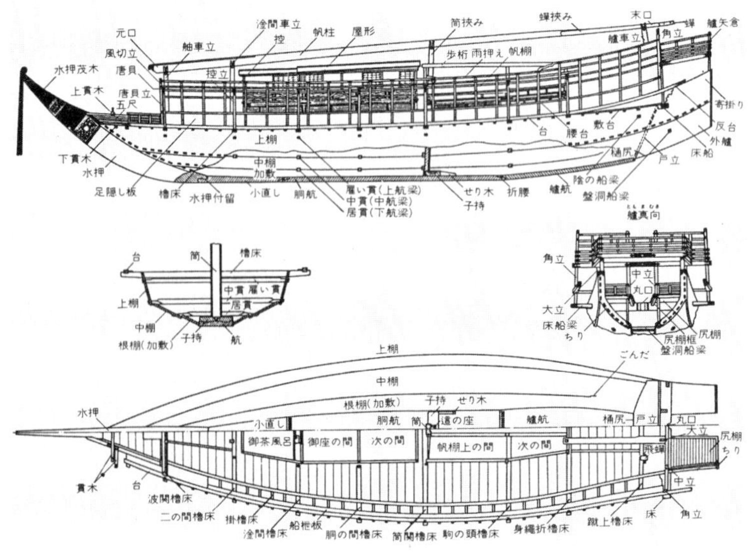

图六　日本江户时代的关船基本结构图(《图说和船史话》)

东汉至隋代,中日之间来往密切。在日本,出土了东汉光武帝及魏明帝赐给日本的印章,公元 239 年,日本邪马台女王卑弥呼曾遣使访魏。在隋代,日本遣隋使小野妹子、高向玄理等带着团队来中国学习文化,中国的裴世清也曾代表隋朝廷回访日本。自公元 57 年至公元 614 年，日本共向中国遣使 39 次。[1]

从唐代开始，日本全面的学习中国文化和科学技术。日本兴办有关技艺学校，并派遣大批留学生、留学僧来华学习深造。在公元 630～849 年间，共派遣唐使船 21 次，由于各种原因，有 4 次中止，每次大多是 4 艘船，乘员 100～500 人。其中，公元 630～669 年的 6 次，从日本岛出发，然后跨朝鲜海峡，沿朝鲜半岛西岸北上，经辽东半岛、庙岛群岛到达山东登州港。日本船早期来中国时，都是沿岸航行，“朝出夜泊”。由于日本发兵侵略朝鲜，而又在白村江战役中战败，其势力被迫退出朝鲜半岛。此时期，日本与新罗关系恶化。因此，在公元 702 年以后的日本遣唐使船不得不以改走南路为主，属跨海航行。初期跨海航行的船是日本自己建造的遣唐使船，由于造船技术不够成熟，同时对季风规律还没有掌握，因而出现多次海难事故(史话，23)。后期的遣唐使船，聘请了中国的造船师和操驾人员。此时无疑直接使用了中国的帆船技术。据完成于公元 797 年的《续日本记》记载，公元 732 年的遣唐使船是在日本的近江、丹波(奈良地区)、播磨(兵库县)、备中四国建造的，公元 761、771 年等五次的遣唐使船是在日本的安芸国建造的(史话，23)，还有的遣唐使则直接乘坐中国的船只。

小野妹子、高向玄理、吉备真备、高元度、最澄、空海(谥号弘法大师)、圆仁、圆珎等人都是当时来华著名人物。圆仁和尚于公元 838 年著有《入唐求法巡礼行记》一书，而阿倍仲麻吕(晁衡)、鉴真和尚(扬州龙兴寺高僧)更是为中日传统友谊做出了突出贡献。在此期间，民间贸易也十分活跃，出现了张支信、李邻德、李处人等著名海商。

四、船尾舵的东传

舵是船舶的重要操纵设备，通过操舵可以控制船舶航行的方向。北宋《太平御览》引赵壹《嫉邪赋》：“奚异涉海之失柁，坐积薪而待燃”，[2]明代民谚说“上怕七洲，下怕昆仑，针迷舵失，人船莫存”，[3]可见舵是非常重要的。即使在现代，舵仍然是各类船上应用最广泛的操纵设备。

中国在汉代发明并使用了船尾舵。广州出土的东汉陶船模的船尾有舵，该舵还可以升降。东汉刘熙的《释名》有：“舡尾曰柂(即“舵”)，𣏾也，在后见𣏾曳，且弼正舡不使他戾也”(图七)，[4]这是“舵”的最早的文字记载。安徽省柳孜运河出土的唐代木船船尾有舵，天津市静海县元蒙口出土了宋代内河船的平衡舵。[5]

---

[1] 顿贺：《唐初日本赴登州遣唐使船船型的探讨》，载《海上丝绸之路与蓬莱古船·登州港国际学术研讨会论文集》，烟台：黄海数字出版社，2012 年，第 50～51、48～50 页。

[2] (宋)李昉等：《太平御览》卷四《舟部一》，第 3418 页。

[3] (明)黄省曾著，谢芳校注：《西洋朝贡典录校注》，北京：中华书局，2000 年，第 10 页。

[4] (汉)刘熙著，(清)王先谦撰集：《释名疏证补》，上海：上海古籍出版社，1984 年，第 380 页。

[5] 席龙飞：《中国造船史》，第 154 页。

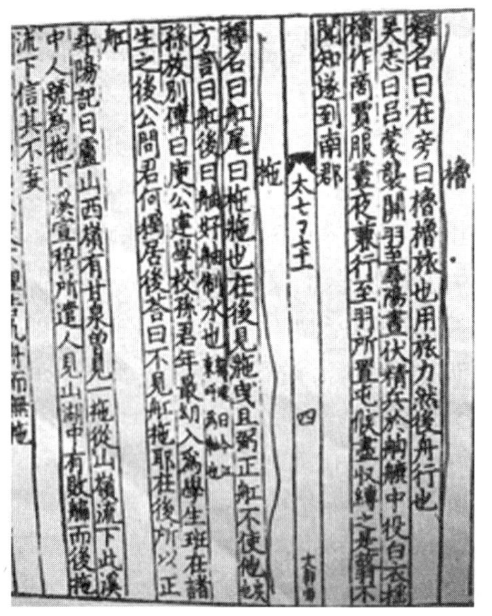
櫓
釋名曰在旁曰櫓櫓旅也用旅力然後舟行也
吳志曰呂蒙襲關羽至尋陽盡伏精兵於𦪇䑶中使白衣搖
櫓作商賈服晝夜兼行至羽所置屯候盡收縛之是故羽不
覺知遂到南郡
太七了主 四
柂
釋名曰舡尾曰柂柂拖也在後見拖曳且弼正舡不使他戾也
方言曰舡後曰舳舳制水也
孫放別傳曰庾公建學校孫君年最幼入為學生班在諸
生之後公問君何獨居後荅曰不見舡柂耶在後所以正
舡
尋陽記曰盧山西嶺有甘泉曾見一柂從山嶺流下此溪
中人號為柂下溪宣穆所遣人見山湖中有敗䑸而後柂
流下信其不妄

图七　刘熙《释名》中中国汉代发明舵、橹的记载

唐代郑虔的绘画作品绘出了舵杆垂直于水线的船尾舵。五代与宋初的郭忠恕的《雪霁江行图》、北宋张择端《清明上河图》和北宋王希孟的《千里江山图》均绘出了船尾的平衡舵。到了北宋，内河船已经十分普遍地使用平衡舵了。

中国发明的船尾舵最早在隋唐时期传入日本。《吉备大臣入唐绘词》，绘于12世纪，其参考了绘于11世纪的《圣德太子绘传》，图中的遣唐使船船尾绘有三副舵（图八）。吉备大臣即吉备真备曾于公元751年作为遣唐副使来中国，于公元753年回到日本。绘于镰仓时代的《传久米寺天神缘起绘卷》，（史话，19）画中的遣唐使船船尾也画出了舵（图九），后两个绘画都是镰仓时代（公元1192～1334年）的作品，是目前已知的日本最早的关于舵的资料。舵传入日本的时间，日本学者石井谦治认为，日本"最迟在平安时代普遍使用了舵"（史话，7）。

图八　日本遣唐使船所表现的辘轳、三副舵（《吉备大臣入唐绘词》）

中国的舵杆轴线垂直于水线的船尾舵出现于唐代，被现存于台北"故宫博物院"的唐代郑虔的绘画和其后的中国古船画得到证实。这项技术后来也传到了

图九　日本遣唐使船所表现的辘轳、舵、硬帆(《传久米寺天神缘起绘卷》)

日本。12 世纪时,中国的三副舵技术传入日本。

五、橹的东传

中国在汉代发明并使用橹。船在水中航行,浅水可撑篙、划桨,逆水急流可拉纤,有风可使帆。橹比桨效率高,俗话说“一橹抵三桨”。在水流平缓区域航行的小型船,尾橹还兼代了舵的功能。刘熙《释名》中“在旁曰橹,橹,旅也,用旅力然后舟行也”,[1]是关于橹最早的记载。三国吕蒙“使白衣摇艣作商贾人服,昼夜兼行”,[2]袭击驻荆州的关羽。其后关于橹的记载就多了,明代不少的战船配橹,著名的郑和七下西洋的船队中就有“大八橹”、“二八橹”船,南京静海寺残碑上关于下西洋船队中的船舶,也有“八橹船”的记载。中国古代绘画作品中,画出橹的不胜枚举,如隋代画家展子虔的《游春图卷》,唐代王维的《辋川图》(图一〇),而南唐赵幹的《江行初雪图卷》画的摇橹较为细致。其后,宋、金、元、明、清代绘画作品表现摇橹的就更多了。

中国的橹传入到日本的最早证据是见于 7 世纪遣唐使船。石井谦治在《图说和船史话》中写到:“在日本,自绳文、弥生到古坟时代的数千年中,一直用桨,在七世纪左右遣唐使船引进中国帆船技术才使用橹”(史话,327)。完成于公元 780 年的《万叶集》(日本最古老的和歌集,全集 20 卷,收录日本和歌与汉诗),收录了公元 736 年遣新罗使一行人的航行记事诗,记事诗中有櫂(或橹)的描述(史话,21)。僧人圆仁著于公元 838 年的《入唐求法巡礼行记》中也有“升起帆,摇起

[1] (汉)刘熙著,(清)王先谦撰集:《释名疏证补》,第 380 页。
[2] (清)杨晨:《三国会要》,北京:中华书局,1956 年,第 321 页。

图一〇　中国唐代王维的《辋川图》

橹”的描写(史话,327)。日本早期使用的橹由一根木头制成,称为“棹橹”,16 世纪末才用两段木相缠接,称为“继橹”。“依据天正十三年(公元 1585 年)路易斯・福罗易斯的《日欧文化比较》,日本用二根木做成的继橹在十六世纪后期应用是确定无疑的”(史话,328)。

六、辘轳(绞车)的东传

中国很早就发明了提起重物的工具辘轳,如在湖北省铜绿山出土的春秋战国时期的铜矿井用的辘轳上的辘轳轴(图一一)。[1] 隋代五牙战舰拉拽起拍杆用的就是辘轳。辘轳用在船上,也叫绞车。1965 年,南京汉中门外中保村出土了明代绞车的车关、车耳。绞车用以升降帆、舵、锚、碇等。

辘轳在唐代传入日本,日本的遣唐使船船首设有辘轳,并在日语词汇中出现了“辘轳”、“橹棚”、“船底第二布材”、“平铁”等专用术语(史话,26)。镰仓时代的画作《传久米寺天神缘起》绘卷(史话,19)、《弘法大师绘传》(史话,27)等日本绘画作品,也有对辘轳的描绘。

[1] 《中国大百科全书》编委会:《中国大百科全书・考古学》,第 533 页。

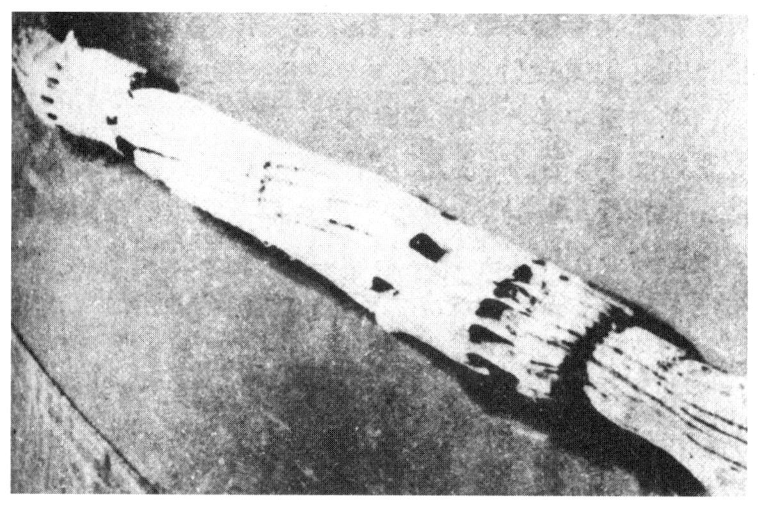

图一一　中国湖北铜绿山出土的春秋战国时期的辘轳轴

七、宋元明清时中国船舶技术的东传

自五代至宋代,中日贸易活跃。《华严缘起》绘卷有来自宋的船只(图一二)。北宋时期,以朱仁聪为首的中国商人曾到日本开展贸易。南宋时期,日本锁国,禁止日本船只渡宋,因而出现了私下的对宋贸易船。他们满载平安贵族所需的珍品,获利甚大。此外还有高僧荣西、明范等僧人来宋,学习佛教、汉文化。日本承志三年(公元 1179 年)引进全千卷的《太平御览》,其后的 80 年又引进数十套,还引进宋版的《一切经》(即大藏经)70 余套。京都的泉涌寺僧俊芿和东福寺的开山祖师圆尔从宋归国时就分别携带儒书 256 卷和内典、外典数千卷。

中国的茶文化历史悠久,荣西(号明庵)于公元 1168 年乘船来华,在归国时携带茶种,并著《吃茶养生记》两卷,创建了日本的茶道。日本还通过贸易筹集建

图一二　去日本的宋船(船尾舵、硬帆、木石锚、辘轳,《华严缘起》绘卷)

寺院的经费，如公元1206年再建的东大寺。公元1341年，足利尊氏筹建天龙寺，向元朝派出“天龙寺船”进行贸易。

这一时期，日本用的商船多是吴、越商船，并以中国的杭州为中心。日本商人还雇请中国造船师造船，连船的操驾都雇请中国船员，并且能利用季风。这些船相对唐代的遣唐使船更为安全可靠。

从《华严缘起》绘卷看，遣宋船使用了可转动的中国式硬帆、木石锚、设舻屋等。日本本土建造的船，主要用于日本国内漕运，运送贡米。从镰仓时代的《北野天神缘起》绘卷（史话，35）可以注意到，当时日本本土的船船首有木石锚，用席帆，有尾舵，属准结构船。

作为船舶，有航行也必有停泊。泊船有岸边系泊、下碇、抛锚等几种形式。到了汉代，中国已经使用了有杆木锚，东汉出土的陶船模船首就是有杆木锚，[1]其外形和工作原理，同现代有杆海军锚。

日本经历了碇—木锚—铁锚三个阶段。唐初以前，日本用重石或系缆的方式实现船的停泊。《吉备大臣入唐绘词》（史话，29）中的遣唐船用的是碇。去日本的宋船则用的是木石锚和竹篾制的硬帆，见《华严缘起》绘卷。12世纪末至13世纪初，日本船也使用了木石锚，这从《北野天神缘起》绘卷（史话，32）中可以得到证实，日本也有中国宋元时期木石锚上的石碇出土（图一三）。[2] 日本把铁锚作为设备，最早的文字记载是广仁二年（1468）的《戊子入明记》（史话，324）。

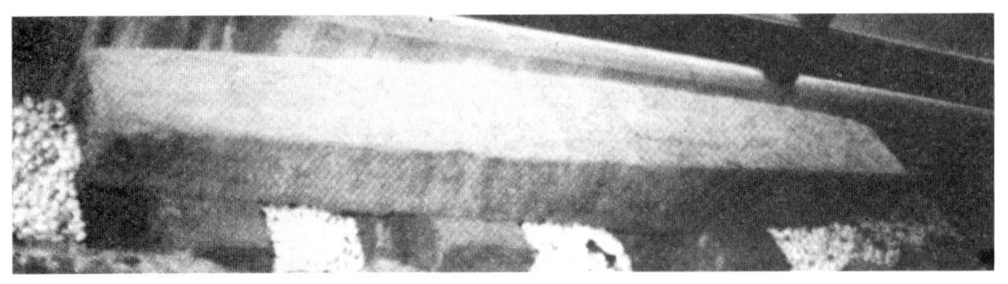

图一三　日本平户市海城出土的中国宋代海船木石锚上的碇石（《中国古船图谱》）

在中国，早期时把铁锚写成“铁猫”，后来才将“铁猫”改为“铁锚”。南宋末年，宋元双方的水军战于沙武口，宋军的水师“搭船三百只，左右前后皆置棹。先棹以迎之，俟彼船出口子，即以铁猫儿罥定，复回棹拽其船以归”，[3]说明当时使用的是铁锚。中国现已有金代、元代、明代、清代的三爪铁锚、四爪铁锚多个实物出土。

到了明代，中国的大型船舶上还配有大铁锚。在紧要关头还要抛下大锚，称为“看家锚”。从明代宋应星《天工开物》的“锤锚图”中可看出大铁锚锻造的场面。郑和七下西洋时，“篷帆锚舵，非二三百人莫能举动”，那时候的锚已经很大了。

中国四爪铁锚传入到日本的证据是室町时代（公元1393～1576年）的遣明船，《戊子入明记》有“铁猫”的记载。“15世纪前期的《神功皇后缘起》绘卷（公元

[1] 席龙飞：《中国造船史》，第94页。
[2] 王冠倬：《中国古船图谱》，彩图第9～12页。
[3] （宋）周密撰，吴企明点校：《癸辛杂识》，北京：中华书局，1988年，第128页。

1433年的绘卷)的军船画出了四爪铁锚"(史话,324)。其后,铁锚在日本广泛应用,如羽贺濑船、北国船、弁才船等等。

元代,中日之间的贸易主要是民间贸易。韩国新安郡道德岛出土的中国元代商船是在中国福建建造的去日本的商船。

在13～14世纪,日本造船师建造的大海船,船体仍然是准结构的。

到了明代,中日之间以私下民间贸易为主,也有官方贸易。公元1401年,足利义满与永乐皇帝达成勘合贸易协定,以有无勘合符为准,无勘合符的,属走私,被禁止。这一时期的遣明船,是由日本商船改造而成的(史话,50),这是当时的船型特点。从这一时期起,日本开始使用摺锯,摺锯的外形完全不同于中国和朝鲜半岛木工使用的锯。船体的结合部仍然采用船梁作横向支撑。据申叔舟的《海东诸国记》,日本在公元1431年前后开始使用铁钉(片状,与中国的木船用的铲钉完全不同)连接船板,"船体的结合部还没使用铁钉"(史话,46)。日本船用片状钉连接船板的方法一直延续到江户时代,而中国广州皇帝岗出土的西汉木船模和湖南长沙出土的西汉16桨船模充分证明了中国在秦汉时期已经普遍使用铁钉连接船板。

公元1431年时,日本船还处于"用短水草塞缝"(史话,58)的阶段。从1978年在中国河北省平山县出土的战国中山王墓的葬船坑内有油灰和油抹布的遗存信息看,早在战国时期,中国船已经使用舱料进行捻缝了。

在公元1431年前后,日本船的主体虽然仍是准结构的,但是船已经大型化。从公元1401年开始,日本频繁派遣遣明船(图一四)。公元1401～1408年间,共派遣遣明船6次,其中1402年第2次有6～7条船,1403年归国,获利20万贯。贸易属朝贡贸易,"不征收关税,连滞留费、搬运费、归国费也由明朝方面负担,所以日本方面的贸易利润很大"。[1] 当时一贯可购一石米,可见获利惊人,使得建造社、寺、官邸、豪宅变为易事。中间,足利义持中止了一段勘合贸易,在公元1432～1547年间恢复,又进行了11次贸易,共用船只51条。遣明船在宁波验证勘合符,在北京进行交易。明朝廷发放了永乐、宣德、景泰、成化、弘治、正德六种勘合符,日本以进口铜钱为主。

日本还派船出使朝鲜,载回"大藏经"。16世纪末日本船开始采用大布帆,此前用席帆。由于用席帆是日本多年的习惯,且成本低,与布帆同时并存。

明末清初,日本处于江户时代,并与东南亚、中国保持着贸易关系。日本自己从事对外贸易的船称"朱印船",贸易以日本官方发给的朱印状为凭(图一五)。朱印船的种类有末次船、荒木船、角苍船等。朱印船有的是日本原来的商船,有的是在日本松浦建造的中国式商船,有的则是直接购买的中国船,雇请在吕宋、越南谋生的中国人当船长、船员。朱印船中的末次船、荒木船以中国船型为主,但船首有斜杆,尾用西方帆,尾楼融入西洋式,吸收了一些西洋帆船的特点。

为了学习中国的造船技术,日本派人将泊于长崎港的中国式帆船以工笔画

[1] [日]依田熹家,《简明日本通史》,第90页。

图一四　日本用大型商船改装的遣明船(《真如堂缘起》绘卷)

图一五　1624～1643 年日本与明贸易朱印船中的末吉船

的形式进行了详细的描绘(计 11 幅),并以“间、尺、寸”为单位记录了各部尺寸,准备仿造。这就是现珍存于日本松浦史料博物馆的著名船画“唐船之图”。[1]泊于长崎港的,除中国船外,还有中国造船师建造的越南、泰国、爪哇船只,实际也是中国船型。

八、指南针用于航海

船在海上航行,大海茫茫,水天一色,若遇阴雨天气,不见日月星辰,很容易迷航。此时,辨别方位就全靠指南针了。

中国很早就发明了指南装置,到了北宋,指南针普遍用于航海。北宋朱彧的

[1] 王冠倬:《中国古船图谱》,彩图第 27～32 页。

《萍洲可谈》:"舟师识地理,夜则观星,昼则观日,阴晦则观指南针",[1]徐兢于公元1124年撰写的《宣和奉使高丽图经》:"若晦冥,则用指南浮针,以揆南北"。[2]

航行于海上的中国木帆船大多设有"针房",郑和下西洋时,使用指南针前还有祷念"祝针神文"的仪式。

在明代时,日本船开始使用指南针。永正二年(公元1505年)的航海书《船行要术》有遣明船使用指南针的记载。其后的《策彦和尚初渡集》也有"变针路朝寅方向航行"等有关指南针的记载(史话,55)。

九、水密舱壁技术的东传

将船主体通舱用横向隔板分隔成若干个独立的空间,这就是水密隔舱技术。它有利于船舶的抗沉性,便于满足不同舱室的使用需求,更有利于船舶的横向强度,还有利于船舶向大型化发展,现代船还有利于防火、防毒。按法规规范要求设置水密舱壁,早已是世界各国制造船舶必须遵守的准则。

中国发明并使用水密舱壁技术的记载可见于唐欧阳询著的《艺文类聚》一书,书中引用晋书《义熙起居注》:"卢循新造八槽舰九枚,起四层,高十余丈"。[3] 八槽就是将船分隔成八个舱。据《晋书·卢循传》分析,卢循建造八槽舰的时间应是公元410年。出土的江苏省如皋唐船、江苏省扬州施桥唐船、宁波宋代海船、泉州宋代海船等多条古船已经证实了水密隔舱这项重大技术的发明(图一六),《天工开物》、《兵录》、《南船记》、《船政》、《龙江船厂志》等多种中国古

图一六　中国泉州出土的宋代海船的横舱壁(局部)

[1] 席龙飞:《中国造船史》,第137页。
[2] (宋)徐兢:《宣和奉使高丽图经》,宁波天一阁藏书。
[3] 席龙飞:《中国造船史》,第79~80页。

代文献也有设置舱壁的记载(史话,55)。

文禄二年(公元1593年)土佐光信绘制的《肥前名护屋城图屏风》画中的“安宅丸”、“关船”、“小早”还没有舱壁,在宽永七年(公元1630年)三代将军家光乘坐的御座船“天地丸”上也没有舱壁,宽永八年大型豪华御座船“安宅丸”船尺度虽大,仍是用上船梁、中船梁、下船梁支撑(图一七)(史话,272),也还没有舱壁。17世纪末的“弁才船”也无横舱壁。天明六年(公元1786年),日本在大阪建造的“三国丸”被认为是“和中洋相结合的折中式船舶”,有了七道横舱壁(图一八)(史话,290),可见日本采用水密隔舱技术应是在17世纪末至1786年之间。日

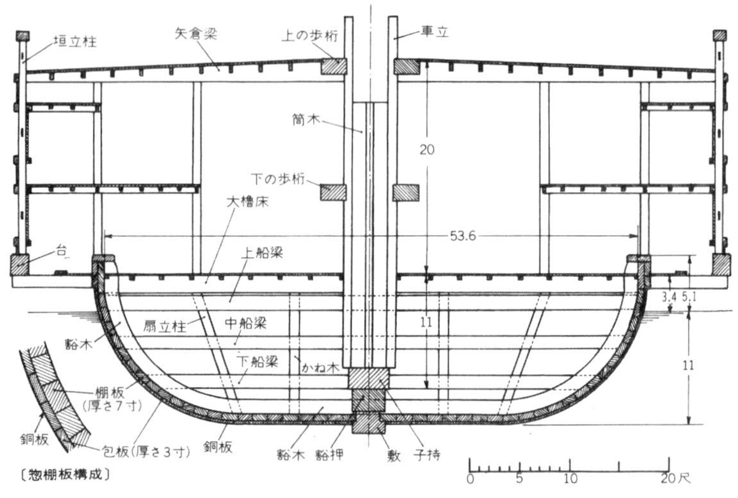

图一七 1593年日本“安宅丸”号的横剖面图(《图说和船史话》)

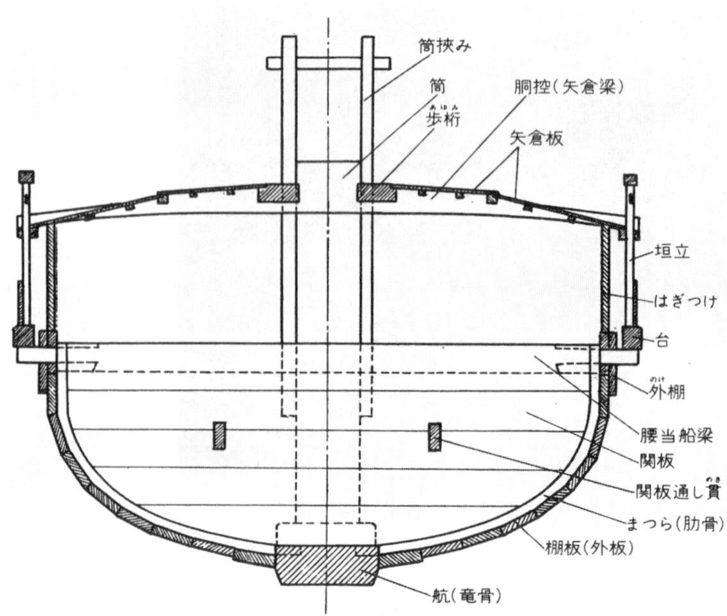

图一八 1786年日本“三国丸”号的横剖面图(《图说和船史话》)

本称舱壁板为“关板”。

十、其　　他

中国古船上层建筑宫殿式造型的出现，至少可以追溯到两千多年前的西汉楼船。在中国古代，龙船、凤船又称为“龙舟”、“翔螭舟”、“鹢首舟”。隋代、宋代的龙舟豪华漂亮的程度达到了顶峰。美丽的外观造型和至高无上的地位与权利的象征也影响到日本。据《年中行事绘卷》(史话，149)，在平安时代的12世纪后期，日本天皇、贵戚乘坐的御座船就有龙船和鹢船(凤船)。

日本天明八年(公元1788年)的绘画“安宅丸”(松浦史料博物馆藏)，《御船图卷》、《御船之图》的“安宅丸”图和日本延宝八年(公元1680年)的“日本丸”图，均反映出船首用龙头龙身立体装饰。12世纪末的《年中行事绘卷》中即绘有龙舟，也有凤舟(史话，149)。“大安宅丸”的上层建筑采用了中国古典建筑中的歇山顶式的建筑风格。

应该注意到，朝鲜半岛的造船技术对日本的传播和影响也是不可忽视的。在5世纪的时候，新罗王曾派出使节出使日本。一次，由于新罗使节不慎引起火灾，使武库水门(今兵库县武库郡)停泊的许多日本船只被烧毁，新罗王以献上船匠作为赔偿。这些船匠被留在了日本，并带去了朝鲜半岛的船舶建造技术。据《雄略记》记载，日本猪名部的工匠使用了画线用的墨绳，传说这些工匠是新罗船匠的后裔，“反应了倭政权积极渴求来自南朝鲜的技术人员(的要求)”(史话，9)。

船首的“水押”，船头用于系泊的“横贯木”，用片状铁钉缝合船板，中小型船长期以席帆(日本称之为“筵帆”)为主，准结构船经久不衰，锯木使用摺锯等，体现了古代日本本土船舶技术的特色。

参考文献

1. [日]家永三郎,《日本文化史》,北京:商务印书馆,1992 年。
2. 王辑五:《一六〇〇年以前的日本》,北京:商务印书馆,1983 年。
3. 王勇:《日本文化》,北京:高等教育出版社,2001 年。
4. [日]茂吕美耶:《江户日本》,桂林:广西师范大学出版社,2006 年。
5. 叶渭渠:《日本文化史》,桂林:广西师范大学出版社,2005 年,第 2 版。
6. 赤军:《宛如梦幻・日本人的历史》,北京:现代出版社,2008 年。
7. 中国古代绘画作品:展子虔(隋)《游春图卷》,王维(唐)《辋川图》,郑虔(唐)《山水画》,赵幹(南唐)《江行初雪图卷》,郭忠恕(后周～北宋)《雪霁江行图》,张择端(北宋)《清明上河图》,王希孟(北宋)《千里江山图卷》,佚名(宋)《江天楼阁图》,仇英(明)《清明上河图》,王翚(清)《康熙南巡图》,徐扬(清)《乾隆南巡图》、《姑苏繁华图》,陈枚等(清)《清明上河图》,江萱(清)《潞河督运图》等。
8. 日本古代画家有关"船画"的绘画作品。

对日本历史的年代划分,各书有别。本文依据依田熹家《简明日本通史》中的"日本历史年表"进行归纳,并参考《中国大百科全书・考古学卷》,提出了一个日本历史年代划分的简明框架,仅供参考:

前陶器、绳文时代:洪积世的前陶器文化(包括旧石器文化),冲积世的绳文文化(新石器文化,从公元前数千年开始)。约在公元前 1 世纪左右,倭小国分立。

大和时代:自公元 266 年到公元 718 年,包括弥生时代(注:约公元前 3 世纪到公元 3 世纪)、古坟时代(约公元 4～6 世纪前后,日本在 3 世纪后期出现巨大古坟),飞鸟文化、白凤文化、天平文化。

奈良时代:自公元 718～794 年,天平文化。

平安时代:公元 794～1191 年,包括天平文化、弘仁、贞观文化、藤原文化。

镰仓时代:公元 1192～1334 年,包括藤原文化、镰仓文化。

南北朝时代:公元 1335～1392 年,包括镰仓文化、北山文化。

室町时代:公元 1393～1576 年,其中公元 1477～1576 年又为战国时代,包括北山文化、东山文化(注:可能还包括桃山文化)。

安士、桃山时代:公元 1576～1600 年,桃山文化。

江户时代:公元 1603～1868 年,包括桃山文化、元禄文化、化政文化、文政文化。

明治时代:公元 1868～1912 年,包括文明开化、明治文化、大正文化。

大正时代:公元 1912～1925 年,大正文化。

昭和时代:自公元 1925 年起,昭和文化。

The Diffusion and Influence on Japan from Shipbuilding and Marine Technology of Ancient China

Abstract: This article is a systematic introduction about shipbuilding and marine technology in ancient China on basis of cultural relic and literature of China and Japan. Especially the sternward rudder, watertight compartments, oar, ding (which is made of stone to fastened the ship before the anchor is existed), anchor made of wood and stone, grapnel, navigational compass, which has exerted a profound influence on Japan.

Keywords: Shipbuilding Technology, Navigation, Ancient, Ship

近代启蒙思想家严复的海权思想

——一个有关马汉海权思想引介与运用的考察

冯志阳[*]　　侯　杰[**]
（上海　华东师范大学历史系　200241）

摘　要：虽然中国是一个陆海兼具的国家，但自古便以陆立国，缺乏经营海洋的意识。近代以来，西方列强从海上侵入中国，催生出以消极防御为明显特征的"海防论"思想。与清末海军关系极为密切的严复，将产生于19世纪末20世纪初的马汉的海权理论引入中国，使近代中国的海防建设理论从"海防论"思想转为以更为积极的海权思想为指导。

关键词：严复　马汉　海权　海防论

一、引　　言

严复是中国近代思想界的巨人，堪称启蒙思想家。纵观严复充满传奇的一生，大半与清末的新式海军相联系，与北洋水师学堂更是密不可分。严复15岁的时候进入福州船政学堂学习，后又赴英国格林尼茨皇家海军学院深造。他既是中国近代第一批专门修习海军的学生，又是中国第一代放洋国外的海军留学生。回国后，严复先后任教于福州船政学堂及北洋水师学堂，是中国近代新式海军教育的奠基者之一。故严复曾说："军中将校大率非同砚席，即吾生徒。"[1]

不仅如此，严复对中国海防理论也做出过一系列的重要贡献。他不仅最早将马汉（亦译为"马翰"）的海权论引入中国，并借宣传海权论之机，倡议重建海军，而且还为重建清朝海军绘制了蓝图。可见，严复是中国近代海军史和海防史上一位不可或缺的人物。但对严复海权思想的研究，特别是他对马汉海权思想

---

* 作者简介：冯志阳，男，湖北人，华东师范大学历史系博士，上海社科院历史所助理研究员。

** 作者简介：侯杰，男，天津人，南开大学历史学院教授、博士生导师。

[1] 严复：《〈海军大事记〉弁言》，王栻主编：《严复集》，北京：中华书局，1986年，第2册，第352页。

的引介与运用的研究还有待进一步深化。[1] 故本文拟透过对马汉海权思想引介与运用的考察，初步探讨中国近代启蒙思想家严复的海权思想。

二

1890年，美国海军学院院长马汉出版了《海权对历史的影响，1660—1783》一书，正式提出被西方人奉为经典的"海权理论"。之后，他又相继出版了《海权对法国革命及其帝国的影响，1793—1812》(1892年)、《海权及其与1812年战争的关系》(1905年)。三书合称"海权论三部曲"，再加上1911年出版的《海军战争论》，基本上形成了他的近代海权理论。[2]

马汉的海权论著作一经出版，立即引起世界各国海军界人士的广泛关注，并被迅速译成德国、法国、日本、意大利、俄国、西班牙等国文字，其中日本人的翻译或译述最多。马汉的上述著述不但被各国海军将领奉为经典，而且还成为日本及一些西方政治家和战略家们的重要参考著作，对近代海军建设及其学术研究均产生了巨大的影响。由是促成了19世纪和20世纪之交，英国、德国、美国、日本等国扩充海军、发展商务与海外殖民的浪潮。从此，"海权"一词成为军事家、政治家、历史学家的日常用语。[3]

在中国，最早使用"海权"这一词语的是清朝驻德国公使李凤苞。他翻译了奥匈帝国普兰德海军军官学校阿达尔美阿所著的《海战新义》(1885年)一书，其中就有"凡海权最强者，能逼令弱国之兵船出战"的内容。[4] 但是，《海战新义》并未就海权的内涵和外延加以界定和阐释，在当时也没有产生比较大的影响。1890年，当马汉海权理论的经典著作《海权对历史的影响，1660—1783》出版之后，经严复的推介，其海权论才在中国传播开去。[5]

---

[1] 王荣国:《严复海权思想初探》,《厦门大学学报(哲学社会科学版)》2004年第3期;叶芳骐:《试论严复的海权思想》,载《中国近代启蒙思想家——严复诞辰150周年纪念论文集》,北京:万志出版社,2003年。

[2] 李金强:《严复与清季海军现代化》,载《书生报国——中国近代变革思想之源起》,福州:福建教育出版社,2001年,第117～118页;刘永涛:《马汉及其"海权"理论》,《复旦大学学报(哲学社会科学版)》1996年第4期,第70页。

[3] 李金强:《严复与清季海军现代化》,载《书生报国——中国近代变革思想之源起》,第117～118页。

[4] 海军司令部《近代中国海军》编辑部:《近代中国海军》,北京:海潮出版社,1994年,第1121页。

[5] 皮明勇:《海权论与清末海军理论建设》,《近代史研究》1994年第2期;李金强:《清季十年关于海军重建之筹议(1901—1911)》,载《书生报国——中国近代变革思想之源起》,第127～129页。据皮明勇的研究,清末海军界对于马汉"海权论"的认识,始于1900年日本人剑潭钓徒发表于上海《东亚时报》的《海上权力要素论》一文。该文译自马汉的《海权对历史的影响》中的第一章。1910年,留日海军学生创办《海军》杂志,重刊该文。虽始终未翻译全书,但该书的前言和第一章实为海权论要义所在。马汉的"海权论"因此为清末海军界所了解。

1897年11月，德国强占胶州湾后，俄国不甘落后，于当年12月侵入旅顺湾，强占旅顺和大连。严复在《国闻报》上接连发表《驳英泰晤士报论德据胶澳事》、《论胶州章镇高元让地事》、《论胶州知州某君》、《论俄人为中国代保旅顺大连湾事》、《再论俄人代守旅顺大连湾事》、《拟上皇帝书》等文章，抨击德国、俄国的野蛮行径与强盗行为，揭露和批评中国官僚和军队的懦弱无能，建议朝廷对列强的瓜分行动采取有力的回击，并指出发展海军的重要性。

在《再论俄人代守旅顺大连湾事》一文中，严复将甲午中日战争与德国掠夺和强占胶澳之举进行了比较。他明确指出，日本与德国"能加于中国之力"存在四点不同之处：一、日本与中国一水之隔，运兵、运饷都极为便捷，而德国"远隔数万里外"，"运兵转饷二者具难"。二、在船煤、船坞方面，日本均可以用本国的资源，而德国"皆须仰给于他人"。三、日本"四面悬海"，只要没有内乱，就不用担心"外侮"，"故其用兵于吾土也，可以一心专力，而无他途之瞻顾"；而德国"地处欧洲中原"，对于本土的防卫，"节节不能疏懈"，其皇帝又"有拿破仑之风，常思挟其兵力以张国威"，所以"泰西诸国具有戒心"，"思有以遏其方张之焰"。四、日本在中国的商务很少，若与中国决裂，商人损失"亦尚无关大计"；而德国与中国的贸易仅次于英国，一旦与中国决裂，"是其战后之利益不可知，而失于待战之商务已实受其大害"。[1]

在严复的上述论述中，其第一点"运兵转饷"和第二点"购煤修船"直接涉及到海权理论中的"驻泊体系"；而其第四点"商务贸易"即是海权理论中"运输体系"方面的内容。马汉的海权理论主要探讨了海权强弱与国家盛衰之间的密切关系。其主要框架是建立海军体系、运输体系和驻泊体系，核心是强调国家要对海洋拥有强大的控制权。马汉认为，为了取得未来争夺霸权战争的胜利，国家必须拥有强大的、能够取得海上统治地位的海军力量。与此同时，他又认为商业和贸易是一个国家赖以富强和发展的先决条件，而商业贸易的繁荣又是与国家对海洋的控制密切相关的，所以国家必须拥有庞大的商船队。海军舰队和商船队相辅相成，共同构成国家的海上力量。而商船队和海军舰队在向海外扩张时，必须拥有海外殖民地和海军基地来作为上述船只在海外停泊、交易、补给、避风和维修的据点，因此驻泊体系也是海权理论的重要组成部分。[2]

严复论述的第三点则涉及海权理论中影响海权的六个基本条件之一的"地理位置"。[3] 严复经过一番分析之后提出自己的见解："德之于华，果使一朝决战，其运兵转饷、购煤修船之难既如此，而本国自顾之艰危，与商务坐失之利益又如彼，则其必不能与吾久持而不下也明矣。"[4]

透过《再论俄人代守旅顺大连湾事》一文，可以看出严复已经具有了比较明

[1] 严复：《再论俄人代守旅顺大连湾事》，《严复集》，第2册，附二：《国闻报》论文选辑，第463页。

[2] 刘永涛：《马汉及其"海权"理论》，第70页。

[3] 刘永涛：《马汉及其"海权"理论》，第70页。

[4] 严复：《再论俄人代守旅顺大连湾事》，《严复集》，第2册，附二：《国闻报》论文选辑，第463～464页。

确的海权思想，但是还没有使用“海权”这一词语。在该文发表后不久，严复在《拟上皇帝书》一文中，才第一次使用了“海权”这一词语。该文称英国“海权最大，而商利独闳”，操纵“全球之海线”，其“设埠之多”与“盛设海军”互为表里。有鉴于此，严复建议光绪皇帝大力发展海军，“筹数千万之款，备战舰十余艘为卫”，借以维系“东方太平之局”。[1] 此文虽然没有直接提到马汉之海权论著作，但其海权思想，已经进入了严复的脑海。

在《〈法意〉按语》中，严复则明确提及自己对马汉有关海权著作的认识和了解。“往读美人马翰所著《海权论》诸书，其言海权，所关于国之盛衰强弱者至重。”严复还列举古希腊、古罗马以海上力量战胜强大的波斯、韩尼泊（汉尼拔）；拿破仑“竭十余年之力”而不能战胜拥有海权之英国；日俄战争中，日本以海战大胜而获最终胜利等史实，意在说明“古今未有能奋海权而其国不强大者”。[2] 1908 年 9 月，严复应直隶总督兼北洋大臣杨士骧所请，[3]草拟《代北洋大臣杨拟筹办海军奏稿》一文。该文比较系统地反映了严复伸张海权的思想主张。完稿后，严复不无得意地记述了当时的人们所做出的反应：“大家佩服无地”。[4] 至此，严复的海权思想得以完整地表述出来。

三

严复对海权有着深切的认识，并以此来分析中国海防建设中所存在的各种问题。首先，严复认为近代中国对外“处于日屈之势”，“其弱点莫不在海”。[5] 中国自以为地大物博，不需要“冒险探新”，“而生计已足”，所以“历代君民皆舍海而注意于陆”。[6] 正因为中国“常置海权于度外”，结果导致国势日衰，对外受尽屈辱。因此，严复断言：“使弃海而从陆，则中国终古为雌。”[7]

其次，从中国的海陆形势来看，也必须建设强大的海军。严复根据各国立国形势的不同，把世界各国分为三类：海国、陆国、海陆并控之国。为此，他还举例加以说明。在他看来，英国是海国，俄罗斯是陆国，德国、法国、美国是海陆并控之国。严复认为中国属于“海陆兼控之国”。他认为：“吾国自东讫南，海线延长粗计一万二千余里，而今所有者不过四五艘之快舰；至于运练各船，总计亦不过十余艘，尚皆旧式。此以平时巡缉尚且不敷，矧在战时，实同无具。欲立基础，必取新图。”[8]在致友人熊纯如的信中，严复明确地指出：“吾国海线七千里，非海

[1] 严复：《拟上皇帝书》，《严复集》，第 1 册，第 69～71 页。
[2] 严复：《〈法意〉按语》，《严复集》，第 4 册，第 1001～1002 页。
[3] 严复：《代北洋大臣杨拟筹办海军奏稿》，《严复集》，第 2 册，第 256 页。
[4] 严复：《与甥女何纫兰书》，《严复集》，第 3 册，第 838 页。
[5] 严复：《代北洋大臣杨拟筹办海军奏稿》，《严复集》，第 2 册，第 257 页。
[6] 严复：《代北洋大臣杨拟筹办海军奏稿》，《严复集》，第 2 册，第 257 页。
[7] 严复：《〈法意〉按语》，《严复集》，第 4 册，第 1002 页。
[8] 严复：《代北洋大臣杨拟筹办海军奏稿》，《严复集》，第 2 册，第 256～258 页。

军岂足图存，他日国权伸张，自必有强盛海军为之护卫。”[1]

除了强调海权对于中国具有特别重要的意义外，严复还为清朝政府重建新式海军勾画了蓝图。这主要体现在《代北洋大臣杨拟筹办海军奏稿》一文中。该文以海权思想为基础，着重分析了“规复海军”的迫切性。他提出了“必不可缓者六”的理由，还提出了重建海军的四项建议，即“虽知其难而不可不勉为其难者四”。[2]

在严复看来，重建清朝海军的必要性和迫切性主要有以下六个方面：

第一，“必有海权，乃安国势”。日本、俄国、英国、德国、美国等列强纷纷大力发展海军，极具侵略性。尤其是日本，“以胜俄而超为一等之强国”，而其所以战胜俄国，主要是得益于海军力量的强大。日本海军已经很强大，但“近闻更添造一万九千吨以上之巨舰”，其野心，路人皆知。“我若一无所操持，必为其鱼肉，此不待深计前识而后知其然也。”所以，他主张必须拥有海权，才能安定国势。

第二，“将修内政，先固外封”。虽然中国的内河航道众多，但是列强的军舰却可以任意游弋，直达腹地，“而地方官吏始棘手矣”。如果在交涉时稍微出现一些枝节，列强即“鼓轮而来，装炮悬旗，肆行恫喝”。“国威因之不振，法令且以不行”，人们因而“轻其上”，不再听从政府的命令。“与海军同为海防之政”的口岸炮台，亦归荒废，毫无海防可言。所以，他呼吁必须“先固外封”。

第三，“欲求公道，必建强权”。列强召开海牙和平会议，虽“号平和”，但是各国等级必以海陆军备之强弱定之。“国唯能战而后可期不战，而享和平之福也。”他坚信只有能战，才可以远离战争，才能够沐浴和平的阳光。

第四，要“消内患”、“弭外忧”，也必须大力发展海军。“交广长江会匪游勇，于今为甚，其军械则购自外洋。”“此不独内患潜滋之可虑也，且恐外人以为口实。”想要根绝军械的来源，就必须在外海内河严密逡巡，而此“非多置巡洋快船及浅水炮舰又不为功”。

第五，为了联络及保护南洋华侨，也必须大力发展海军。南洋各岛，中国侨民最多，“夫爱国亲种之心，人所同有，是以喁喁内向，日祷祖国之盛强”。“每遇华舰周游至于其地，莫不额手国徽，欢呼鼓舞，甚至涕零。”而现有的军舰寥寥无几，如果不添新舰，“恐上之不足以壮国威，下之亦不足以联众志”。

第六，想要与他国平等联合，必须先“振声威”。各国竞争激烈，“纵横捭阖之风复见于今日”。列强纷纷结盟，而中国也需要“择国而与”。但是，结盟必须依赖军备作为后盾，“彼能角而我能犄之”，“不然，则降处所谓保护之国，而流弊无穷”。所以，即使为了“联合之谋”，亦非大修武备不可，且非大修海军之武备不可。

难得的是，严复并不讳言重建海军的各种困难，而且有针对性地提出了各项解决办法：

[1] 严复:《与熊纯如书》,《严复集》,第3册,第654页。
[2] 严复:《代北洋大臣杨拟筹办海军奏稿》,《严复集》,第2册,第258页。

其一曰人才之难求也。为近代中国培育海军人才的主要是福州船政学堂和北洋水师学堂，但是这两所学校培育的人才经过甲午中日海战后，"伤亡过半"。即使有少数幸存者，"也将老矣"！而江宁、广东等地的水师学堂所培育的学生又大多改作他业，故人才实在严重缺乏。对此，严复建议将闽、广、宁、青四处水师学堂严加整顿，再加上对"舰兵炮勇"进行培训，则"人才之难，尚不足虑者也"。

其二曰军港根据地之难觅。旅顺、威海本来是拱卫京师的绝好军港，可惜在中日甲午战争之后，尽"资敌"矣。以至于复兴海军，"欲于燕齐之间，谋一军港，可以为根据之地者，是诚至难"。为此，严复建议在福建、浙江等东南沿海各港口中，如三都、南北关、象山、招宝、舟山等处选择一港，重建海军基地。在东南修一军港，既可"远扼欧美"，又可"近控台澎"，实为"东洋之险要"。而且，根据今时战舰速率，"有事飞集辽海，一日程耳，何远之足虑乎"。如此，则军港问题，也是可以解决的。

其三曰规划之难办。海军之事极重且繁，故税务司赫德尝言：此乃文明国最后之结果。从造舰制炮，到修筑炮台要塞、基地、船坞；从"鱼雷"、"屯雷"、"猎舰"、"沉舰"之使用，到训练、部署、学堂之安排，乃至弁员位俸之制定、统帅节制指挥之权限，都应该预先筹备熟悉。而尤为让严复感到担心的是，从事海防建设之人，"有形势而乏精神"，则"将糜巨款而同无用"。严复认为"速效难期，则徐图亦得"，主张从长计议，逐步建设，同样是可以获得成功的。

其四曰筹款之难。因为中国海岸线很长，再加上海军为一技术性军种，故重建海军所需的经费特别庞大。而清政府还要偿还两次巨额赔款，同时办新政也耗费甚巨，故严复哀叹四难之中，"而尤莫如筹款之最难"。即使如此，严复仍然认为海军必须重建。"窃恐更蹈前此覆辙，而所失更有大也。"严复建议，可以通过各省分担及举债借贷等措施来解决筹款问题。对于举债问题，严复认为如果是为了还债或者消费享乐而借债，将会使国家灭亡；而如果是为了增强国力而借债，则会使国家强大。"兴废之际，别有理由，而不得专以债为归咎矣。"[1]

严复关于重建海军所提出的购舰，整顿水师学堂，于福建、浙江等东南沿海选择军港，各省分担海军经费，长期规划等建议，在清政府于 1909 年制定的"筹办海军七年分年应办事项"的计划中或多或少都可以看到。[2]

四、结　　语

本来，中国具有陆海兼具的特点。但是，中国自古便以陆立国，缺乏经营海洋的意识。由于自第一次鸦片战争以后，西方列强纷纷从海上入侵中国，海洋对

[1] 参见《代北洋大臣杨拟筹办海军奏稿》，《严复集》，第 2 册，第 258～265 页。
[2] 张侠等编：《筹办海军七年分年应办事项》，《清末海军史料》，北京：海洋出版社，1982 年，第 100～101 页。

于中华民族的生存和发展的意义越来越大，逼迫着人们越来越关注海防。林则徐、魏源在第一次鸦片战争前后提出的“守外洋不如守海口，守海口不如守内河”防守海口战略，是一种经验性的总结。制造西式船炮弹药，创建新式海军的“师夷长技以制夷”的思想，可以说是较早提出的近代中国海防论。[1] 这种“海防论”思想被李鸿章等人所继承，并运用到洋务运动时期的海军建设实践当中，并建立了北洋舰队[2]、南洋舰队、粤洋舰队等三支海军。由于财力不足等原因，清朝政府只重点建设北洋舰队，“先于北洋创设水师一军，俟力渐充，由一化三，择要分布”。[3] 然而在甲午中日战争中，北洋舰队全军覆没。后世分析者皆认为此乃秉承“海防论”消极防御战略，以及缺乏海权思想所导致的恶果。[4]

由于甲午中日战争的失败，一些中国人开始希望通过对社会的改良来使中国摆脱屈辱的地位；同时，还有一些人希望通过加强国防力量来使中国不再被动挨打。与清末海军关系极为密切的严复，一方面翻译《天演论》等著作，大力宣传近代西方的政治、经济和文化思想；一方面引介并运用马汉之海权论，使近代中国的海防建设理论由以“海防论”转向以“海权论”为指导。

20 世纪初，在严复引入马汉的海权论后，中国民间曾兴起了一场复兴海军的舆论。《东方杂志》、《时报》、《新闻报》、《南方报》、《新民丛报》，以及中国留日海军学生编辑出版的《海军》杂志等，都曾专门刊载文章介绍马汉的海权论，讨论有关“海权”的问题，并在充分认识海权重要性的基础上，要求复兴海军。[5] 在民间舆论的压力和部分官员的推动下，清朝政府下定决心重振海军。在这一过程中，严复不但起到了开风气之先的作用，首先将马汉的海权论引入中国，并在海军重建中，以海权思想为基础勾画了蓝图。尽管由于清朝政府的覆灭，使得“重振海军”的计划付之东流，但是，近代西方海权思想在这一过程中，得到了广泛传播，并促使中国海防观念的近代转型。

---

[1] 王家俭：《清季的海防论》，载《中国近代海军史论集》，台北：文史哲出版社，1984 年，第 239～361页；李国华：《清末海洋观与海军建设》，《历史研究》1990 年第 5 期，第 28 页。

[2] 皮明勇：《海权论与清末海军理论建设》，《近代史研究》1994 年第 2 期，第 45 页。

[3] 中国史学会主编：《光绪五年闰三月二十二日总理各国事务衙门奕䜣等奏折》，《洋务运动》第 2 册，上海：上海书店出版社上海人民出版社，2000 年，第 387 页。

[4] 杨志本、许华：《从甲午海战北洋海军的覆没看中华海权思想》，载《甲午海战与中国近代海军》，北京：中国社会科学出版社，1990 年，第 35～46 页；张炜：《试论中日发展近代海军地战略意识及其甲午海战的影响》，载《甲午海战与中国近代海军》，第 140～153 页；戚其章：《甲午中日海上角逐与制海权问题》，《江海学刊》2002 年第 4 期。

[5] 李金强：《清季十年关于海军重建之筹议（1901～1911）》，第 130～133 页。

The Seapower Thought of Yan Fu as Enlightenment Ideologist in Modern China: An Observation about the Introduction and Application of Mahan's Seapower Thought

Abstract: As a state with both land and sea, China has been founded on land and lacked the realization of managing ocean since ancient time. In modern time, the West entered China through oceans and gave birth to the thought of "Coast Defence Theory" characterized by obviously passive defence. Yu Fu, with an extremely close relationship with China navy in Late Qing, introduced Mahan's classical seapower theory, which appeared in the end of the 19th century and the start of the 20th century, into China, so that the construction theory of sea defence in modern China turned from the main guide of the thought of "Coast Defence Theory" to that of more active seapower thought.

Keywords: Yan Fu, Mahan, Seapower, Coast Defence Theory

“殊奈”今地考

吴琅璇*
（上海　上海电视大学宝山分校　200940）

摘　要：“殊奈”这一中外航海交通史上的地名，中国学者对其所在虽多有认定，可惜皆错。本文根据中文古籍中殊奈（Su-nai）、珠奈（Zhi-nai）、设比奈（Shibanoy）音近越南古籍中的施耐（Thi-nai）、尸耐（Shi-nai）、尸唎皮奈（CriBanoy）的特点，以及昆仑人（Khun）的体型特征，考订出殊奈为今越南南部的归仁（Qui Nhon）。这也就纠正了以往学者的错误，并可订正《唐会要》和《新唐书》中的几处讹误，以及相关的其他错误。

关键词：殊奈　施耐　尸耐　尸唎皮奈　设比奈

“殊奈”这一域外地名，在中国古籍中首见于《唐会要》，后《新唐书》、《太平御览》、《太平寰宇记》诸书也有记载。其地所在，今人多有考定，可惜均误，需重新考究。

《唐会要》卷九八：“‘殊奈’昆仑人也，在林邑南，去交趾海行三月余日，习俗、文字与婆罗门同。绝远，未尝朝中国。贞观二年（编者注：628 年）十月，使至朝贡。”

《新唐书》卷二二二下：“环王南有殊奈者，泛交趾海三月乃至，与婆罗同俗。贞观二年，使者上方物。”

《文献通考》卷三三一作“珠奈”。

关于殊奈的故地，今人有以下考证认定：

1. 张星烺在其所编著的《中西交通史料汇编》一书中将殊奈置于“唐代中国史书关于非洲之记载”一目中，即认定殊奈在今非洲。[1]

2. 沈福伟所著的《中西文化交流史》一书认为，殊奈在非洲东北岸。“唐初索马里南部的黑人国在官方档册中被称作殊奈。628 年十月曾派使者到长安。《唐会要》只知道这个殊奈国属于昆仑民族，离开交趾海要走三个月，习俗、文字与印度相同，和中国距离极远……‘殊奈’的原音是‘桑给’的复数 Zunug。非洲

---

* 作者简介：吴琅璇，男，浙江义乌人，教授，研究方向为中外航海交通史。

[1] 张星烺编注，朱杰勤校订：《中西交通史料汇编》，北京：中华书局，2003 年。

的殊奈，是中国最早知道的黑人国，它的著名海港是桑加亚（Shungwaya）……殊奈使者一定是从索马里南部海港启程到广州，再被迎接到长安的。殊奈使者在海上经历6000海里的长途航行才到中国，这件事展现了中古时期印度洋航运史上光辉的一页。殊奈使者是继埃塞俄比亚的阿杜利使者以后，非洲国家又一次向中国派遣使节，从此以后，双方的海上往来越来越频繁了。”[1]

3. 陈佳荣编著的《古南海地名汇释》，不确定殊奈的所在地。“‘殊奈’一说在锡兰（Ceylon），即今斯里兰卡。一说指马来半岛的塞诺伊人（Senoi），又称沙盖人（Sakai）。也有人认为在菲律宾。”[2]

4. 赵永复主编的《中华大典》之《历史地理典·域外之典》，未指明其所在地，而是摘引《唐会要》、《太平御览》有关殊奈的文字，将其置于锡兰之后，作殊奈部，与明家罗并列在一起。锡兰即今斯里兰卡，明家罗故地在今斯里兰卡西南岸的卡卢塔拉（Kalutara）附近。即《域外之典》认为殊奈在今斯里兰卡，同《古南海地名汇释》的第一说[3]。

笔者认为以上诸说皆误，兹作考订如下：

1. 方位。《唐会要》谓“在林邑南”，《新唐书》谓“在环王南”。林邑故地在今越南中部，林邑在唐至德（756～758年）后改称环王，即殊奈故地在今越南中部以南。仅就上述记载，将殊奈地定在中南半岛南部、南洋群岛、斯里兰卡都无不可。

2. 人种。《唐会要》、《太平寰宇记》等谓殊奈“昆仑人也”。法国汉学家伯希和（Paul Pelliot 1878～1945）在其所著的《交广印度两道考》一文中，对“昆仑”作了考证。“中国著作中卷发黑身之昆仑，余以为在此猛吉蔑族团体之内。”[4]现代的中国学者认同此说，认为猛吉蔑族（Monkhner）原分布于中国西南地区，后分两支南迁。一支猛族向西南，移居至泰国东南和下缅甸及马来半岛等地；一支向东南，移居至洞萨里湖地区，后成为柬埔寨的主要民族。[5] 现代辞书《东南亚历史词典》称：“孟族（Mon），古代称得楞族，分布在缅甸萨尔江和锡唐河下游及泰国和马来西亚相接壤的边境地区。”[6]《民族词典》称：“孟人，亦称得楞人，勃固人，中南半岛的古老民族之一。主要分布在缅甸伊洛瓦底江下游勃固区和丹那沙林地区，少数住在泰国曼谷周围湄南河下游一带。”[7]所以按人种论，殊奈的故地应在上述地区之内。

---

[1] 沈福伟：《中西文化交流史》，上海：上海人民出版社，1985年。

[2] 陈佳荣：《古南海地名汇释》，北京：中华书局，1986年。

[3] 《中华大典》编纂委员会：《中华大典》之《历史地理典·域外之典》，杭州：浙江古籍出版社，2004年，体例仿《古今图书集成》之《边裔典》。该典前言称，该书根据冯承钧的《西域地名》、《辞海·历史地理分册》（其实是其中的《中西交通史》）和陈佳荣的《古南海地名汇释》编撰而成，上述三书编写十分严谨，学术地位很高。但二十多年来，研究有很大进展，而《域外之典》未予吸收，而是沿用三书之旧（误），故该典有不少错误。

[4] 伯希和著，冯承钧译：《交广印度两道考》之二三“占城”，上海：商务印书馆，1931年。

[5] 余思伟：《中外海上交通与华侨》，广州：暨南大学出版社，1991年。

[6] 《东南亚历史词典》编辑委员会：《东南亚历史词典》，上海：上海辞书出版社，1995年。

[7] 《民族词典》编辑委员会：《民族词典》，上海：上海辞书出版社，1987年。

但学术界有人认为非洲黑人亦称昆仑。但中国古代的非洲人，是在唐宋时代经阿拉伯人转输而来的。[1] 唐以前中国文献中的昆仑应指东南亚地区。《南齐书·荀伯玉传》："……又度丝绵与昆仑舶营货。"[2]据慧琳的《一切经音义》载，昆仑舶可载千人，"运动此船多骨论为水匠"[3]。"骨论"即"昆仑"之异译，指南北朝时期航行到我国的昆仑舶，以扶南及其属国的东南亚海舶为主，即殊奈的故地应在东南亚。从人种的"卷发黑身型小"[4]来看，将殊奈故地定在锡兰肯定是错了。因为锡兰是僧伽罗人，或泰米尔族人。僧伽罗人属欧罗巴人种；泰米尔人为达罗毗荼人的后裔，身躯超中人以上，肤色较浅，发色黄，发形或波状或直式。[5]

3. 习俗。《唐会要》载，殊奈"习俗与婆罗门同"。《新唐书》载："与婆罗同俗。"婆罗门指古印度，而婆罗故地在今加里曼丹岛北部，两者相距甚远。若俗同婆罗门，将殊奈故地定在缅甸或中南半岛是正确的，若俗同婆罗，则殊奈故地在爪哇岛、中南半岛南部及附近海域的岛屿。这要待考定殊奈的故地后才能确定。

4. 航程。《唐会要》："去交趾海行三月余日。"《新唐书》："泛交趾海三月乃至。"这一"三月"航程的记载，严重误导了人们，因此才产生了殊奈故地在菲律宾、斯里兰卡，甚或非洲诸说。其实，考察比较史籍的相关记载，此"三月"航程记载是错误的。

隋唐时由中国南海出航，三个月的航程可至何处呢？《隋书·赤土传》："赤土国，扶南之别种也，在南海中，水行百余日而达所都。"[6]同书的《真腊传》载："真腊国，在林邑西南，本扶南之属国也，去日南郡舟行六十日。"[7]赤土国为隋去婆罗时所经，故地在今马来西亚吉兰丹一带。隋唐时的真腊，据有今柬埔寨、老挝和泰国的北部地区。隋大业三年(607 年)，隋遣常骏等出使南海赤土诸国。后赤土、真腊、婆利等十余国先后多次通使中国，其所记航程是比较可靠的。且《隋书》撰述之严谨，向为学术界所称誉。据《隋书》所记的航海日程计算，殊奈故地应在今马来半岛东岸的南部，不可能是斯里兰卡，更不可能是非洲东岸。

5. 殊奈名称考。法国汉学家伯希和在其所著的《交广印度两道考》中，对占城国的新州港作了详细考证，因有助于搞清殊奈的故地所在，兹摘若干要点如下：

"《诸蕃志》卷一，占城国都名曰新州，顾在《东西洋考》卷九及《明史》卷三二四中，此新州有时亦作新洲者，乃指平定之尸耐港，亦即今日之归仁也。

---

[1] 张星烺编注，朱杰勤校订：《中西交通史料汇编》，2003 年。
[2] (南朝齐)萧子显：《南齐书》卷三一《荀伯玉传》。
[3] (唐)慧琳：《一切经音义》卷一〇〇。
[4] 《梁书》卷五四《扶南传》载："其国人皆丑黑卷发。"《隋书》卷八三《真腊传》载："人形小而色黑……翻卷发垂耳。"义净的《南海齐归内法传》载："昆仑头卷体黑。"
[5] 夏征农主编：《辞海》，上海：上海辞书出版社，1999 年，僧伽罗·泰米尔族条。
[6] (唐)魏征等：《隋书》卷八二《赤土传》。
[7] (唐)魏征等：《隋书》卷八二《真腊传》。

顾《诸蕃志》与夫占碑之记载……兹幸有《越史略》之一记载，可以实吾说也……考《越史略》卷二云……丙子次尸唎皮奈海口。

尸唎皮奈之名，并见安南史书。《大越史记全书》，志有 1303 年安南遣使至占城国都谕禁毗尼贸易一事，毗尼注云：占城商港，诸大商舶之荟聚……尸唎皮奈及毗尼。皆得为今归仁矣。

1520 年刊黄省曾撰《西洋朝贡典录》，记述 15 世纪初年郑和等旅行南海所历诸国之书也……（占城）国东北百里巨口曰新洲港，港之浒标以石塔，其寨曰设比奈，二夷长主之……入港之石塔，phililps 君《武备秘书地图》（即《郑和航海图》）上已有标志……此寨既名设比奈，必为《越史略》之尸唎皮奈。

如前所述，尸唎皮奈即为今日之归仁港，顾此港今日安南人名之曰尸耐或施耐，此名既非中国语名，亦非安南语名，考其起源，应上溯至于占城统治时代……此尸耐似即 15 世纪初年中国人所识之设比奈，其在安南占据以前既有是名，似颇有发源于占语之可能，则假定今日之尸奈，与 15 世纪上半叶之尸耐，仅为旧日尸唎皮奈之省称，亦属当然矣。”[1]

有中国学者认同伯希和的上述考证。如苏继庼先生的《岛夷志略校释》，其“占城”注释为：“疑宋元与明载籍所言占城，其都城皆在今平定（Binh-dinh）之佛誓（Vijaya），港口名施耐（Thi-nai），《瀛涯胜览》占城国条作新洲港与设比奈，《越史略》作尸唎皮奈，为占语 Çri Banöj 之对音。[2] 故地在今越南归仁。

笔者认为，殊奈一名，其音同施耐、尸耐，或近设比奈、设北奈、尸唎皮奈，皆为占语 Çri Banöj 之对音，故地在今越南归仁。但据《唐会要》、《新唐书》等记载，从交趾海行至殊奈需三月航程，而从交趾海行至归仁仅需数日，这又作何解释呢？

《唐会要》一书，由三部分合成，先由苏冕完成自高祖至德宗部分；继由杨绍骏续成自德宗至宣宗部分；其余部分由王溥完成，并将三部分合成为《唐会要》一书。此书在清代以前没有刻本，而史学史家指出《唐会要》的传抄本脱误之处甚多，[3]参考时须谨慎使用。反过来考定殊奈故地在今越南归仁，则知“泛交趾海三月乃至”、“去交趾海行三月余日”之“三月”乃“三日”之误。

所以《唐会要》之“在林邑南”、《新唐书》之“环王南有殊奈”，是说殊奈在其南边，而非泛泛的南方。

考定殊奈故地在今越南归仁，排除了故地在斯里兰卡、非洲东岸、菲律宾诸说，还有以下收获：

1. 可订正《新唐书·南蛮列传》“殊奈”条的两条错误，除订正“三月”为“三日”之外，还可订正“俗同婆罗”为“俗同婆罗门”。在二三世纪时，佛教已传至中

---

[1] 伯希和著，冯承钧译：《交广印度两道考》之二三“占城”。
[2] 汪大渊著，苏继庼注：《岛夷志略校释》，北京：中华书局，1981 年。
[3] 张舜徽主编：《中国史学名著题解》，北京：中国青年出版社，1984 年。

南半岛。因此，这些地区俗同婆罗门，而非俗同婆罗。《新唐书》在罗字下脱一“门”字。

2. 殊奈在7世纪时尚属独立国家，不属环王国。直到10世纪后期，即淳化元年(990年)占城国新王杨排自称新坐佛誓国，遣使贡宋，殊奈才属占城国。中国与越南归仁的交往史，从而提前了260多年。

3. 可证《旧唐书·林邑传》“自林邑以南，皆卷发黑身，通号为‘昆仑’”[1]的记载是正确的。古时昆仑(孟)人的聚居区除了缅甸东南部及泰国、马来西亚诸地外，还应包括林邑(环王)以南的中南半岛地区。可改正当今中国辞书对昆仑人分布之不足。

4. 可改正伯希和的一处错误。伯氏的《交广印度两道考》，被冯承钧誉为西方汉学的不朽著作之一。但伯氏以为“施奈一名，既非中国语名，亦非安南语名，考其起源，因上溯至占城统治时代”，[2]这一观点是不确的。史籍记载说明，殊奈在被占城国据有之前，就早已存在，并曾遣使中国。故殊奈一名实可上溯至占城国之前。

考“殊奈”、“施耐”一名，为占语 Çri Banöj 之对音，亦为梵文 Sri banoy 的音译。中国四大佛教菩萨之一的曼珠室利(Mangu Sri)或译为文殊师利(文殊菩萨)，其(Sri)为“吉祥”、“德”之意[3]，多用于地名。印度城名斯里那加(Srinagar)为命运女神之城[4]，国名斯里兰卡(Sri Lanka)或意为光明富饶之地，[5]或为神圣难入、庄严殊妙的意思。[6] 新加坡最古老的印度教庙斯里·玛利安曼庙(Sri Mariamman Temple)，俗称“吉宁庙”。[7] 所以殊奈、尸耐一名可上溯至佛教传入中印半岛的公元二三世纪，较之伯希和的说法早700至1000年。

伯希和曾任职于越南河内的法国远东学院(E F E O)，披览过中、越诸多历史资料，学识渊博，享有国际声誉。但中国的《唐会要》、《新唐书》等有关殊奈的记载，可能未被其注意到或被忽视。

5. 在撰写本文，检索资料时，还发现殊奈这一中外航海交通史的地名，在中国史籍中，除被称为新州港、新洲港、设比奈、设北奈等之外，还被称之为舒眉莲港、占城港、尸毗奈港、尸耐港、神州港等。[8]

---

[1] (后晋)沈昫：《旧唐书》卷二〇九《林邑传》。
[2] 伯希和著，冯承钧译：《交广印度两道考》之二三“占城”。
[3] 罗伟国：《佛教知识一百题》，杭州：浙江古籍出版社，1990年。
[4] 邵献图：《外国地名语源词典》，上海：上海辞书出版社，1983年。
[5] 邵献图：《外国地名语源词典》。
[6] 邵献图：《外国地名语源词典》。
[7] 新华社国际资料编辑组：《世界名胜词典》，北京：新华出版社，1986年。
[8] 舒眉莲港，见《元史·世祖本纪》；占城港，见《元史·外夷列传》；尸毗奈港，转见陈佳荣《古南海地名汇释》，第159页；尸耐港，见《殊域周咨录》“占城”；神州港，见《两种海道针经》，第117页；向达谓“神州”他书未见，疑为“新州”之误；尸唎皮奈、毗尼、尸耐、施耐等，转见《交广印度两道考》之“二三占城”。

所以殊奈一名，如要为其撰写释文，或可作以下表述：

古国、古海港名，故地在越南归仁。立国于二三世纪。唐贞观二年(628 年)遣使中国贡方物。10 世纪后期并入占城国，为其交通海外的门户，进行东西方贸易的重要海港。元初征占城国，元军在此登陆。《郑和航海图》绘有石塔作航海标识。名见《唐会要》卷九八，中文译作新州(洲)港、占城港、舒眉莲港、设比奈、尸毗奈港、尸耐海港等。越南史籍作尸唎皮奈、毗尼、尸耐、施耐等。殊奈一名源自梵文 Sri Banoy，占语作：Çri Banöj。

Exploration of the Current Location of Ancient Su-nai

Abstract: Chinese scholars have drawn conclusions of where Su-nai, a name of place in Chinese and foreign marine transport history, is located now, but unfortunately all of them seem to be wrong. According to the fact that in ancient Chinese books, Su-nai, Zhi-nai and Shibanoy are similar in pronunciation to ancient Vietnamese places names Thi-nai, Shi-nai and CriBanoy, and in consideration of the body features of Khun, the author ascertains through research that Su-nai is located in Qui Nhon, South Vietnam, thus correcting Chinese scholars' mistakes. Meanwhile some errors and corruptions in two ancient Chinese books *Tang Huiyao* and *New History of the Tang Dynasty* are also revised.

Keywords: Su-nai, Thi-nai, Shi-nai, CriBanoy, Shibanoy

上海航运文化产业发展的思路与对策研究[1]

王晴川*

（上海　上海大学影视学院　200072）

摘　要：发展航运文化产业，是建设高水平、智能型国际航运中心的重要组成部分。上海航运文化产业的发展尚处于起步阶段，尤其缺乏战略规划和长远布局。上海航运文化产业的发展正面临着重要的战略机遇期。上海应借鉴国内外航运文化产业发展的模式，整合各方面航运文化资源，建设具有"海派文化"特点，并符合本地实际的航运文化产业高地。

关键词：航运　文化产业　航运中心　上海特色

一、航运文化产业的内涵、构成和形成条件

（一）航运文化产业的相关概念

文化：文化是一个非常广泛的概念，很难给它下一个严格和精确的定义。国内外有关"文化"的定义至少有两百多种。广义的文化，是指人类在社会历史发展过程中所创造的物质财富和精神财富的总和，特指社会意识形态；狭义的文化，专注于精神创造活动及其结果，主要是意识形态领域的文化，又称小文化。这种狭义的文化包括宗教、信仰、风俗习惯、道德情操、学术思想、文学艺术、科学技术、各种制度等。本文所称的"文化"，主要是指这种狭义的文化。

文化产业："文化产业"这一术语产生于20世纪初，最初出现在德国法兰克福学派的霍克海默和阿多诺合著的《启蒙辩证法》一书中。文化产业（Culture Industry），又称文化工业。联合国教科文组织对于文化产业的定义是："按照工

* 作者简介：王晴川，男，安徽阜阳人，上海大学影视学院副教授、硕士生导师，侧重研究广播电视业务、媒介经营与管理、文化产业和媒介经济等。

[1] 本文摘自2012年度上海市政府决策咨询研究项目《上海航运文化产业发展思路与对策研究》，项目编号：2012－2－47，课题负责人王晴川。

业标准，生产、再生产、储存以及分配文化产品和服务的一系列活动。”

2003 年 9 月，中国文化部制定的《关于支持和促进文化产业发展的若干意见》将文化产业界定为：“从事文化产品生产和提供文化服务的经营性行业。文化产业是与文化事业相对应的概念，两者都是社会主义文化建设的重要组成部分。文化产业是社会生产力发展的必然产物，是随着中国社会主义市场经济的逐步完善和现代生产方式的不断进步而发展起来的新兴产业。”

航运：航运（navigation），是人类从事的一种古老的生产和生活活动，是水上运输业的总称，即利用江河、湖泊、海洋、水库、渠道等水域，用船舶、独木舟、排、筏等浮载工具运送旅客、货物或流放木材。航运可分为内河航运、沿海航运和远洋航运。我国是海洋大国，航运业是我国社会经济发展的重要支柱力量。2011 年我国海洋生产总值达到 4.57 万亿元，自 2000 年以来年均增速达到 10%以上，在国民经济中的比重达到 9.7%。

航运文化：航运文化是指在航运活动中创造和形成的文化形态、文化成果、思想意识、法律制度、民俗风情等与人的意识活动有关的精神要素。本文认为，航运文化包括：航运历史遗产和风情民俗，航运思想和道德观念，航运管理法规和制度，航运精神与文化活动，航运信息与航运传播等。例如，黄河文化、大运河文化、长江文化，以及航标文化、船舶文化、航海文化、“中国航海日”、“世界海员日”等，都是航运文化的一部分。

航运文化产业：航运文化产业是与航运相关的文化产业，是文化产业的一个分支。航运文化产业是以“航运”为内容，以“产业”为核心的一种社会经济和文化活动。航运文化产业具有“航运”、“航海”的特质和文化产业的普适性，具有航运的特点、属性和特殊品质，离不开“江”、“海”、“船”等与“水”密切相关的事物，又离不开文化产业的共性和基本特征。简单地说，航运文化产业，就是与河运、海运和远洋航运有关的，涉及文化、历史、制度、艺术、娱乐等意识形态和精神领域的文化生产与服务的经营性行业。航运文化产业具亲水性、综合性、国际性等特点。

（二）航运文化产业的构成

航运文化产业的构成，是指航运文化产业包含的产品种类和服务范围。参照国家统计局颁布的《文化及相关产业分类》，航运文化产业应包括两大类：航运文化服务和航运文化产品。

航运文化服务是指航运文化产业领域提供的各种服务活动和服务形式。包括：航运新闻服务，航运信息服务，航运旅游服务，航运遗产与文物保护服务，航运广告和展览服务，航运咨询服务，航运制度与法规建设，航运节庆和民俗活动，航运知识产权服务，航运文化艺术服务，航运网络文化服务，航运娱乐文化服务等。

航运文化产品是指航运文化产业领域内生产和消费的各种商品和实物。包括：航运新闻产品，航运信息产品，航运旅游产品，航运文物及复制品，航运历史标识品及纪念品，航运设施及器材模型与标识物，航运广告及展览产品，航运书刊资料及电子媒介产品，航运文化艺术产品，航运网络文化产品，航运娱乐文化设施等。

（三）航运文化产业形成的条件

航运文化产业，尤其是航运文化产业链的形成，需要具备多种相关条件。不是所有的国家、地区和城市都适合发展航运文化产业。航运文化产业的形成，需要具备物质条件、市场条件、制度条件、消费条件、技术条件、人才条件、资源条件等要素。

二、国内外航运文化产业发展的经验和借鉴

总体说来，航运文化产业在国内外航运界，是一个新生事物。在世界范围内，航运文化产业的出现和形成是在新世纪之后。网络技术和知识经济为航运文化产业的发展，提供了重要支撑。

（一）国外航运文化产业发展的经验和借鉴

1. 英国航运文化产业发展的经验

英国是老牌的世界航运大国和强国。"二战"之后，伦敦国际航运中心开始由航运货运中心向航运服务中心转型。目前，航运业对英国 GDP 的贡献约为100 亿英镑，从业人员 12 万人。英国的以下经验和做法，与发展航运文化产业有关：

① 大力发展国际航运交易业。起源于 17 世纪，被称为国际航运市场晴雨表的波罗的海贸易海运交易所设在伦敦，这是世界上唯一的世界性的航运交易所。

② 重视发展航运咨询服务业。伦敦是世界上最大的国际航运服务供应商。国际航运界著名的咨询机构，如伦敦国际战略研究所、德鲁里航运咨询公司、克拉克松研究公司、劳氏船级社、国际集装箱化资讯中心等都设立在伦敦。每年出版的《劳氏航运经济学家》、《国际集装箱化年鉴》，以及德鲁里和克拉克松发布的研究报告和国际数据，对于全球航运市场运行和交易实现具有指导意义。[1]

③ 集聚了一批国际海事机构和代表机构。联合国下属的国际海事组织（IMO）总部，以及国际船级社协会（IACS）、国际海运联合会（ISF）、国际航运公会（ICS）、国际独立油轮船东协会（INTERTANKO）、国际干散货船东协会（INTERCARGO）、救助协会（SA）等都设立在伦敦。不少国际知名的集装箱船公司、油轮船队、干散货船公司的管理总部都设在伦敦。

---

[1] 真虹、茅伯科、金嘉晨、周德全著：《国际航运中心的形成与发展》，上海：上海交通大学出版社，2012 年，第 13 页。

④ 建立海事法律体系并提供海事法律咨询服务。英国历年来制定和修改了一系列的海事管理法律。如:《1908年伦敦港法》、《1968年伦敦港法》、《1987年引航法》等。伦敦还是国际航运法律服务中心,很多国际海事纠纷都在伦敦提起诉讼和仲裁。

⑤ 发展国际航运出版服务。伦敦是国际上著名的新闻出版中心,"舰队街"在鼎盛期拥有100多家报社和出版社。Informa出版社、劳埃德船级社出版中心等都是航运界的专业出版机构。

⑥ 积极发展航运教育和航运培训。英国的卡迪夫国际运输学院,城市船舶与贸易学院,普利茅斯国际航运学院都是国际上知名的航运专科院校。国际航运界的很多船长和轮机长都毕业于这几所学校。

2. 新加坡航运文化产业发展的经验

新加坡实行自由港政策,有"世界上利用率最高的港口"之称。

新加坡注重电子技术在港口行业中的运用,建立了国际航运中心信息平台(包括TRADENET和PORTNET电子信息系统)。新加坡还重视发展邮轮业,建成了新加坡滨海湾邮轮中心,拥有世界三大邮轮公司之一的丽星邮轮集团公司。

(二) 国内其他地区航运文化产业发展的尝试和做法

1. 香港:着力发展航运服务和邮轮旅游

香港是世界三大天然良港之一,[1]实行宽松的自由港政策。香港非常重视航运旅游业的发展。1986年以来,香港每年举行一届"国际旅游展",迄今已经举办了26届。在每年的国际旅游展会上,邮轮旅游都是亮点。2013年,香港将建成新的启德邮轮码头,可停泊世界上最大的邮轮,来港游客将成几何级数增长。

2. 大连:重视提升航运软实力

大连志在打造东北亚国际航运中心,着力提升航运中心"软实力"。大连建立了"航运电子商务平台",定期发布"大连航运指数",制定了航运业和物流发展的政策体系。大连还着力推动游艇名城建设和游艇经济发展,成立了国际游艇俱乐部,连续5年举办了国际游艇展览会。

3. 天津:重点发展邮轮母港[2]和游艇产业

天津港是中国最大的人工港,正致力于打造中国北方的国际航运中心。天津市加快发展航运综合商业项目和航运文化产业,重点发展航运高端服务业,着

---

[1] 世界三大天然良港,指中国香港的维多利亚港、美国的旧金山港及巴西的里约热内卢港。这三大港都具有港阔水深、风平浪静等特点。

[2] 邮轮母港(Home Port):是指具备多艘大型邮轮停靠及其进出所需的综合服务设施和设备条件,能够为邮轮经济发展提供全程、综合的服务及配套设施的港口。邮轮母港是邮轮的基地,邮轮在此进行补给、废物处理、维护与修理,邮轮公司一般在母港所在地设立公司总部。

力打造亚洲最大的邮轮母港，积极建设邮轮母港免税商店、游艇俱乐部、五星级酒店等消费设施。天津还着力发展游艇产业，将建成我国北方最大的游艇产业基地。未来三到五年，天津市的游艇泊位将达一万多个。

4. 重庆：打造高档次豪华邮轮

重庆正着手新建码头、疏通航道、改造船舶、成立航交所等活动。到2015年，将基本建成以"一网络、八大港、三体系"为支撑的长江上游航运中心。

发展航运旅游业是重庆航运文化产业建设的重要支撑点。2003年三峡库区形成，以及2006年三峡大坝全面建成以来，重庆航运旅游业的各项指标明显上升。一大批功能齐全、设施先进的高档次豪华邮轮相继投入长江运营。单艘投资1.8亿元的五星级邮轮——"长江黄金号"系列邮轮，集合了"吃、住、行、游、购、娱"等旅游要素，几乎能满足游客的各种需求。其中直升机停机坪、大型双层影剧院兼同声传译会议厅都是长江黄金系列邮轮的首创。

5. 武汉：重视营造"长江航运文化"

武汉重视航运信息咨询服务、航运餐饮娱乐、旅游广告业务，重视塑造"长江航运文化"。其内容包括：安全畅通的黄金水道，星罗棋布的港口码头，千帆竞发的船舶运输，四通八达的信息网络，精益求精的服务品牌等。武汉航运系统重视信息化建设，建设和开发了电子海图、AIS系统[1]、航运基础设施数据库、地理空间信息数据库、船舶数据库、行业统计数据库等，发挥了长江航运信息化的规模效应。

三、上海航运文化产业的发展现状和问题

（一）上海航运文化产业的发展现状

与船舶运输、轮船修造、航运金融、海事保险等航运产业相比，上海的航运文化产业还处于起步阶段。许多航运文化产业项目甚至要从零开始。上海航运文化产业的发展现状是：

1. 邮轮经济占航运文化产业的主体地位

近年来，上海邮轮产业的发展环境改善，市场主体纷纷进驻，世界三大邮轮公司[2]均在上海设立了分支机构。它们和意大利歌诗达邮轮公司（欧洲最大的邮轮公司）等国际著名邮轮集团开设了多条以上海为母港的邮轮旅游航线。邮轮通关便利措施进一步落实，邮轮母港船舶进出安全保障得到加强，提高了通

[1] 船舶自动识别系统（Automatic Identification System，简称AIS系统）：由岸基（基站）设施和船载设备共同组成，是一种新型的助航设备。AIS能够为船舶提供有效的避碰措施，并能够极大的增强雷达功能。

[2] 世界三大邮轮公司为：1969年成立的美国皇家加勒比国际邮轮公司、1972年成立的美国嘉年华邮轮公司、1993年成立的新加坡丽星邮轮集团公司。

关服务能力和效率，境外的邮轮挂靠上海日益频繁。2010 年，上海港邮轮靠泊 108 艘次，其中母港邮轮 60 艘次，访问港邮轮 48 艘次；进出境旅客 266865 人次，其中母港邮轮 170240 人次，访问港邮轮 96625 人次。

上海还加快了国际邮轮码头建设。上海国际客运中心码头(即“一滴水”国际邮轮码头)已建成 3 个 8 万吨级的客运泊位，可满足 3 艘 8 万吨级的国际邮轮同时停靠，设计年接待能力为 500 艘次和 100 万人次。吴淞口国际邮轮码头一期泊位建成后，可以同时靠泊 3 艘 10～15 万吨级的大型邮轮。上海邮轮泊位从原有的 4 个增加到 6 个。2010 年初落成的吴淞口国际邮轮母港与上海国际客运中心形成了“一港两区”的格局，大大提升了上海对国际邮轮的接待能力。2012 年 9 月 15 日，“中国邮轮旅游发展实验区”在吴淞口国际邮轮港揭牌，标志着上海邮轮经济的发展步入了新的阶段。

2. 航运信息服务业已有一定的基础

1996 年 11 月 28 日，上海航运交易所经国务院批准成立。这是我国唯一一家国家级航运交易所。经过十多年的发展，上海航运交易所已建成互联网、无线网络、纸质媒体相结合的全覆盖信息集散渠道，并逐步完善以国际班轮运价备案中心、全国船舶交易信息平台、运价交易信息中心、上海口岸舱单数据分析中心、中国航运指数编制与发布中心、全国港航信息联络中心等为支撑的上海国际航运信息中心体系。[1] 在此基础上，2010 年 3 月 25 日，上海国际航运信息中心成立。该中心有五大功能：航运信息有效聚集、航运信息专业分析、航运信息权威发布、航运信息辅助决策、航运信息增值服务。[2]

3. 航海文博事业已有较好开局

位于临港新城的中国航海博物馆，是经国务院批准建立的中国首个航海博物馆。该馆于 2006 年 1 月动工兴建，2010 年 7 月正式开馆。该博物馆建筑面积 46000 多平方米，展览面积有 21000 多平方米。展馆以航海为主题，以文物为基础，分别设立航海历史馆、船舶馆、航海与港口馆、海事与海上安全馆、海员馆、军事航海馆等六个主要展馆；开设了渔船与捕鱼、航海体育两个专题展区，并开辟了天象馆、儿童活动中心、4D 电影、球幕电影等娱乐功能区域；涵盖了文物收藏与保护，航海学术研究，航海教育，陈列展示等功能；发挥了保护文物、资政育人、深化研究、传承文明的作用。此外，位于陆家嘴的上海海洋水族馆，东方明珠底层的上海历史博物馆以及上海海洋大学博物馆等，也从不同角度和层次传播和展示了海洋文明与航海文化。

4. 航海教育和航海培训业务已有一定基础

在上海，跟航运、海洋科学有关的高校，主要有上海海事大学、上海海洋大

[1] 上海市发展和改革委员会、上海市发展改革研究院主编：《上海国际经济、金融、贸易、航运中心发展报告》(2010/2011 年)，上海：上海人民出版社，2011 年，第 65 页。

[2] 上海市发展和改革委员会、上海市发展改革研究院主编：《上海国际经济、金融、贸易、航运中心发展报告》(2010/2011 年)，第 65 页。

学、上海交通大学船舶海洋与建筑工程学院，以及上海海事职业技术学院等。这些院校开设的航海教育和专业技术教育课程，已经办了多年，产生了广泛影响。上海航运领域的培训业务也已经起步，并收到了一定效果。

5. 国家文化贸易基地在浦东外高桥保税区设立

2012 年 5 月，首个国家对外文化贸易基地在上海浦东外高桥保税区揭牌，有望成为中国文化产品的进出口集散中心，推动更多的中华优秀文化产品走向世界。基地内设有全国首家文化产权交易所和“境内关外”保税展览场所，以及近 80 家文化企业和机构，注册资本近 9 亿元人民币。

6. 成立了上海航运基金和文化基金

2011 年 2 月，总融资规模计划为 500 亿元的上海航运产业基金，落户上海北外滩航运服务集聚区。该基金首期募集资金为 50 亿元。上海专门成立了上海航运产业基金管理有限公司，注册资本为 2 亿元，负责航运产业基金的募集、管理和运营。上海文化产业基金则由海通证券筹备，目前各项审批工作进展顺利，基金总规模拟定为 30 亿元人民币，首轮 20 亿资金已经到位。

7. 组织举办航运产业发展高层论坛

上海航运系统举办或合作举办了一些有影响的航运产业发展论坛。如：2011 年 9 月 2 日，上海国际航运研究中心与北外滩航运服务集聚区建设办主办了“2011(首届)国际港口及航运信息化论坛”；2011 年 11 月 17 日，上海国际航运研究中心、上海海事大学主办了“2011 国际港航发展论坛”；2012 年 7 月 11 日，上海海事大学与南京组织工作委员会等单位在南京举办了“国际江海航运物流发展论坛”。

(二) 上海航运文化产业发展存在的问题

总体来说，上海航运文化产业尚处于起步阶段。很多方面还不完备、不成熟、不配套，存在着一些发展瓶颈和问题。主要表现在：

1. 上海航运文化产业链不够完整

完整的航运文化产业链应该包括航运文化服务体系和航运文化产品体系。目前的上海航运文化产业发展，主要依靠邮轮经济、航海文博和航运信息服务业。其他方面，如海事培训、论坛经济、航运基金运作等，虽然已经开始起步，但是尚不成气候，或者还不能够实现盈利的目标。上海航运文化产业的链条，很多方面还残缺不全。

2. 上海航运文化产业规模还比较小

从整体上说，上海航运文化产业的规模还比较小。享有“国际邮轮之都”美誉的美国迈阿密(皇家加勒比邮轮总部所在地)每年接待的邮轮旅客超过 300 万人次，经济效益达百亿美元左右。上海的邮轮经济总量只占迈阿密的 2%左右。

3. 上海航运文化产业布点比较分散

目前，上海航运文化产业的服务和产品供应单位，在布点上比较分散和杂乱。基本上是分散经营，各自为战，缺乏统一谋划和布局。上海航运文化产业主要分布在黄浦江沿岸(包括张华浜、军工路、共青、朱家门、龙吴等港区)、长江口南岸(包括宝山、罗泾、外高桥等港区)以及洋山深水港区,并散布于全市各区县和外省市。上海尚没有形成有规模、有影响的航运文化产业园区。上海市闻名遐迩的"十大创意园区"[1]以及拟在"十二五"期间重点打造的一批文化创意基地,都看不到航运文化产业集聚的迹象。

4. 上海航运文化产业缺乏标志性品牌

上海航运文化产业已经形成一些产品和服务,如邮轮服务和海上旅游产品,航海文博服务,航运信息服务等,但是,尚没有形成有影响力的品牌。上海及长三角地区航运文化产业领域的一些服务和产品,甚至还处于空白状态,许多真空地带需要及时填充。长江、黄浦江、崇明岛、东海等内河、滨水、海岛和近海水域的休闲、旅游、观光和文化娱乐产品,亟需开发。这种滞后的状况已经远远不能满足社会经济发展的需要。许多上海市民甚至跑到海南、大连、青岛、厦门等地乃至国外,体验海洋的乐趣。

5. 上海航运文化产业领域人才短板突出

截至2010年底,上海航运领域的从业人员有22万人,其中高端人才仅有1770人,而从事航运文化产业的高端人才更是凤毛麟角。预计到2020年,上海对航运人才的需求为35.8万人,航运人才中研究生、本科生、大专、中专的学历比例将达到6:42:42:10。[2] 目前,上海航运文化产业领域尤其缺乏高端的策划人才、设计人才、制作人才、管理人才和服务人才。

6. 上海航运文化产业发展缺乏政策支持

目前,上海出台的关于发展航运文化产业的政策和激励措施比较少。上海航运文化产业基本上处于政策的边缘地带。比如在2010年上海市政府及各委、办、局和所属区县下发的与"四个中心"建设有关的50多个文件中,没有一个直接与航运文化产业有关。此外,上海航运文化产业发展,缺乏全市统一的行业协调和管理机制;几个重要港口之间缺乏明确的分工合作机制;邮轮经济发展的关键性政策没有突破;长江、黄浦江和省际旅游观光与合作,缺乏统筹规划。

四、上海航运文化产业发展的思路

(一) 发展上海航运文化产业要提升到战略高度

上海航运业应从战略高度,以长江三角洲地区和内陆腹地为依托,充分发挥

[1] 上海十大创意园区是:同乐坊、田子坊、红坊、8号桥、创意仓库、设计工厂、昂立设计创意园、传媒文化园、海上海、莫干山路50号。

[2] 上海国际航运研究中心编:《上海国际航运中心的实践与探索》,上海:上海财经大学出版社,2011年,第266页。

上海社会经济发展的整体优势，调整航运产业的发展结构，重点发展航运服务业和航运文化产业。将发展航运信息，邮轮经济，航运展览与广告，航运网络文化，航运娱乐，航运文化艺术，以及航运节庆文化等，作为转变上海航运经济结构，寻找新的航运经济增长点，建设知识型、智能型、文化型航运中心的重要战略举措。

（二）发展上海航运文化产业要确立“全民办航运”的思路

上海国际航运中心地位能否确立，归根到底，在于能否得到上海市民乃至中国广大人民群众的支持和响应。欧美国家的一些重要国际航运中心，如美国纽约、英国伦敦、荷兰鹿特丹、德国汉堡、日本大阪等，都非常重视在民众中普及航运、航海和海洋知识。这些国家和城市的基础教育中，非常重视在青少年中加强关于航运、航海和海洋的素质教育。它们在中小学教育中，普遍开设了与航海、海洋有关的课程，设置实训环节。

中国要成为海洋大国，上海要建成国际航运中心，必须大力倡导“全民办航运”的思想。尤其要在青少年中广泛普及航运、航海和海洋知识，培训相关的基本技能。要在中小学校乃至高等教育中，普遍开设航运和海洋课程，要求青少年在中小学阶段完成一定学时的航海训练或实践。党的十八大报告提出，“全面实施素质教育，深化教育领域综合改革，着力提高教育质量，培养学生创新精神”，并提出，“提高海洋资源开发能力，发展海洋经济，保护海洋生态环境，坚决维护国家海洋权益，建设海洋强国”。要实现十八大提出的“文化强国”、“海洋强国”战略目标，必须从娃娃抓起，从在青少年中普及海洋知识、航运技能抓起。通过广泛宣传和普及教育，使全社会都关心航运文化和海洋事业，都关心上海航运中心的建设。形成全民办航运、全民关心航运、全民支持航运的局面。

（三）发展上海航运文化产业要“靠海吃海”

海洋是“天赐之物”，蕴藏着无穷资源和丰富宝藏。上海有着 180 公里的海岸线，临海向洋，襟江带水。长三角地区河网密集，长江、黄浦江、钱塘江、杭州湾、太湖等都拥有悠久的水文化。发展上海的航运文化产业，要在“海”和“水”字上大做文章、动足脑筋。要在上海和长三角地区，挖掘与“海”和“水”有关的旅游资源、文化资源、历史资源和历史文化遗产。

对于现代社会的人来说，已经习惯了山川旅游和内陆文化消费，而对于邮轮旅游、海洋文化消费等，还普遍比较陌生。有人可能已经乘坐过很多班次的航班和高铁，但是却没有乘坐过一次邮轮，甚至没有乘坐过内河和近海的游船，更没有体验过海上垂钓和海底探秘的滋味。许多人对于海洋文化的直接认识，还停留在广播、电视、报刊、网络上的介绍，以及经常吃的海鲜等食品上。而这种海洋文化的消费层次，是非常低端和简单的。发展上海航运文化产业，应从宣传海洋文化、营销海洋文化产品和刺激民众扩大海洋文化消费着手，致力于提高民众对于海洋的认识和兴趣，提升大家对于海洋文化的渴望和向往。

(四) 发展上海航运文化产业要实施“一盘棋”策略

发展上海航运文化产业，要重视全市“一盘棋”、全局“一盘棋”和全行业“一盘棋”的策略。航运文化产业是一个复杂而庞大的产业体系，涉及和包容的产业链条很多。如：信息产业、服务业、餐饮业、传播业、知识产权业、制造业、运输业、旅游业、娱乐业、会展广告业，等等。需要采取“一盘棋”策略，将这些生产和服务环节，市场资源和资产要素有机组合起来，推动上海航运文化产业的整体发展。

(五) 发展上海航运文化产业要“重点出击”

航运文化产业是一个大而广的产业体系。依据上海航运业的自然条件、物资基础和文化历史基础，发展上海航运文化产业可选择多个着力点。上海航运文化产业的发展，还要重点出击，有意培养和打造若干个有影响和发展潜力的航运文化服务品牌和产品品牌，凸显上海航运文化产业的亮点。

(六) 发展上海航运文化产业要体现上海特色和上海气魄

上海开埠的历史虽然不长，只有 150 多年的历史。但是，上海和长三角地区的历史，却是源远流长。长三角和长江中下游地区，是中华文明的重要发祥地之一，文化遗产浩如烟海，人文风情引人入胜，历史遗迹俯拾皆是。尤其是，根植于吴越文化基础上的，影响广泛、博大精深的海派文化，引领着上海现代文化发展潮流。以长三角地区文化和海派文化作为历史积淀，改革开放后的上海逐渐形成了独具风格的上海城市精神，即“海纳百川、追求卓越、开明睿智、大气谦和”的城市形象和城市品质。[1] 上海航运文化产业的建设和发展，要在航运服务、航运产品和航运文化活动中，突出上海特色、上海风格、上海品质、上海标签和上海气魄。

(七) 发展上海航运文化产业要与其他行业和城市融通互动

发展上海航运文化产业，要与本地其他领域的文化产业，以及与长三角和周边地区的文化产业协调发展、统一布局、融通互动。上海周边的旅游城市和文化名城云集，南京、苏州、无锡、镇江、扬州、常州、南通、杭州、宁波、嘉兴、绍兴、湖州、温州、舟山、黄山、宣城、滁州、芜湖、上饶、景德镇等城市都是著名的历史文化名城。上海发展航运文化产业，要与这些周边的旅游文化名城，甚至与长江中上游的重庆、武汉、宜昌等旅游城市，结成战略合作关系。跳出上海的行政区域发展航运文化产业，将上海航运文化产业发展置于“大上海”、“大长江”和“大航运”的视野下进行布局和规划。要瞄准中国 18000 公里的大陆海岸线和 300 万平方公里的广阔海域，树立“敞开大门办航运”、“敞开思路办文化”的观念。

---

[1] 上海城市精神最早于 2003 年 8 月在上海市精神文明建设工作会议上提出，为“海纳百川、追求卓越”八个字；2007 年 5 月，在上海市第九次党代会上，又增加了“开明睿智、大气谦和”的表述。

五、发展上海航运文化产业的对策建议

建设和发展航运文化产业是一项系统工程。上海航运文化产业发展的核心,是市场化、集团化和国际化问题。发展上海航运文化产业,要有国际视野、世界眼光,要集中力量办航运文化产业。

上海航运文化产业发展的总体目标为:到2020年上海国际航运中心基本建成时,上海同时建设成为“航运文化之都”和“海洋文化名城”。形成航运文化产业高度集聚,航运文化服务设施和功能先进齐全,航运文化产业市场空前繁荣,航运文化产业在国民经济中的比例大幅提升,市民航运素质和海洋意识普遍提升的格局。建议如下:

(一) 重点推进邮轮经济发展

邮轮经济是指以邮轮旅游为核心产品带动相关产业发展而产生的总体经济效应。邮轮旅游是发展潜力极大的一项高端旅游市场,可以产生1:10以上的带动比例系数,形成多产业共同发展的邮轮经济。[1] 邮轮母港对经济贡献更大,其对经济的拉动作用一般是停靠港的10～14倍。当前,国际邮轮市场已经被高度垄断。全球邮轮旅游市场主要被三大邮轮公司——美国嘉年华邮轮公司、美国皇家加勒比邮轮公司和新加坡丽星邮轮集团公司所控制。它们占据了全球邮轮旅游市场80%以上的份额。

1. 上海应大力发展邮轮经济,继续推进高水平、高效率、高配置的邮轮母港建设,改扩建邮轮码头,改善邮轮停靠条件

上海国际客运中心码头现已建成3个8万吨级的客运泊位,吴淞口国际邮轮码头可以同时靠泊3艘10～15万吨级的大型邮轮。两个邮轮母港的年最大接待能力为200万人次。但从长远来看,尤其是2015年上海迪士尼乐园建成后,每年将吸引1000万人次的游客,世界各地来沪的游客将大大增加。上海邮轮母港的接待预留空间并不大。与国外著名的邮轮母港相比,上海邮轮母港的接待规模和停泊条件还有很大差距。上海港要进一步改善水深条件,增强大型邮轮通航能力,健全邮轮码头服务体系。

2. 上海发展邮轮经济,应与长江和黄浦江上的游轮实现无缝对接

许多国外邮轮游客到达上海母港后,希望直接中转到长江、黄浦江上游览,甚至能够直达南京、武汉、重庆等长江沿岸的内陆城市。上海母港也应为长江、黄浦江游轮(游船)上的旅客,提供联通到国际邮轮出境旅游或近海旅行的服务。上海母港应开发远洋邮轮——近海邮轮——长江和黄浦江游轮联动的旅游产品,实现无缝对接。甚至,可以开发与长三角地区著名的旅游景点(如杭州、苏

---

[1] 上海国际航运中心编:《上海国际航运中心的实践与探索》,第255页。

州、太湖、天目湖、黄山、九华山等)联通旅游的旅游产品。

3. 上海应推出本土大型邮轮,打造本地邮轮自有品牌

目前,开通上海至美洲、欧洲、澳洲和亚洲其他国家和地区邮轮航线的,都是西方国家的邮轮公司,尤其是以著名的三大邮轮公司为主。上海还没有属于本土和自有品牌的大型邮轮,因而亟需打造本土制造和自主经营的国际大型邮轮。这方面主要的瓶颈是政策限制。上海如若建造自有品牌的大型邮轮,应在邮轮的功能设计、服务水平和舒适程度上,体现自身优势和特色。国际上的一些高级豪华邮轮,除了拥有上千套星级客房、酒吧、餐厅、咖啡厅、免税商店、图书馆、会议中心、健身中心、游泳池以外,甚至还有豪华赌场、高尔夫球场、保龄球馆、滑浪池、滑冰场、攀山墙等大型娱乐设施。

4. 上海应出台刺激邮轮经济发展的政策措施

近年来,我国对发展邮轮产业开始重视。2008 年 6 月,国家发改委下发了经国务院批准的《关于促进我国邮轮经济发展的指导意见》;2009 年 3 月 25 日,国务院常务会议首次提出"促进和规范邮轮产业发展";2009 年 4 月 18 日,温家宝提出允许大陆公民经香港乘坐邮轮赴台旅游;2009 年 11 月国务院下发《关于加快发展旅游业的意见》,提出培育新的旅游消费热点,支持有条件的地区发展邮轮游艇旅游。上海也应出台鼓励邮轮产业发展,以及国际邮轮与内河、内陆旅游联动的政策和措施。

(二) 大力发展航运创意产业和航运文化传播业

文化创意产业是文化产业与创意产业融合发展的结果,其特点是创新性强、附加值高、市场需求大。文化创意产业和文化传播业种类繁多,包括新闻出版、广播电视、电影、演艺、动漫、艺术品、设计与包装、网络游戏、基础软件、会展广告、文博与历史遗迹等形态。

1. 创作和营销与航运有关的历史文化作品和故事作品

上海航运文化产业的发展,应立足实际,发挥优势,适当植入一些文化创意产业的要素,策划、创作和营销有市场前景的航运文化故事作品。如:策划制作与海洋、航海和水文化有关的电视片、电视剧、电影和动漫作品;将历史上的"郑和下西洋"、沿海人民抗击倭寇、海盗故事等,进行发挥和创作,转化为知识产品和影视作品;出版与航海、海洋和水生物有关的书籍、光盘和影视资料等。建议组织力量,拍摄郑和、抗倭、黄浦江等航运文化题材的电影和电视剧。

2. 设计、制作和营销与航海和水文化有关的礼品和纪念品

航海、海洋礼品和纪念品,有很广阔的创意空间和很大的营销市场。如:各种船舶模型,轮船实物模型,游泳装备,垂钓设施,海洋生物仿制品和标本,航海游戏软件,国外特色物产和异域文化产品等。

3. 开发与国际航运和海洋文化有关的报纸、杂志、电视频道、商业网站等媒介产品,加大航运文化宣传力度

上海航运领域应该与国内外和上海本埠的知名媒体合作,合作开发与航运、海洋和水文化有关的媒介产品，加大对于航运事业、海洋文化的宣传力度，开发航运领域的传播市场。目前，中央电视台、上海广播电视台都没有设置专门的"航运频道"、"海洋频道"或"航海频道"，也没有设置固定的与航运和海洋有关的电视栏目，这种情况需要改变。其实，地球是一个"水球"，海洋占地球总表面积的71%。中国作为一个航运大国，上海作为在国际上有影响的航运大都市，相应的新闻宣传却比较微弱。上海应大造舆论声势，在民众中广泛推广海洋文化，强力打造有影响力、有美誉度的航运媒介产品。至少，应该在上海广播电视台推出专门的海洋频道和电视栏目，并打造一两份专业的与航运或海洋文化有关的报刊。目前，上海本地出版的航运书刊主要有：上海中国航海博物馆主办的《国家航海》、上海市航海学会主办的《航海》、上海国际航运研究中心主办的《航运评论》等。上海应加大对于这些航运专业书刊的支持力度。

4. 积极发展航运节庆、航运会展和航运广告业

广告和会展是航运文化创意产品及其衍生发展的重要方面，航运节庆是航运文化产业发展的推动力量。

西方航海大国向来重视航海节庆活动。美国、英国、北欧国家、西班牙、加拿大、日本、澳大利亚等国都有自己的航海节。1977年11月，国际海事组织(IMO)在第十次大会上通过决议，将每年的3月17日确定为"世界海事日"。我国经国务院批准，自2005年起，将每年的7月11日确定为中国的"航海日"。[1]上海要建设国际航运中心，应非常重视航海节庆活动，并从中发现市场潜力和广告效应。要借助和依托上海中国航海博物馆、国际航运上海论坛、中国海事会展、"世界海事日"、"中国航海日"等文化载体，扩大上海国际航运中心建设的社会影响，促进航运文化发展。应在每年的"世界海事日"和"中国航海日"前后，举办不同形式的航运产品展览会、航海论坛、海事纪念，以及划船比赛、钓鱼比赛、游艇体验、海鲜购物等活动。上海应举办独具特色的"上海海洋文化节"、"上海海洋文化月"或"上海海洋文化周"活动，通过举办海洋文化展览、海洋电影展映、海洋学术论坛、海上生活体验、海产品营销等活动，让广大民众更多地了解海洋、认识海洋、热爱海洋。

5. 重新考虑黄浦江的定位和功能问题

黄浦江是上海的母亲河，始于淀山湖，全长113公里，穿越上海市区60公里，在吴淞口注入长江。一直以来，黄浦江在上海的社会发展中发挥着多种功能和作用，如饮水、航运、灌溉、排涝、排污、渔业生产、旅游等，主要发挥着生产经营性作用。上海在建设"四个中心"的过程中，应该重新考虑和安排黄浦江的定位问题。建议将黄浦江的功能定位为文化产业属性，今后主要发挥其航运、旅游、广告、娱乐功能，利用黄浦江开发多种航运文化产业。

---

[1] 1405年7月11日是郑和下西洋首航的日期，这一天对中国航海事业具有重要的历史纪念意义。故我国将每年的7月11日定为法定"航海日"。

（三）积极发展航运文化娱乐项目

1. 积极发展游艇经济

游艇是一种专供水上运动和游乐的船只，适宜于内河、湖泊和近海的水上活动。利用游艇可以开展近海和内河上的旅游、海上冲浪、滑水、潜水、钓鱼、婚庆、家庭聚会等活动。游艇分为多个类型，如敞开艇、小汽艇、滑水艇、住舱艇、帆艇、水上摩托等，而大型豪华游艇是海上旅游中的珍品。游艇产业被称为"漂浮在黄金水道上的商机"，也是"后汽车时代"的代名词。游艇业作为经济高端化、消费现代化的代表，具有高回报率和强带动性。国际上，对游艇产业投入 1 美元可带来 7 至 10 美元的回报。游艇又可与租赁、商务会议、婚庆活动等行业联系在一起，产生衍生效应。游艇经济也会对餐饮、交通、公共服务等产生带动作用。上海应发展不同类型和档次的游艇项目，建设专供游艇靠泊的码头和辅助设施。

2. 推出海上垂钓和渔猎项目

海钓和海上渔猎，是非常刺激和饶有趣味的娱乐项目，被许多人，尤其是一些年轻人向往和热爱。海钓在欧美发达国家已有上百年的历史，与高尔夫、马术和网球并列为四大贵族运动而备受青睐。海钓和海上渔猎，是风靡世界的休闲渔业，集渔猎活动、休闲游钓、旅游观光为一体。在美国，由海钓和海上渔猎拉动起来的旅馆、餐饮、购物、娱乐服务业十分兴旺。而在中国和上海，海钓产业则只是刚刚起步，蕴含着巨大的市场潜力。

实际上，中国喜欢钓鱼的人很多，估计有 9000 万人，上海和长三角地区的垂钓爱好者也不少。我国大陆海岸线绵延 18000 多公里，上海有海岸线 180 公里。此外，上海崇明岛附近的水域，还是长江入海口，是淡水鱼和海鱼汇集的地方。这里的海鱼品种多，常见的有 70 多种。海钓的主要对象有黄鱼、鲈鱼、鳕鱼、海鲶、带鱼、石斑鱼、鳗鱼、黑鲷等。海水鱼比淡水鱼更凶猛，见饵即咬，因此比淡水钓鱼更易收获。且海洋面积广大、水体深、鱼类多，海上垂钓和渔猎活动更具刺激性，参与者能够体验到极大的乐趣。

3. 开展海底探险与深水体验项目

对于很多民众来说，海洋是一个广阔而未知的世界。真实的海底和海洋深处到底是一个什么样子？有哪些海洋生物和自然景象？在海底和海洋深处的真实体验和感觉如何？这些都容易引起人们的丰富想象。许多年轻人，尤其是求知欲望比较强烈的中学生和大学生，对于大海充满了向往。家长们也乐于带领和陪伴他们去认识海洋，体验大海的魅力。由此，开展与深海活动有关的娱乐和体验项目，如海底探险、深海潜水、海底戏鱼等项目，有广阔的市场。

4. 重点打造上海沙滩名片

因受水质和地理条件影响，上海中心城区附近并没有条件良好的自然形成的沙滩。在上海郊区（县），有几处人工建设和改造的沙滩。比较知名的如：佘山月湖公园沙滩（约 4000 平方米）、金山城市沙滩（20000 平方米）、奉贤海湾的"碧海金沙"（70000 平方米）、浦东三甲港"黄金沙滩"（10000 平方米）。在上海近郊的这几处沙滩中，知名度最高的要数奉贤海湾的“碧海金沙”。“碧海金沙”位于杭州湾畔，是中国最大的人造沙滩海滨浴场，也是上海郊区唯一一处碧波荡漾的“蓝海”海域。该沙滩虽为人造沙滩，但是其中的12万吨金色细沙由海南运来。“碧海金沙”的滨海浴场面积达79万平方米，水深达3.6米，水质达到了海水泳场标准。

但是，就知名度而言，上海的“碧海金沙”远没有中国“三大海滩”，即海南三亚的“亚龙湾沙滩”、广西的“北海银滩”、青岛的“海水浴场”有名。其在国内的知名度甚至不如广东阳江的“东方银滩”、深圳的“西冲海滩”、威海的“国际海滨浴场”、河北昌黎的“黄金海岸”。但是，上海的“碧海金沙”也有优势。就是紧靠上海这个国际大都会，附近有杭州、苏州、嘉兴、宁波等经济重镇，又有长三角经济发达地区为依托，市场潜力非常大，周边的江浙地区也缺乏天然的良好浴场和沙滩。上海应重点打造“碧海金沙”名片，进一步改善交通、食宿和水质条件，增加潜水、冲浪、海钓等水上娱乐项目，加大市场营销力度，将其包装为“东海第一滩”或“华东第一滩”。

5. 推出水上演出项目

利用大型水面，可以开展多种演出活动和项目。如水上特技、水上歌舞、水上竞赛、水上焰火、水上演奏等。这方面，国内外已经有了不少成功的案例，也积累了可以借鉴的商业模式。比较典型的如：澳洲悉尼水上特技表演、广西阳朔“印象·刘三姐”水上表演、浙江横店“梦幻谷”表演等。上海发展航运文化产业，可以借鉴国内外成功的水上演出商业模式，利用东海、杭州湾、长江、黄浦江、苏州河、滴水湖等大型水面，策划和组织水上歌舞、水上特技、水上竞赛等商业演出与表演项目，打造若干水上演出品牌，让“江”、“湖”、“河”、“海”为海派文化发展注入新的活力。

6. 做好与上海迪士尼乐园对接的准备

上海迪士尼乐园(Shanghai Disney land Park)是中国第二个、亚洲第三个、世界第六个迪士尼主题公园。[1] 上海迪士尼乐园位于浦东川沙镇，占地116公顷。迪士尼乐园作为一个大型的旅游和娱乐舞台，为文化创意产业提供了巨大空间，能够创造很大的商业价值和经济效益。

上海迪士尼乐园一旦建成，将创造5万个新的就业岗位，对于上海航运文化产业发展也是一个利好消息。毫无疑问，迪士尼将吸引大批游客，上海每年将因之增加1000万人次的游客总量，迪士尼将带来艺术表演、动漫、影视、新闻出版、会展、广告、论坛等文化产业的空前繁荣。尤其是，上海航运文化产业的发展，完全可以与迪士尼乐园对接，将航运文化产业的内容和项目，移植到迪士尼园区；或者将迪士尼的游乐项目，延伸到邮轮、游艇或上海航运文化产业集聚区内；或

[1] 世界六大迪士尼主题公园分别是：奥兰多华特迪士尼世界(1971年建成)；东京迪士尼度假区(1983年建成)；巴黎欧洲迪士尼乐园(1992年建成)；洛杉矶迪士尼乐园(1995年建成)；香港迪士尼度假区(2005年建成)；上海迪士尼乐园(在建)。

者双方合作开发新的娱乐与文化产业项目。

7. 打造上海航运文化游乐基地

建议在浦东三甲港附近，或者崇明岛濒临长江口附近，打造一个大型的上海航运文化游乐基地。该基地集吃、住、游、玩和商务功能于一体，是一个综合性的大型航运文化消费集聚区。游客们可以在此体验海上垂钓、海上渔猎、冲浪、海水浴、深海潜水、轮船驾驶、游艇、划船、水上歌舞、水球比赛、沙滩浴、泥浴、水下摄影、海盗扮演等游乐活动。该基地还可以承办各种会务、展览、比赛和演出活动。该基地应该交通便利，尤其是距离迪士尼园区比较近便。相信上海航运文化游乐基地建成后，将能够极大吸引人气，促进航运文化消费，带动上海航运文化产业的大发展。

（四）建设航运文化产业园区

1. 建议在虹口北外滩设立航运文化产业园区

虹口北外滩地区，毗邻黄浦江、苏州河、外滩、四川路商业街、北京东路商业街。历史文化底蕴丰厚，附近有上海国际客运中心、中国海运集团总部、上海国际航运研究中心、上海市航海学会等航运领域的企事业单位。交通方便，商家云集，并已经汇集了一些航运服务企业，具有打造航运文化产业园区的基础。美中不足的是，这一片区域的道路多为窄而短的小马路，细如蛛网，而且许多道路还是单行道。

2. 建议在上海临港海洋高新技术产业化基地建设航运文化产业孵化器

上海临港海洋高新技术产业化基地，已经于 2009 年开展规划设计。新浦东成立后，浦东的发展重心将向南部转移。在这里建设航运文化产业孵化器，培育和扶植航运文化产业领域的中小企业，具有得天独厚的条件。

（五）积极发展航运文化文博产业

1. 充分发挥上海中国航海博物馆的作用

位于浦东临港新城的上海中国航海博物馆，是我国目前规模最大、等级最高的综合性航海博物馆，具有航运文物收藏、学术研究、社会教育、陈列展示等多种功能。该馆室内展示面积达 21000 平方米。馆内馆藏文物丰富，涉及航海历史、船舶、海员生活、渔船、捕鱼、军事航海、海事与海上安全等诸方面，馆藏文物达两万多件。中国航海博物馆还有各类海图 50000 份，航海文献书籍两万多册。全馆共陈列和馆藏各类船模四百多艘，工艺、规模、质量都达到了国际先进水平。该馆作为中国目前唯一的国家级航海博物馆（已建成的），为向上海市民普及航海知识、传播航运文化提供了良好条件。

然而，由于建馆时间较短、距离市区较远等客观原因，上海中国航海博物馆尚未能发挥出应有的作用。许多市民根本不知道临港新城有个航海博物馆。有的即使有所耳闻，但是鉴于交通不便等原因，前来参观的人并不多。目前，上海中国航海博物馆每天的访问量只有 500～600 人次，节假日高峰为 2000～3000

人次左右。总体上说，上海中国航海博物馆的访问量远未达到饱和的程度。本课题组建议，为了贯彻十八大提出的提高素质教育和建设“文化强国”、“海洋强国”的精神，为了尽快把上海建设成为国际航运中心，必须确立“全民办航运”的发展思路。在上海的中小学校中，普遍开设与航运、航海和海洋有关的基础教育课程，设置一定学时的航运实训环节。每个中小学都要高度重视学生的航运素质和海洋素质的养成，把组织学生参观上海中国航海博物馆作为一项基本教育环节来抓。

另外，为方便市民观看上海中国航海博物馆的展品，便于市民近距离接触航运文物和海洋文化，可以考虑在市中心区域建设中国航海博物馆的分馆，或定期组织航运文物、海洋文化巡回展出，让航运文化和海洋文明更加深入广泛地走进千家万户，走进百姓生活。

2. 建设上海航运文化展览馆

2000多年前，上海只是个小渔村。经过上千年的发展，上海才演变为今天的国际大都市。但是上海的每一个发展阶段，都离不开大海，离不开海洋文明和航运文化。上海的诸多历史遗迹、地理物产，都有航运文化的痕迹。上海沿海、沿江的一些区县，如浦东、崇明、金山、奉贤、宝山等，都可寻访到一些与航海、航运有关的历史遗迹和文化遗产；上海沿江、沿海的大小岛屿，如崇明岛、长兴岛、横沙岛、九段沙、大洋山、小洋山等，都能够挖掘到古代或近代的航运标识物；在上海和长三角地区的一些水域中，如长江、黄浦江、东海、杭州湾中，尚有一些水下遗迹和历史沉船等待发掘。上海地区的一些地名和历史遗存，如“三灶”、“六灶”、“新场”、“盐仓”与制盐业有关；“航头”、“下沙”、“周浦”、“川沙”与航海有关；“宝山”、“高桥”与航海灯塔有关；“金山卫”、“大洋山”、“小洋山”与抗倭有关。上海和长三角地区的民间，至今保留着打渔晒盐的传统技法和工具，流传着先民反抗渔霸和抗击倭寇的故事。提篮桥附近的“下海庙”(义王庙)，河南路桥附近的“天后宫”，与航运文化也有直接关联。此外，形成于上海的海派文化，上海的一些名人故里，乃至于上海本帮菜系中的一些经典菜肴，都与海洋文化有着密切的关系。

建设国际航运中心，很有必要将上海本地的海洋文化、航运文化及历史遗产进行收集、整理、发掘、保护和研究，并使之参与到航运文化产业的系统建设之中。由此，有必要建设上海航运文化展览馆，专门收集、整理和发掘上海本埠的海洋文化和历史遗存。

此外，上海航运文化展览馆，还可以重点展示各种船、艇、舰的功能、内部构造、技术变迁过程等，让上海市民通过参观体验，能够增强航运素养和海洋意识。

3. 开发利用上海天后宫

上海天后宫是上海航运文化历史遗产的重要组成部分。历史上，上海有几座天后宫。最早的一座，要数南宋咸淳七年(1271年)建造的天后宫了。该庙原址已难考，有人说就是后来的“丹凤楼”。清光绪十年(1884年)，位于今河南路桥附近的天后宫建成，是清廷官员出海祭天的地方。河南路桥的天后宫在新中国成立后一部分改建为学校，一部分改建为民居，其楠木殿被移建到松江方塔公园。现今，河南路天后宫还保存有先前人们祭天后演剧的舞台。

此外，在现今的上海市中山南路1551号，还有一座三山会馆的天后宫。该馆建于清宣统元年(1909年)，由旅沪福建商人兴建。作为同乡同业机构和祭祀妈祖的地方。三山会馆距离江南制造局很近。因受中法战争和甲午海战的影响，福建马尾船厂瘫痪后，大批闽籍船舶技术人员和工人转移到上海江南造船厂。三山会馆还是上海工人第三次武装起义的指挥部旧址，是爱国主义教育基地。目前，三山会馆有着上海保存最为完好的天后宫及戏台，大殿及柱子上刻有十余对与航海有关的楹联。

建议修缮现存的三山会馆和天后宫。在每年7月11日中国航海日前后，举办与航海有关的纪念活动、庆祝活动和航运文化产业招商活动。比如，可以在每年的7月定期举办"上海航海月"和"上海航运文化周"活动，借此促进上海航运文化产业的发展。

(六) 设立上海航运文化产业发展基金和航运文物保护基金

1. 建议设立上海航运文化产业发展基金

设立的上海航运文化产业发展基金，主要用于与航运文化有关的公益事业和公共服务。如建造航运文化公共设施，添置航运服务公共器材和用具，保护和管理航运历史遗存和文化遗产，开展与航运有关的学术研究，在市民和中小学中组织开展航运教育和海洋体验活动等。设立上海航运文化产业发展基金，还可以对航运文化领域的中小企业进行扶持，帮助它们尽快成长和发展起来。

2. 建议设立上海航运文物保护基金

如前所述，上海和长三角地区有着丰富的航运、航海和海洋文化遗产。保护、管理、研究、开发上海的航运历史遗迹和文化遗产，对于上海航运中心的建设，意义重大。由此，非常有必要设立专门的航运文物保护基金，专门用来保护和开发上海航运历史文化遗产。

上海航运文化产业发展基金和上海航运文物保护基金，与商业基金不同，属于社会公益基金，主要用于航运文化领域的公共服务和社会公益事业。应由上海航运事业单位(如上海中国航海博物馆、上海国际航运研究中心、上海市航海学会等)直接参与管理、监督和运作。

3. 建议成立上海航运文化投资公司

可成立一家由政府投资或控股的上海航运文化投资公司，专门从事航运文化产品和服务的开发、经营、管理和市场运营。该公司应该是一个专门从事航运文化产业开发的投资平台。包括考虑对于黄浦江两岸的航运文化资源的统一开发和布局，浦江两岸广告资源的统一配置和开发问题等。通过资本运作，使上海航运文化产业得到尽快发展。

(七) 大力培育航运文化产业人才

上海航运文化产业的人才问题可通过以下途径解决：

1. 从境外引进

航运文化人才，如邮轮经济、游艇产业、海底探险、水上表演等产业，欧美国家发展得比较早，经验比较成熟，可以适当地从境外引进少部分高端航运文化人才，推动上海航运文化产业的发展。毕竟，航运文化产业实践，是一种需要经验积累、技术和见识的智力活动，对于从业人员的创新能力、判断能力、协调能力要求高。很多经验、知识和才能，书本上学不到，师傅不会教，需要在实践中体会和探索。很多情况下，经验就是财富，见识就是生产力。花一点代价，从境外引进有创新能力和管理水平的航运文化产业人才，还是值得的。

2. 高等院校培养

我国的高等院校，直接与海洋、海事有关的学校、院(系)不少。但是，这些高等院校主要以理工科为特色，直接培养航运文化产业人才的院系、专业相当少。航运文化产业人才，是复合型专业人才，需要综合航海技术、船舶学、海洋学、生物学、管理学、经济学、地理学等多种领域的知识和技能。相关高等院校需要根据航运文化产业市场需求，调整专业结构，尤其是在研究生教育中建设航运文化产业专业。上海航运系统也可以从国内外的一些著名高校中，直接吸收一些综合素质高的毕业生，将他们培养和锻炼为航运文化产业的有用人才。

3. 本系统培养和选拔

长期以来，我国航运系统普遍存在着平均学历低、复合型人才短缺、年龄梯次不合理、性别结构不合理等情况。这种状况不是一朝一夕能够改变的。尤其是许多从事一线工作的海员和海事服务部门的职工，工作经验丰富，对航海事业有感情，但是技能单一、人文知识欠缺、发展后劲不足。上海航运系统有必要从一线职工中，选拔和培养一些品质好、能力强、爱学习、年纪轻的苗子，将他们培养成为航运文化产业的适用人才。

4. 从国内其他行业和领域输入人才

实际上，文化产业在本质上是相通的。其实质是利用人的智慧、技能和想像力，将文化和艺术价值商业化和物质化，将人们的智慧、知识、点子、想像力和历史遗产，转变成真金白银，实现其经济价值和社会效益。虽然上海直接从事航运文化产业的人才不多，但是，国内和上海的其他文化创意产业领域却是人才济济。上海航运文化系统完全可以通过直接引进、项目委托、兼职合作等形式，使其他领域的人才在航运文化产业的天地里，施展才华，崭露身手。

（八）建立和完善航运文化产业的政策机制

1. 上海应出台鼓励和刺激航运文化产业发展的政策和措施

上海应梳理航运文化产业发展的类别和区域，分门别类地制定和完善产业促进政策，推出优先发展邮轮经济、航运信息、航运文化娱乐产业的政策。

2. 上海应与周边省市联动出台鼓励航运文化产业发展的政策和措施

上海发展航运文化产业，要与周边地区，包括江、浙、皖、赣、闽，和长江中上游的湘、鄂、渝、川、黔等省市，加强区域合作与行业协作，协调出台发展长江航运、近海航运和远洋航运的文化产业政策，使上海国际航运中心的建设，能够使周边和关联省市也得到促进和发展。

3. 上海应加大航运文化产业发展的政策优惠力度

为鼓励航运文化产业的快速发展，上海应出台非常优惠的相关产业政策。在市场准入门槛、开办手续、税收、补贴、退税和退出机制等方面，给予比其他产业、其他地区更大的优惠幅度，吸引社会游资和风险投资转移到航运文化产业领域。尤其是，上海应开放航运文化市场，降低市场准入门槛，大力引进国际知名航运文化产业企业来沪经营与合作，为国际知名航运企业的进入创造方便条件。

六、结　语

大力发展航运文化产业，是上海国际航运中心建设的重要一环，也是上海国际航运中心建设可持续发展的必经之路。上海国际航运中心的建设，当前已经进入深化发展、提高层次、转变结构的重要阶段。上海要在国际航运领域错位竞争，扬长避短，建设智能化、智慧型国际航运中心，大力发展航运文化产业是明智之举、便捷之路。上海航运文化产业的发展，是一项艰巨、复杂而庞大的系统工程和崭新课题。上海应在这一领域积极地先行先试，敢闯敢试，打破条条框框和思维定势，积极整合资源，借用外力外脑，集中优势力量，寻求重点突破。力争在“十二五”期间和不远的将来，使上海航运文化产业的发展上台阶、上规模、上水平，并使之在文化强国和上海社会经济发展中，产生示范效应和推动作用。

A Study of Shanghai Shipping Cultural Industry Development Ideas and Strategies

Abstracts: The development of shipping cultural industry, is the only way to build a high level, intelligent international shipping center. With Shanghai shipping cultural industry still in its infancy, it is particularly lacking in strategic planning and long-term layout. The development of Shanghai shipping culture is facing an important period of strategic opportunities. So it is necessary for Shanghai to build a shipping cultural industry highland with Shanghai school cultural characteristics and In line with local realities , based on the lessons drawn from domestic and international development mode of the shipping cultural industry and the integration of shipping cultural resources of all aspects.

Keyword: Shipping, Cultural Industry, Shipping Center, Shanghai Characteristic

遣唐船航路的探讨

（日本 汪义正）*

摘　要：日本学者主张的遣唐船航路有二：一为南岛路，一为南路。南岛路从九州南下到琉球群岛那霸一带后，直接逆溯黑潮主流横渡东海，抵达长江口；南路从五岛列岛直接逆溯黑潮支流，横渡黄海抵达长江口。这个学说显然违背了古代航海的自然规律，不符合当时的航海条件。相对地，明代史籍《筹海图编》记载着两条"历代以来及本朝国初中国使臣入番之故道"：一为太仓使往日本针路，一为福建使往日本针路。前者从浙江出东海后，沿黑潮支流直航日本；后者从福州沿黑潮主流，经琉球群岛那霸后再前往日本。根据古代航海条件，可推断前者为宋代以后的航路，而后者为宋代以前的航路。因此可推论：从福州经琉球那霸再前往日本的针路，才是遣唐船的可信航路。

关键词：黑潮（日本暖流）　遣唐船航路　福建使往的日本航路

一、制约古代东北亚航路的逆时针气旋环流

（一）中国东部海域的逆时针气旋环流

古代的航海活动受制于海流与季风等自然规律。海流是制约航路的主要因素，是航海的推力也是阻力，因此航海时必须掌握海流规律。帆船时代，季风是行船的动力，古代航海必须等待季风才能渡洋。因此古代的远洋航海，基本上只能一年一往返。笔者从日本文献中，摘录了一份《日本近海海流图》，[1]为了配合本文的需要改称《亚洲大陆外围岛弧与海流分布图》，并加注一目了然的海流名称（图一）。

* 作者简介：汪义正，男，生于台湾基隆，毕业于台湾大学商学系，明史国际学会会员，侧重研究中日关系史。

[1] 茂在寅男等著：《遣唐使研究与史料》，东京：东海大学出版会，1987 年。

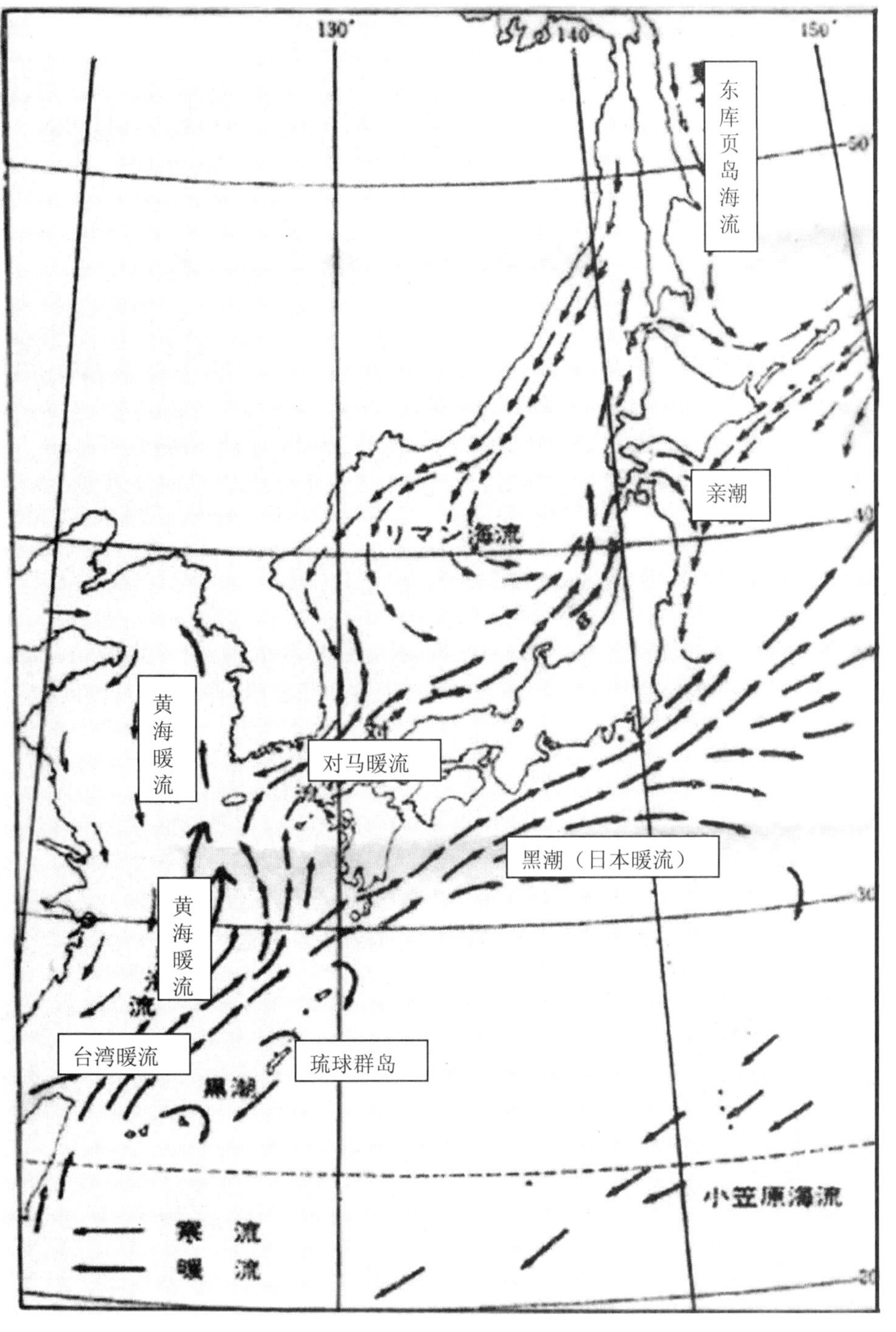

图一 亚洲大陆外围岛弧与海流分布图
（本图根据《日本近海海流图》改编，原图摘自茂在寅男等著的《遣唐使研究与史料》）

从上图可以看出，如果以北纬30°线为横轴，东海正好处于长江口的正东方，朝鲜半岛处于东海东北方，台湾岛则处于东海的西南方。九州岛跟台湾岛之间，环绕着一条链状的琉球群岛岛弧，内侧为东海，外侧为太平洋。亚洲大陆与外围岛弧内侧与大陆沿岸，各分布着一股流向不同、温差各异的大海流。沿外围岛弧有一股发源于菲律宾赤道一带的、循大陆外围岛弧链内侧从西南流向东北方向的暖流，称为黑潮；沿亚洲大陆沿海有一股受发源于北太平洋白令海峡千岛寒流影响的，从北向南流向的寒流。在这两股大海流的交互作用下，形成了中国东部海域"逆时针气旋环流"的自然规律。这条规律制约着古代帆船时代东北亚的航海活动。

（二）黑潮是中国东部逆时针气旋环流的拉动主力

黑潮流经菲律宾群岛后，主流紧贴台湾岛东部海域流向东北方的琉球群岛内侧，然后穿过日本九州岛南方的吐噶喇海峡或大隅海峡出东海，流进太平洋。黑潮是世界海洋中的第二大暖流，流速强，流量大。因为深海流呈黑色，故俗称"黑潮"，正式学名为日本暖流，黑潮的整体流向为东北流向。在东海海域里，从西南向东北的流程中，分出三个支流。南段支流称"台湾暖流"，源于台湾岛的南方海域，流经台湾岛西部海域后，继续流向东北方向，然后汇入黄海暖流；中段称"黄海暖流"，是黑潮在琉球群岛西部海域分出的支流，呈西北流向，流抵济州岛后转入黄海，后再沿朝鲜半岛西侧入渤海；北段称"对马暖流"，形成于奄美诸岛的西北海域，主流北上过对马海峡，再沿本州西侧流向库页岛西侧，小分流汇入黄海暖流。

黑潮主流流速南缓北急，在台湾岛东部海面，黑潮流宽达 280 公里，厚 500 米，流速约为 1～1.5 节（海洋学规定海上速度，每小时移动 1 海里称 1 节。1 海里等于 1.852 公里，所以 1 节＝1.852 公里/时），即时速约近于 2～3 公里；入东海后，流宽缩小为 150 公里，深度增加为 600 米，流速加快为 3～4 节，即流速提高到 5.5～7.4 公里/小时，相当于人行速度；黑潮流速最高的地方是在北侧日本潮岬外海一带，流速可达 6～7 节，相当于人跑步的速度。整个黑潮的径流量相当于一千条长江的水量。因此黑潮是构成中国东部海域逆时针气旋环流的拉动主力。相对于湍急的黑潮流速，岛弧外围的太平洋海流流速仅为 0.5 节，即时速不到 1 公里。这也是该海域被取名为"太平洋"的原因。

（三）助推逆时针气旋环流的中国沿岸流[1]

中国沿岸流是构成中国东部海域逆时针气旋环流的另一重要动力。亚洲大陆东部沿岸分布着一股受千岛寒流影响的，从北向南流向的沿岸流。这股寒流系统的沿岸流，又受到流经海域的江河入海径流的影响，从而形成各地的沿岸流。在中国沿岸海域，从北向南主要的沿岸流有：辽南沿岸流、鲁北沿岸流、苏北沿岸流、浙闽沿岸流（东海沿岸流）及广东沿岸流等五大沿岸流。

"辽南沿岸流"指辽东半岛南岸自鸭绿江口向西南流动的一股海流，主要由鸭绿江的径流组成，是北黄海气旋环流的组成部分，流向终年不变。"鲁北沿岸流"由黄河、海河等入海的径流组成，从渤海湾西部起，沿山东半岛北岸向东流经

[1] 本节资料部分参考大连教育网的《教研天地》。

成山角后南下,流动路径终年不变。在成山角附近的小部汇入黄海暖流,大部则继续南流,因进入宽阔的大海,流速减缓。"苏北沿岸流"起源于海州湾附近,沿岸南下至长江口以北,后离岸转向东南,越过长江浅滩进入东海北部。在南下过程中,一部分与黄海暖流构成一个小气旋环流;另一部分南下到长江口附近,与长江淡水混合后流向东北方向,其中小部分于济州岛南方汇入对马暖流,大部分汇入黄海暖流。这里有必要一提的是苏北沿岸基本上都是沙岸,平直多浅滩,一般的平底沙船也必须在远离沿岸三四十公里外的黑水洋边界航行,才不致搁浅。为什么提这个问题呢?因为有些学者仅凭平面地图,就认为沿着海岸线的任何海船都能直接航海北上。"浙闽沿岸流"又称"东海沿岸流",主要分布于长江口以南的浙闽沿岸海域,起源于长江口和杭州湾一带,由长江及钱塘江径流入海后构成,沿途还有瓯江和闽江的径流加入。东海沿岸流的流幅夏宽冬窄,流速夏强冬弱,路径随季节而异。长江径流大多汇集于杭州湾附近,穿过舟山群岛南流。这也是帆船时代出海航路必先穿越舟山群岛南下的原因所在。冬季时,在东北的季风作用下,沿岸流势强可直入台湾海峡抵南海北部;夏季长江汛期,大量江水向外冲溢,又在偏南季风作用下,沿岸流南下势力减弱而转汇入台湾暖流,然后再汇入黄海暖流。

台湾海峡是南海海水与东海海水交换的主要通道,又受狭管效应的影响,海流强而复杂。另外,在朝鲜半岛西侧,也存在一股由大同江与汉江入海径流组成的"西朝鲜沿岸流"。它起源于西朝鲜湾南部,沿朝鲜半岛西岸终年南流,并与黄海暖流构成一个小反气旋环流,但因流速不强仅局限于离岸 20～30 海里的范围内。西朝鲜沿岸流流抵朝鲜半岛西南端后,一部分被黄海暖流牵引北上,一部分流经济州海峡进入朝鲜海峡,后又汇入对马暖流北上。

在上述中国东部沿岸从北向南的沿岸流与大陆外围岛弧内侧从西南向东北的黑潮等两大海流的推拉作用下,形成了中国东部海域"逆时针气旋环流"的自然规律。这个自然海流规律,制约着古代帆船时代的东亚海上航运活动。

二、日本遣唐船航路学说的谬误观点

(一) 日本遣唐船研究的四个阶段

日本史学界对遣唐使的研究已有近百年的历史。据笔者研究,其中关于遣唐船航路的研究可分成四个阶段:第一阶段的代表论文为 1903 年由水生的《遣唐使》;第二阶段为 1920 年谷森饶男的《关于日唐的交通路》;第三阶段为 1927 年木宫泰彦的《日支交通史》;第四阶段为 1955 年森克己的《遣唐使》。

日本学术界最先探讨遣唐使问题的论文是由水生的《遣唐使》。由水生的论文刊于 1903 年 2 月 1 日的《历史地理》杂志第五卷第二号上。该论文运用考证史学的归纳法,搜集日本史料中的一些相关记载,建立了遣唐使学说的基础体系。他在"遣唐使的通路"一节里,提出遣唐使从九州赴唐的航路有二:一为北路,一为正西航路。"北路"是隋唐时代以来日本去往中国的古航道,从九州迂回北上,通过朝鲜半岛南方的三韩地区抵达渤海湾口后,再渡海前往山东半岛的登州、莱州一带上陆。此一航路也就是唐代贾耽所说的"登州海行入高丽渤海道"的逆行方向。至于"正西航路",著者则用推测的语调说:可能是在 8 世纪初,才开拓出来的新航路,从九州西部的值嘉岛(五岛列岛)一带"朝正西方向"直航扬子江口。这一观点后来被日本史学界演绎成"一口气横渡东海"的"南路"。

第二阶段的谷森饶男论文,刊于 1920 年《史学杂志》第 26 卷第 5 期。文章对遣唐使航路的立足点,基本上沿袭了上述由水生论文的基本观点,而在一些细节上加以补充完善。此论文的新意有:(一)根据中国元代史书《文献通考》"四夷考倭部"中的"南道"概念,将"正西航路"改成"南路";(二)提出南路的放洋港口除了五岛列岛一带之外,还根据《鉴真东征传》又加上了阿而奈波(琉球那霸)及奄美等"南岛"的概念。另外,直接横渡东海抵达长江口的说法不变。

第三阶段的木宫泰彦关于遣唐船航路的学说,首见于《日支交通史》一书(1927 年)。主要还是分北路与南路两条。但是他把"南路"再细分成从九州西岸南下,抵达奄美诸岛一带的南岛,再横渡东海抵达长江口,及从五岛列岛附近直接横渡东海抵达长江口的两种南路概念。可见木宫泰彦的这一学说是在进一步完善谷森饶男的学说,但从根本上讲,都只是在补充完善明治时期由水生所确立的基础学说。

第四阶段的森克己遣唐使航路学说,是集明治时期以来各家学说的大成。他在木宫泰彦的学说基础上,正式使用"南岛路"的航路名称。他在《遣唐使》(1955 年)一书中把遣唐使航路细分成:北路(新罗路)、南岛路、南路(大洋路)、海道舟舡路、以及渤海路等。森克己原来是位宋史专家,为了标新立异,他把三百年后南宋《舆地图》上的"大洋路"与"海道舟舡路"等航路名称也都搬到了唐代的遣唐使航路上。不但如此,他更大胆地提出从九州等待顺风,然后"一口气(大约两天)横渡东海,抵达长江口"的新概念!尽管森克己的学说全凭臆断推论,但在遣唐使航路的研究上,森克己学说已成为日本的最高权威!因此日本的《国史大辞典》与《日本史大辞典》等权威性文献,也都以他的学说为根据。

(二) 日本遣唐船航路学说违背东海逆时针气旋环流的自然规律

1984 年日本史学权威出版社,吉川弘文馆出版的《国史大辞典》在"遣唐使"条里,根据森克己学说总结出日本遣唐船航路的基本观点。指出日本遣唐船航路因时代的演进与当时国际关系的变迁,可分三个时期三条航路:初期(约在 630～650 年)走"北路"(新罗道),即经壹岐岛、对马岛后沿朝鲜半岛西岸北上,然后从渤海湾口横渡渤海海峡到山东半岛的登州;中期(约在 702～752 年)走"南岛路",从九州南端沿亚洲大陆外围岛弧南下到奄美、或阿而奈波(琉球那霸)后,再横渡东海抵达长江口;后期(约在 773～838 年)主要走"南路"(大洋路),从肥前值嘉岛(五岛列岛)附近等待顺风,然后"一口气直接横渡东海",抵达中国长江口。

《国史大辞典》的这条遣唐船航路定义，是现今日本史学界的最高权威学说，同时也广为中国及韩国史学界所引用。但从实证研究的观点看，日本的遣唐船航路学说中除了"北路"外，其他两路均违背东海上存在的"逆时针气旋环流"的自然规律。这三条航路中的"北路"，就是唐代贾耽所说的"登州海行入高丽渤海道"的逆行方向，是从先秦时代以来中国去往朝鲜半岛和日本海岛的古航路，不成问题。"南岛路"说法的问题就大了。从琉球群岛的奄美诸岛或阿而奈波(那霸)横渡东海，是要逆溯时速近 6～8 公里的黑潮大海流的。但日本的学者没有任何史料依据，可能就凭一张现代的平面地图，就杜撰出在还不懂得使用指南针航海的时代里，日本的遣唐使就能从琉球一带横渡黑潮直抵长江口的不合自然规律的"南岛路"的说法。至于"南路"(大洋路)则更加离谱。首先"大洋路"的名称是套用三百年后南宋时代的航路名称，显然是张冠李戴；再者科学的航海居然变成"等待顺风，然后一口气(大约两天)直接横渡东海"的魔术航海。这个南路说的观点，显然也违背东海上"逆时针气旋环流"的自然规律。从九州到长江口，必须逆溯对马暖流及黄海暖流不可，同时苏北沿岸全都是沙岸，多浅滩。不知道日本的遣唐船是平底沙船还是尖底海船。还有在航行的时间上也存在明显问题。与此南路大致相同航程的北宋《宣和奉使高丽图经》记载，当时从宁波到朝鲜半岛的开城，往程顺流 26 天，回程逆流 42 天。但是森克己的"南路"航程是逆溯航向，且说"一口气横渡东海"，用他的话说所谓"一口气"只相当"两天"的功夫，这是不是魔术航海？撰写这条解说的是日本国学院大学的铃木靖夫教授，主要参考文献是木宫泰彦《日华文化交流史》(1955 年)、及森克己《遣唐使》(1955 年)。为什么会产生这种谬误的观点？问题在于日本史学界存在着一种极端的日本本位主义思想，以及由于日本本身缺乏史料以致常有"以论代史"的非实证学风。

尽管如此，因此学说是日本的权威学说，目前也别无他论，因此该学说也被中国学术界和韩国学术界，甚至国际史学界普遍引用。

三、福建使往日本针路的历史意义

(一) 福建使往日本针路形成的历史背景

从山东半岛北部的庙岛群岛一带，北上穿越渤海海峡后，再沿朝鲜半岛西岸南下，然后再过朝鲜海峡、对马海峡，就能抵达日本九州北部的博多(古称筑紫)。

这条海上航路是从先秦直到唐朝，中国去往朝鲜半岛和日本海岛的主要航路。因此唐代地理学家贾耽把它列为当时中土交通四夷的"七道"中的重要航路，称为"登州海行入高丽渤海道"(登州海道)。它的反方向就是日本史学界所说的遣唐使船的"北路"。

7 世纪初隋朝为收复被高句丽侵占的辽东故土，隋朝对高句丽发动了大规模战争，但均告失利。可能也因为如此，隋炀帝才派羽骑尉朱宽从福建前往琉球,另行探索去往日本的新航路。隋朝开拓的琉球航路是从福建经台湾再到琉球的福建—琉球航路。隋朝史料只记载了朱宽到琉球,而没记载抵达日本。因此贯通福建到日本的航路,应该是进入唐朝以后的事。

公元660年大唐与新罗的联军灭了百济,668年又灭了高句丽,结束了朝鲜半岛三国鼎立的局面。接着东北亚的新局面是:大唐收复了部分魏晋南北朝期间被高句丽侵占的辽东故土;新罗统一了三国,但仅偏安于半岛南半部;半岛东北方则另外崛起了渤海国。在新罗统一三国的过程中,日本始终支援百济与大唐新罗的联军对抗。公元663年的白江战役后,日本与新罗的关系更加紧张。因此导致日本去往中国的"北路"(登州海道)受到新罗的阻挠,而不得不另辟新航道。《新唐书·东夷传·日本》说:在武则天时代,"新罗梗海道,更繇明、越州朝贡",明州是宁波一带,越州是会稽一带。也就是说,8世纪以后才开辟了环绕琉球群岛抵达中国南方的明州、越州的朝贡新路径。这也是唐代中期以后日本遣唐使航路变更的历史背景。

《筹海图编》"使倭针经图说"里,记载着两条"历代以来及本朝国初中国使臣入番(琉球与日本)之故道",一为"太仓使往日本针路",一为"福建使往日本针路"。根据造船和航海技术的演进历史判断,前者属于宋朝以后跨海直航日本的航路,后者属于唐代从福建沿海经琉球去往日本的航路,也就是所谓的日本遣唐使的真正航路。

(二)福建使往日本的针路分两段航程

1. 福建琉球针路

中国古代舟师行船不以里计,但以更计。《筹海图编》"使倭针经图说"上载:"更者,每一昼夜分为十更,以焚香枝数为度,以木片投海中,人从船而行,验风迅缓,定更多寡,可知船至某山洋界。"这体现了是中国古代舟师即简单而又科学的航海智慧。因此古代中国人航海供奉妈祖的原因有二:一为祈求妈祖神灵保佑航海平安,一为设置专业香工焚香计时。

福建使往日本的针路分两段航程,第一段从福州外港梅花开船到琉球那霸港的福建琉球针路,第二段从那霸港开船到日本兵库港的琉球日本针路。

首先关于福建琉球针路的情况。该针路起航点为福州外港的梅花,先向东南取台湾岛北部的鸡笼屿(基隆)方向(行十更,累计10更);看到鸡笼屿、花瓶屿及彭嘉山后,转朝东方向,船北过彭嘉山,再利用西南风或东南风,朝"钓鱼屿"航行;船北过钓鱼屿(编者注:钓鱼岛)(行二十更,累计30更)后,利用南风或东南风取黄麻屿与赤屿;船北过赤屿(行九更,累计39更)后,继续利用南风、东南风或西南风朝古米山(久米岛)航行;船北过古米山(行二十五更,累计64更)后进入琉球;船入琉球那霸港泊船(行十二更,全程共计76更)。

根据《中国地图集》[1]"渤海黄海东海图"显示:福州位于东经119.28度,北

[1] 中国地图出版社编:《中国地图集》,香港:坤舆出版社出版,2005年。

纬 26.08 度;而那霸大致位于东经 127.70 度,北纬 26.20 度,也就是说那霸位于福州的正东方;彭嘉山大约位于北纬 25.4 度上;钓鱼屿、黄麻屿(黄尾屿)和赤屿基本上都在北纬 26 度偏南一点,赤屿与古米山之间隔着冲绳海漕(琉球海漕)[1],钓鱼屿、黄麻屿与赤屿均位于冲绳海槽西南段的北侧。因此为着航海安全,海船的航路基本上都要"北过"每一个海岛。古米山在冲绳海槽中段的东面,属于琉球群岛的一部分。

2. 琉球日本针路

琉球日本针路是从那霸港开船,驶往日本兵库港的航路。兵库港(神户港)经纬度约为东经 135.2 度,北纬 34.6 度,位于那霸港的东北方位。琉球群岛的分布形状也呈东北走向,内侧为东北流向、流速湍急的黑潮,外侧为南北流向、流速缓慢的太平洋。中国古代舟师都沿黑潮流向航行,针路如下:

从那霸港外开船,一路利用南风,沿琉球群岛北上,航行 30 更后北过野顾山(屋久岛),再行 2.5 更北过但午山(种子岛),这一带属大隅海峡水流湍急,船出东海进入太平洋,然后使往大门山,抵达兵库港。从兵库港可循本港直入日本国都。从那霸港到兵库港全程共约需 63 更。

3. 福建使往日本的针路才是遣唐船航路

根据福建琉球针路与琉球日本针路,再对照前述东海的逆时针气旋环流图,可以观察出两段航路都合乎海流的自然规律。这是古代在未使用指南针的情况下,沿海岛航行的航海规律。根据《筹海图编》的"使倭针经图说"显示:福建琉球航段共需 76 更,琉球日本航段共需 63 更,全程实际共需 139 更。

因此"遣唐船航路"应该就是《筹海图编》所说的这条"历代以来及本朝国初中国使臣入番之故道"的"福建使往日本针路"。另外从考古学的观点看,也能从这条古航道上的澎湖岛、台湾淡水八里、基隆和平岛、石垣岛、琉球岛、奄美岛等等海岛上先后出土过的唐代"开元通宝"上,得到证实。日本八世纪末的史籍《继日本纪》中也有一段涉及"福建使往日本针路"的相关记载。该文献在重修南岛"海程牌"的记述上说,"每牌显著岛名,并泊船处,有水处,及去就国行程,遥见岛名,令漂着之船知所归向"。海程牌使用汉字书写,足见往来船只都是中国的海船;牌文内容是当时航海舟师必须遵循沿岛弧航海的注意事项。

(三) 太仓使往日本的针路是宋代以后直航日本的航路

笔者根据《筹海图编》上的"太仓使往日本针路",并参照《中国地图集》中的相关地图,将这条航路归纳如下:太仓港口开船,沿长江口南下经宝山、南汇,继续南下过杭州湾(请留意,因有沿岸流与长江口浅滩之故,船不直接从长江口出海),穿越舟山群岛,南下过双屿港(六横岛),进入东海,然后从韭山(九山)列岛

[1] 冲绳海漕位于日本和中国台湾之间,处于东海大陆架边缘的外围。彭嘉山、钓鱼屿、黄麻屿、赤屿等均位于这个大陆架的边缘上,并排于冲绳海漕西南部的北侧。古米山则处于冲绳海漕中段的东侧。

一带，再利用黑潮横贯大洋，二十七更(约 3 天)便能抵达日本港口。显然这是一条不绕道琉球群岛，直接横贯东海大洋去往日本或朝鲜的新航路。在有关航海的史料里，最早记载横贯东海大洋直通朝鲜半岛的中国史料，应该是北宋末年徐兢的《宣和奉使高丽图经》。徐兢的针路共分三个阶段，如下：

第一段出中国境：从明州开船向南过梅岭入东海后出洋，约费 11 天。

第二段过大洋：从半洋焦过白水洋、黄水洋及黑水洋(黑潮)，约需 3 天。

第三段入高丽境：从夹界山至礼成港，约费 12 天。

这条针路，徐兢等"二神舟六客舟"编制的大舰队，往程顺流用了 26 天，返程逆流费了 42 天。

《宣和奉使高丽图经》能帮助解读下述三个航路问题：其一、"高丽图经"的针路是从杭州湾口的明州，跨海直航朝鲜或日本的航路；其二、明州开船后，不直接出杭州湾口，而要顺着沿岸流穿越舟山群岛南下，进入东海后再利用黑潮海流，直接横渡大洋，前往朝鲜或日本；其三、这条针路的历史时期是宋朝末年。因此可推断"太仓使往日本针路"的历史时期，是在宋朝以后才确立起来的航路。元世祖忽必烈两度对日本跨海出兵，是这条针路；元代对日民间贸易(韩国木浦的新安沉船)往来是这条针路；明朝对日民间贸易往来也是这条针路；嘉靖年间王直等对日走私贸易路线还是这条针路。

四、结　　语

在以中国朝贡体系为中心的古代东亚国际社会里，存在着一条潜规则：中国动乱，周边国家也动乱，中国太平，周边国家也太平。

公元 4 世纪初，随着西晋(265～316 年)的灭亡，中国北方陷入了五胡十六国的分裂动乱局面。西晋后继势力从黄河流域的中原地带南迁，退据黄河以南的地域另立政权，是为东晋(316～420 年)。伴随着中国政局的动荡，在朝鲜半岛，高句丽强势崛起，公元 313 年高句丽吞并了位于朝鲜半岛西北部大同江流域的乐浪郡(平壤一带)，次年又占领了相邻的带方郡(开城一带)。高句丽打破了汉武帝以来，中国在朝鲜半岛西北部四百多年的统治历史，同时还跟半岛南方的百济和新罗对峙，形成了朝鲜半岛上的"三国时代"。4 世纪末到 5 世纪初是高句丽领土扩张的顶峰时期，几乎占据了朝鲜半岛北面四分之三的区域。公元 400 年前后，日本海岛上的倭国也一度联合百济入侵新罗抗衡高句丽。当时日本正好是倭五王时代，为在朝鲜半岛上树立起自己的政治威信，而频频向当时的中国南朝政府朝贡，请求册封以对抗高句丽，导致朝鲜半岛征战不息。公元 660 年大唐与新罗联军灭百济[1]；663 年大败倭国救援百济的复辟势力于白江口，

[1] 在韩国扶余定林寺内，完整地保存着一座百济时代的五层石塔，石塔底层刻着"大唐平百济国碑铭"，为唐代名将苏定方所立。现在韩国把它定为"国宝第 9 号"文物。

史称“白江之役”，这是史上首次的中日战争；668年大唐与新罗联军又灭高句丽，结束了朝鲜半岛上三百多年的动乱局面，开启了东北亚新一轮和平时代。大唐灭高句丽后的朝鲜半岛局面是：新罗统一了平壤以南的半岛南方；大唐收复了辽东地区的一部分和平壤一带，并在平壤设置安东都护府，从而恢复了从魏晋南北朝以来，被高句丽占据的区域；至于朝鲜半岛的东北方，则另崛起了新兴的渤海国。公元670年倭国王借祝贺大唐平定高句丽之名，遣使入唐朝贡。可能当时的日本当局，忧虑白江之役自己的形象不佳，主动要求更改国名为“日本”，并以此为契机展开与大唐的全面交流。因隋唐时期，日本还只是一个刚崛起的新兴国家，仰慕大唐的盛世文明，为了不被边缘化，奋起直追地吸取大唐文化，这是唐代日本派遣遣唐使的历史背景。

遣唐使的目的地是大唐首都长安，福建日本航路起点的福州当时仅是一个海上门户，还得辗转北上明州、越州、扬州等地后才能前往长安。因此遣唐使的路程是一条漫长而风险巨大的行程。

根据日本历次遣唐使行程的资料显示，在大约十八次左右的官派遣唐使中，安全成行的次数不到一半，足见遣唐船的海难之多。笔者从鉴真六次东渡的史料记载中发现，唐代的造船技术和航海技术都还处于未成熟阶段。造船技术方面，鉴真第六次成功东渡所乘坐的船是官派的“遣唐使”海船，其他都是私造的民船，因此一出海很容易就被风浪击毁或漂流。航海技术方面，从中国（福建）前往日本，出海季节本应选在夏季的西南季风季节，但是鉴真的出海季节，偏偏都选在入冬的东北季风季节。以第五次东渡为例：鉴真一行于阴历六月底就已抵达舟山群岛一带，本可马上出海，利用西南季风东渡，但偏要在舟山一带，等到十一月才出海。因此一出海，就在东海上遭强劲的北风袭击，并被漂流到海南岛的振州。船被漂流到海南岛的原因，除东北季风的问题外，还有从北向南的沿岸流问题。因此从该次海难可看出，唐代的航海技术水平尚处于未全面正确掌握季风规律的未成熟阶段。

综合上述关于遣唐船航路的探讨，可归纳出：在公元8世纪以前，即新罗统一三国之前，中日之间的海上交通基本上是以山东的登州海道（也就是“北路”）为主。8世纪以后，北路受新罗阻挠，只好绕道琉球群岛抵达福州，经由明州、越州、扬州等地，再前往大唐的首都长安。这条航路也就是《筹海图编》上所说的“福建使往日本针路”。至于日本史学界所主张的“南岛路”和“南路”，因其违背东海上的“逆时针气旋环流”的海流规律，纯属欠缺史料依据的臆断学说。

在这里还有一个值得一提的问题，当时的遣唐船究竟是中国船还是日本船。关于这个问题，日本史学界也有主张是“日本船”的，但是缺乏史料依据。航海除了需要具备硬件的造船工业外，还得具备软件的航海技术，这些条件的实现都需要一定的发展过程，不是一朝一夕就能学习得到的。日本学术界也承认，找遍了日本的历史史料，就是找不到造船的相关史料。因此笔者的观点是，遣唐船应该是“中国船”。理由如下：其一，公元七八世纪的日本刚从部族联合政体，进入统一国家的形态，本身还不具备高端科技的造船工业基础。其二关于遣唐船的造型，日本学术界是以镰仓时代（相当于中国的宋代）日本寺院还愿用的画片匾额上的“海船”图案作为史料根据。其基本造型就是中国式的“双桅海船”，笔者遍览日本的“和船史”，没有发现双桅结构的海船。其三，木宫泰彦在他的大作《日华文化交流史》隋唐篇的“遣唐使废绝后的日唐交通”一节里，收集了从公元 839 年至 907 年的 69 年间，日唐往来船舶的情况，得出了当时的商船基本上都是“大唐的商船”，操船的舟师也都是“唐人”的结论。

A Study about Sino-Japan Voyages in Tang Dynasty

Abstract: Japan historic scholar advocate that in Tang dynasty there are two voyage routes from Japan to China. One called south-island course which from Kyusyu down to Liuqiu Islands, then cruised against the mainstream of Kuroshio (the Japan current), and acrossed the east China sea for the entrance of Yangtze River. The another called south course which from Goto Islands directly cruised against the branch of Kuroshio and acrossed the Yellow Sea for the entrance of Yangtze River. Obviously, this theory violated the voyage rules in the ancient age.

Conversely, the historic book of Ming Dynasty, so called "*Chou hai tu bian*" recorded two cruising courses for China missions toward Japan. One from the East China Sea along the branch of Kuroshio directly for Japan. The another from Fuzhou along the mainstream of Kuroshio for Japan via Liuqiu Islands. According to the voyage conditions in that ages, the former should be after Song Dynasty, and the later should be before the Song Dynasty. So we can say the voyage course from Fuzhou China for Japan via Liuqiu Islands is the reliable course of ancient Sino-Japan voyage course in Tang Dynasty.

Keywords: Kuroshio (the Japan Current), The Voyage Routes from Japan to China in Tang Dynasty, The Ancient Voyage Course from Fuzhou for Hyogo (Kobe) Japan via Liuqiu Islands

也谈《两种海道针经》的编成年代及索引补遗

张崇根*

摘 要：张荣、刘义杰两位的《〈顺风相送〉校勘及编成年代小考》，通过对"浯屿港的兴废衰亡"的考证，推断《顺风相送》编成于"十六世纪的中叶，即隆庆至万历初"，有理有据，很有说服力。但对当前流行的《顺风相送》成书于永乐元年说驳论不够。笔者通过对几条"日清"的考证，进一步论证《顺风相送》不是编成于永乐元年(1403年)，而是在1571年至16世纪90年代之间；《指南正法》的编成年代在"十七世纪中叶"，而不是"十八世纪的初期"。

关键词：编成年代　崑身　校勘记　索引补遗

《国家航海》第三辑发表了张荣、刘义杰两位的《〈顺风相送〉校勘及编成年代小考》(以下简称《年代小考》)，读后，深受启发。俗话说，智者千虑必有一失，愚者千虑必有一得。现把自己的一点心得写在下面，请不吝指正。

一、《年代小考》的精审与不足

两位作者对《顺风相送》的编成年代，提出了自己的观点，有理有据。首先，通过对"浯屿港的兴废衰亡"的考证，推断《顺风相送》编成于"十六世纪的中叶，即隆庆至万历初"，而不是编成于"永乐元年(1403年)"，很有说服力。这里就不一一列举，对这个问题感兴趣的同好，请读原文。

其次，《年代小考》肯定《顺风相送》的作者不是一人，而是经过火长们根据同一底本，结合各自航线的需要，累次校正、补充和完善而成的。

《年代小考》的不足之处在于对"《顺风相送》成书于永乐元年"说驳论不够。自日本右翼势力企图将钓鱼岛永久据为己有以来，一些学者和媒体，为了论证钓鱼岛自古就是中国领土，不加分辨地照抄照转，一股风地认定《顺风相送》的成书

* 作者简介：张崇根，男，原任职于国家民族事务委员会(退休)，中央民族大学客座教授，主要研究台湾早期史、台湾世居少数民族问题。

年代为永乐元年。笔者以为，这不是实事求是的科学态度。

其实，主张《顺风相送》成书于永乐元年，其论据何在？笔者没有读到，可能只是根据《顺风相送序》中的最后一段话：

“永乐元年奉差前往西洋等国开诏，累次较正针路，牵星图样，海屿水势山形图画一本山为微簿。务要取选能谙针深浅更筹，能观牵星山屿，探打水色浅深之人在船。深要宜用心，反覆仔细推详，莫作泛常，必不误也。”[1]

序中还提到，行船之主掌人观看针路，“又以牵星为准，保得宝舟安稳”。

从序言本身来看，《顺风相送》的作者于永乐元年奉明成祖之命，乘坐官船（宝舟）出使西洋。回国以后，又搜集了有关航海指南的“古本”，利用繁忙的公务之余，并参照自己出使西洋的航海经验，写成了这本《顺风相送》。但是，如果我们仔细阅读书中的内容，却发现事实并非完全如此。

其一，书中记录了古里与忽鲁谟斯，古里与阿丹，古里与祖法儿之间的三条往返针路都不是永乐元年出使者所到过的地方。

其二，历史事实的发生，总是比史籍的记载要早得多。《史记》的第一卷是《五帝本纪》，作者司马迁是汉朝人，汉武帝太初元年（前104年）着手编写，到征和二年（前91年）基本完成。有谁能说《史记》是五帝（黄帝、颛顼、帝喾、尧、舜）时成书的呢？二十四史中的其他各史书，无不如此。其中，《汉书》的编成与《顺风相送》成书的经过最为相似。《汉书》的编撰起始于班彪，他生活在西汉末年到东汉初年，写成《后传》65篇。他的儿子班固长大后继续编写《汉书》。班固去世后，他妹妹班昭和马续，续写了八表和天文志。可见，《汉书》是经过班彪、班固、班昭和马续四人之手才完成的。又有谁能说《汉书》是汉高祖刘邦时成书的呢？

其三，从《顺风相送》所记载的几条“日清”的内容看，此书的编成年代也不是永乐元年。

《顺风相送》有三处提到“佛郎”或“佛郎番”。如《万丹往池汶精妙针路》条，苏律门，乃是佛郎所住之处。向达先生注：“此处之佛郎疑指葡萄牙人，葡萄牙人于十六世纪初至香料群岛一带，当即此所云佛郎住处也。”[2]

向达的注释是正确的。16世纪初，印度尼西亚古国满者伯夷王朝灭亡后，葡萄牙人趁各苏丹相互争权夺利的机会，侵占了帝汶岛和香料群岛（编者注：东印度群岛）。1603～1619年之间，葡萄牙人被西班牙人逐出香料群岛，只在帝汶岛还有它的殖民地。

《松浦往吕宋》条说，吕宋港“南边是佳逸，抛佛郎船，取铳城，妙矣”。[3]“佳逸”，又写作“加溢”，今之Cavite。“佛郎”指西班牙人。Cavite今译作“甲米

[1] 向达校注：《两种海道针经》，北京：中华书局，1961年版，1982年第2次印刷，第22页。
[2] 向达校注：《两种海道针经》，第66页注1、第67页注1。
[3] 向达校注：《两种海道针经》，第91页。

地”，在马尼拉市西南。西班牙人于1565年侵入菲律宾群岛南部。1571年5月19日又侵占了马尼拉，并在那里建城池、设总督府。西班牙害怕葡萄牙和荷兰乘机侵入，从1593年起，采取限制贸易的政策，把菲律宾与外界隔绝开来。[1]这里虽然没有载明修筑加溢铳城的年份，但此城之设，应在1571年（明隆庆五年）西班牙人侵入马尼拉之后，到“限制贸易”的1593年（明万历二十一年）之间，用以防止荷兰人来袭。

《女澳内浦港》条：“有佛郎番在此。”[2]这里的“佛郎番”主要指葡萄牙人，也可能包括西班牙人。葡、西两国早在荷兰之前，于16世纪末就来到了日本长崎。明代许孚远在万历二十三年（1595年）的《请处倭酋疏》中已有记载。他说：“日本长岐地方，广东香山澳佛郎机番每年至长岐买卖……透报大明虚实消息，仍夹带倭奴，假作佛郎机番人，潜入广东省城，觇伺动静。”[3]

根据书中的这些记载，《顺风相送》的成书时间，不可能在永乐元年。因为那时的葡萄牙、西班牙、荷兰等西方国家，还没有来到东方。如此，《顺风相送》的编者怎么可能把没有发生的事写进书里呢？因此，笔者认为，《顺风相送》的编成年代的下限可以确定在16世纪90年代，其上限不超过1571年。因为从这一年开始，才有西班牙侵占马尼拉，在加溢建筑铳城，以及葡萄牙人居住在日本长崎的事发生。史籍记载的只能是已发生的事实，而不可能记载未出现的事物。

二、几个问题的说明

1. 笔者与《两种海道针经》的关联。1982年初，我在中央民族学院（今称中央民族大学）民族研究所当讲师。中华书局打算重印《两种海道针经》，编辑谢方先生要我校读，看看有没有需要改正的错字。当时，我没有《顺风相送》的抄本或影印本可资校对，只是根据《明实录》、《国榷》、《明史》、《明通鉴》，及《顺风相送》本书的文字进行校勘。尽管如此，《校勘记》也做了厚厚的一大本，现仍存在家中。当时，因为用原纸型重印，只能挖补其中极少数的字。

如果1982年12月的第2次印刷本中，与1961年9月的第1次印刷本有不同而又错了，那就是笔者的失误。这账不能算到向达先生的身上。

也因为反复校读，对于《顺风相送》和《指南正法》两书的成书年代就有了不同的看法，于是写成《关于〈两种海道针经〉的著作年代》一文，发表在《中外交通史论丛》第一辑中。在这篇论文中，笔者认为《顺风相送》的成书年代，上限“不会超过1571年”，下限“定在16世纪90年代”。

[1] （明）张燮：《东西洋考》卷五《吕宋·形胜名迹》载，加溢，“初只一山，夷人以其要害地也，虑红毛出没，始筑城，伏铳其内”。北京：中华书局，1981年，第94页。
[2] 向达校注：《两种海道针经》，第99页。
[3] （明）许孚远：《敬和堂集》卷一，《明经世文编》卷400，北京：中华书局，1962年，第4336页。

笔者在上文中认为,《顺风相送》并不是某人在某一时间写成的。它是长期流传在民间的一种"航海针经",它的祖本可以追溯到明初。其后,经过几代舟师的补充修正,到了16世纪末叶,才有人将它修订成今天所见到的本子。永乐元年出使西洋的尹庆,可能是此书的最早整理者。我们不妨把他写的本子称之为《顺风相送》的"初编本"。随着时间的推移,人们在航海实践中又积累了许多新的经验,并出现了葡萄牙、西班牙等国殖民者侵入东方的新情况,又有人对《顺风相送》作了修订补充。这或许就是我们今天所见到的本子,这可称之为《顺风相送》的"增补本"。然而,这位最后的修订者,既没有留下自己的姓名,就连原序也没有改动。所以他的生平事迹,我们也就无法考见了。

2. 关于"崑崒(崑身)"。书中有"坤辛"、"坤身"、"崑崒"、"崑身"、"昆身"等名称。台湾的地方史志及个人著作中,多写作"鲲身",指海岸边的沙洲。因这类沙洲像大海中的鲸鱼而得名。

今台湾台南市安平镇所在地,清代文献称作"一鲲身"。明末清初,今台南市区(荷据时代称"赤嵌")西部,原有一片连通台湾海峡的水域——台江。其南北长约20公里,东西宽约7公里,面积不下100多平方公里。其东岸为"赤嵌"(今台南市区西南部),西岸自北往南有大小、广狭、长短不一的四个沙岛,依次是:海翁窟、加老湾、隙仔港、北汕尾(一作"北线尾")。再距约半里许,尚有七个向南展开的小沙屿,居首的叫做台窝湾,又名一鲲身,即今之安平。自一至七,连峰并起,互相联系着,这便是七(个)鲲身。[1]因为雨水的长期冲刷和泥沙堆积,台江日渐缩小,最终被淤塞陆化。康熙三十六年(1697年),郁永和到台湾时,台江已是"沙坚水浅,虽小艇不能达岸,必藉牛车挽之"。[2] 到了清道光二年(1822年),一场暴风雨,洪水携带的泥沙填平了台江,七个沙屿(鲲身)沧海桑田,与陆地连成了一片。1662年2月1日,荷兰殖民者投降后,郑成功以家乡之名改一鲲身为"安平镇"。

北线尾、一鲲身,"均系沙屿或沙丘。自一鲲身而南,共有7个小岛","虽在海中,泉甘胜于他处"。[3] 可见,鲲身就是海中小岛、沙屿的意思。清杜臻《澎湖台湾纪略》载:"台湾城则西面海中一孤屿也。……城之南一沙埂……埂上置七鲲身。崑身者,(海中)山阜之名。"[4]陈正祥称鲲身为"岸外洲(offshore-bar)"或"沙尖(spit)"。[5]黄大受也称鲲身为"沙丘"。[6]

据张德水的解释,鲲,意即鲸、大鱼。这7个小沙屿或称"沙洲"(reefs),因其形状恰如浮出水面的鲸鱼一般而被称为"鲲身"。[7]"海翁",也是"鲸鱼"的别称。

---

[1] 徐玉虎:《郑和"风山植姜""投药"与"赤嵌汲水"考》,《大陆杂志》第三十四卷第八期,1967年。

[2] 郁永和:《采硫日记》,粤雅堂丛书本。

[3] 郭廷以:《台湾史事概说》第22页,台北:正中书局,1954年。

[4] 杜臻:《澎湖台湾纪略》,台湾文献丛刊本第104种。"海中"二字,引者所加。

[5] 陈正祥:《三百年来台湾地理之变迁》,《台湾文献》第十二卷第一期,1961年。

[6] 黄大受:《台湾史纲》第44页,台北:三民书局股份有限公司,1982年。

[7] 张德水:《台湾种族、地名、政治沿革》第358页,台北:前卫出版社,1996年。

3. 关于《顺风相送》成书于永乐年间(1403～1422年)的说法,并不是笔者的观点。2010年9月17日,发表在《中国民族报》第7版的《钓鱼岛的前世今生》,文章开始部分称,“钓鱼岛等岛屿……是有充分历史依据的”,其中有“《顺风相送》成书于永乐年间(1403～1422)”的提法。需要声明的是:这是编辑加的导语,不能代表笔者的观点。因此,笔者在编辑、出版论文集《台湾研究新视野》时,[1]并没有收录这段话,题目也改为《钓鱼岛的发现和命名》。

4. 关于《指南正法》的成书年代。笔者在《关于〈两种海道针经〉的著作年代》中提出,其编成年代在“十七世纪中叶”,而不是向达先生说的“十八世纪的初期”。向达提出《指南正法》成书于“清康熙末年即十八世纪的初期”,其理由是:

> “《指南正法》附在清初卢承恩和吕磻辑的《兵钤》一书后面,开花纸旧抄本,钤有‘曾存定府行有耻堂’的图书。卢承恩是清康熙时广东总督卢崇俊的儿子,书有康熙八年(一六三五年[2])何良栋的序。《指南正法》成书或附入《兵钤》之后,可能比何良栋的序晚一些。书中《咬嵧吧回长崎日清》提到乙丑年(四月小——引者注),内中所纪的月建大小与康熙廿四年(一六八五年)合。《长崎往咬嵧吧日清》提到己丑年(十一月小——引者注),内中所纪月建大小与康熙四十八年(一七零九年)合。《咬嵧吧往台湾日清》提到辛卯年(四月大——引者注),内中所纪月建大小与康熙五十年(一七一一年)合。里面又提到东都、思明字样,就语气看来,是台湾郑氏灭亡即清康熙廿二年公元一六八三年以后不久的事,与上面所提纪年也大致相合。故我们推测以为《指南正法》的成书当在清康熙末年即十八世纪初期。”[3]

笔者用陈垣先生的《二十史朔闰表》、郑鹤声先生的《近世中西史日对照表》,以及中国人民大学清史研究所资料室编的《清代中西历表(1573～1840)》查验,并结合《指南正法》的内容进行探讨,发现上述几项“日清”纪年的考订,都不正确。这就使《指南正法》成书时间的推论发生了问题。

其一,《咬嵧吧回长崎日清》提到乙丑年,内中所纪的月建大小与康熙廿四年(1685年)合。《指南正法》咬嵧吧(今雅加达)回长崎在乙丑年,四月小,29天。但康熙廿四年四月大,30天,显然与“日清”所记不合。这个乙丑年究竟是哪一年呢?

根据当时风帆交通的规律,由北往南,必借冬季的东北季风而行,返航则凭夏季的西南季风之力。据此,《指南正法》所记长崎与咬嵧吧之间的往返“日清”,必是某船在相邻的两年内所发生的事情。既然我们已确定长崎往咬嵧吧的己丑年

---

[1] 张崇根:《台湾研究新视野》,北京:中央民族大学出版社,2012年。
[2] 原文如此,康熙八年当公元1669年。
[3] 向达校注:《两种海道针经》,第4页。

为1649年，那么，由咬噹吧到长崎，必定是1648年或1650年。按月建大小推算，应该是1650年(南明永历四年，顺治七年)，即农历"庚寅岁"四月小，与"日清"合。

需要说明的是，《指南正法》的这次"日清"为什么不记作"庚寅"，而写作"乙丑"呢？这可能是由于以下原因造成的讹误：某人随某船于1649年(己丑岁)冬十一月由长崎往咬噹吧，他做了记录，写成《长崎往咬噹吧日清》。次年四月(庚寅岁，1650年)，又随该船由咬噹吧回长崎，他也做了记录，写成《咬噹吧回长崎日清》。在对这一航次的记录或整理时，本应用"庚寅"纪年，可能是由于他的疏忽，仍用了上年的"己丑"纪年。而在以后的传抄中，又因"己"与"乙"字形相近，而讹成了"乙丑岁"。[1]

其二，《指南正法》记载了台湾、咬噹吧、思明、东都、王城等地名，因此其年代上限不会超过1619年荷兰侵占雅加达、在今台南市安平建热兰遮城(俗称"王城")之时，下限可能在郑经1664年退到台湾、改东都为东宁前后。

此外，书中还有《大明唐山并东西二洋山屿水势》，朝鲜"人物衣冠似大明一样"等称呼大明的记载。书中记载的许多地点，仍然是明朝所建的卫所，如定海千户所、平海所、镇海所和昌国卫等。清初，这些军事要地的名称，已改为镇、协、营了，如定海镇、金门协和平海营等。清朝把沿海沿江驻军之处，又称之为"汛地"。这也说明《指南正法》的编写者，奉明为正朔，他写书的时代不会迟到康熙初年。因为在清初大兴文字狱的情况下，他不称灭亡了数十年的明朝为"前明"、"故明"，而称"大明"，又在书上大量地使用明朝及郑成功时代的地名，是很难说通的。[2]

三、《两种海道针经》校勘记[3]

《两种海道针经》即《顺风相送》和《指南正法》，经向达先生整理出版，已历21年，加以当时印数不多，购买、借阅都很困难。中华书局准备重印，嘱我校正讹误，以便刊行。因两种海道针经均系向先生自牛津大学抄回，经"十年动乱"，原件已不知其下落，又无别本可校，能用作对校、参校的资料也很少。因此，仿陈垣校《元典章》所用四种方法中的"本校法"(以本书前后互证，抉摘其异同)，也就是张舜徽所说的"内证"[4]和"理校法"进行校勘。计校正讹误衍脱、破句失读488条。

1. 明显错字，径直改正。如，"丛刊"误作"丛刑"(1982年重印时，已删去卷首"中外交通史籍丛刊整理缘起")，康熙八年误作1635年之类。此类错误之改正，不出校记。有的错字如"巳"误作"己"，第一次出校记，以后不出校记或说明

---

[1] 该书页133末"坩里取台湾港口，……若水涨可用巽己丙转变取港口"。罗盘方位中无"己"向(150°左右)。此处"己"应为"巳"，也是因形近而讹。

[2] 详见拙作：《关于〈两种海道针经〉的著作年代》。

[3] 本校勘记完成于1982年6月27日，一式两份，正本交给中华书局编辑先生。这是笔者留下的副本，这次作了删改。

[4] 张舜徽：《中国古代史籍校读法》，北京：中华书局，1961年，第122、182页。

参见××条校记。

2. 通假字、俗字、别字，如，“纪”通“记”，“纪录”即“记录”，“纪载”即“记载”，“驶”作“使”，“仔细”作“子细”，“拢”作“笼”（如第 34 页：“船笼过鸭”，“鸭”是“玳瑁鸭”的简称，“船笼”应作“船拢”，即船在玳瑁鸭靠岸），“黎母山”作“犁母山”。另外，“鲲身”（港口外沙屿），有“坤辛”（第 35 页等处）、“坤身”（第 35 页等处）、“崑崒”（第 59 页等处）、“崑身”（第 86 页等处）、“昆身”（第 138 页等处）等不同的名称，不作校改，仍保持原貌。因为此类情形并不妨碍读者对本书内容的理解。

3. 1982 年所做校勘记 488 条，1982 年重印时采用 161 条，部分采用 19 条。对破句失读、遗漏书名、地名专名号（下划线）等情形，本次“校勘记”从略。故只列入 29 条，如下（由于原书为繁体字版，因此以下校勘内容仍用繁体字，篇名与校记用简体字）：

序号	篇	页	行	正	误	校记
1	两种海道针经序言	4	11	康熙八年(1669)	康熙八年(1635)	据《指南正法》目录及正文校改。“地”、“定”音近而讹。称“神文”难解。
2		5	12	**定**羅經下針**祝**文	**地**羅經下針**神**文	
3		5	12～13	**定**羅經下針祝文	**地**羅經中針祝文	
4	《顺风相送》目录	15	3	**定**羅經下針**祝**文	**地**羅經下針**神**文	
5		15	12	出入宮位	出入位宮	据《指南正法》目录、正文改正。
6	《顺风相送》序	21	8	全在**定**羅經上二十四位	全在**地**羅經上二十四位	
7		22	1	皆再**定**羅經中取之	皆再**地**羅經中取之	
8	地罗经下针祝文	23	1	定羅經下針**祝**文	地羅經下針**神**文	
9		23	19	**魯**班師傅	**櫓**班師傅	《指南正法》作“鲁班仙师”，据改。
10	逐月恶风法	26	4	天色**濕**熱	天色**溫**熱	《指南正法》作“湿热”，据改。
11	定潮水消长时候	27	6	巳亥	己亥	罗经无“己”向，“巳”、“己”形近而讹。
12		27	7	巳亥	己亥	
13	回针	71	8～9	離山，若是南風用壬子針；若是東南**風**用單子針	離山，若是南風用壬子針；若是東南用單子針	以“若是南风用壬子针”例，补“风”字。
14	《指南正法》目录	103	3	定羅經**下**針祝文	定羅經**中**針祝文	据《顺风相送》改。

(续表)

序号	篇	页	行	正	误	校记
15	《指南正法》序	107	3～4	别查**古本年深**朽損	别查**本年**朽損	据《顺风相送》"古本年深朽损"(第21页)校改。
16		108	倒3	怕落占筆羅**難**得出	落占筆羅，**惟**得出	"难""惟"形近而讹。据《顺风相送》"怕落占笔罗内难出"(第28页)校改。
17	定罗经中针祝文	109	1	定羅經**下**針祝文	定羅經**中**針祝文	据《顺风相送》"精通海道"(第23页)校改
18		109	6	精通海**道**	精通海**島**	
19	定三方	112	2	東風**巳**酉丑	東風**己**酉丑	罗经无"己"向，《顺风相送》作"巳"(第31页)。"巳"、"己"形近而讹。
20	犯七娘子	129	末	東湧共官塘為甲寅、**庚申**對坐	東湧共官塘為甲寅對坐	甲、寅二位相邻，不是对坐。甲寅应当与庚申对坐。
21	天德方	137	7	海南**山**	海南**冊**	《顺风相送》作海南山(第28页)，可据改。
22	东洋山形水势	139	5	鲫魚嘴，**相喊**岸童山	鲫魚嘴**相減**岸童山	"相喊"句，指舟师相互间称呼(喊)此山为"岸童山"。"相减"无解。喊、减形近而讹。
23	敲东山形水势	141	倒4	尾有礁**列**沉水	尾有礁**烈**沉水	《顺风相送》有"门中有屿一列"(第66页)，与此处同义。作"烈"无解。可据改。
24		151	4～5	時多走椗	時多走椗**時多走椗**	后四字衍文，可删。

(续表)

序号	篇	页	行	正	误	校记
25	往网巾礁荖万荖膏	163	3～2	有一**列**嶼仔七八個	有一**烈**嶼仔七八個	见第23条校记
26	回唐针	172	13	淺口開船，用巽**巳**	淺口開船，用巽**己**	见第19条校记
27	浯屿往咬噹吧	173	8～9	丙**巳**，沿崑身**駛**	丙**己**沿崑身**便**	见第19条校记
28	咬噹吧回长崎日清	184	5	淡水	淡山	淡山，疑为淡水之误。北港，在今台南市安平附近。船北行五更可到今台北淡水河口附近海面。
29	咬噹吧往台湾日清	187	6	**再**用丑癸	**在**用丑癸	先说“用癸丑”向航行，进而“用丑癸”向航行。当用“再”。

四、地名索引补遗

(一) 检字表(以1962年版《两种海道真针经》字体笔画为准)

四画　犬　王

六画　合

七画　巫、罕、投

八画　兔、坤、岸、門

九画　城、屏、冥、兹

十画　唐、高、浪

十一画　連、牽、淺、麥、腳、紫

十二画　椗、菜、帽、陽、開、傅、黑

十三画　椰、媽、蓉

十四画　兹(原文有“木”旁)、蓉

十五画　窑、墩、黎、賦、鴛

十六画　磨、膀、龜

(二) 地名索引

A Study about the Compiled Time and Addendum of Index of *Liang Zhong Hai Dao Zhen Jing*

Abstract: ZhangRong and LiuYijie's research on *Shun Feng Xiang Song* and its compiled Time, through the textual research on the abolition and death of Wuyu port, we can infer that the statement *Shun Feng Xiang Song* was compiled in the middle of the sixteenth century, that is to say, *Longqing*—the first few years of *Wanli*, is really rational and persuasive. However, for the argument that *Shun Feng Xiang Song* was compiled in the first few years of *Yongle*(1403), the criticism is far from enough. By means of the research on "Riqing", I personally think that it was compiled between 1571 to the 90th of the sixteenth century, while *Zhi Nan Zheng Fa* was written in the middle of the seventeenth century not the beginning of the eighteenth century.

Keywords: Compiled Time, Kunshen, Record of Collation, Erratum of Index

唐朝前期的海上力量与东亚地缘政策：以唐新战争前后为中心

张晓东*
（上海　上海社会科学院历史研究所　200235）

摘　要： 唐朝为收复辽东失地，而发展海上力量和跨海远征百济，最终取得唐丽（高句丽）战争的胜利。之后，唐朝建立羁縻体系的地缘政策和新罗统一朝鲜半岛的活动发生矛盾，引发唐新战争。在作战中唐朝海上部队不断损失，新罗却有意识地发展海上水军，夺取黄海制海权，取得战略优势。战争的结局对东亚地缘格局发生了重大影响。唐朝地缘政策目标的实现受国策，及海上力量与制海权转化等多重因素的影响。从后来的历史发展看，新罗的统一依然是积极进步的。

关键词： 海上力量　制海权　东亚地缘　朝鲜半岛　地缘政策

一、学术回顾

唐新战争是唐朝前期由新罗挑起的战争，因双方在唐丽（高句丽）战争后朝鲜半岛地缘政治秩序主张的不同而起，战争进程与结局事关唐帝国在朝鲜半岛的地缘政策甚至国策的成败，唐代的东亚地缘格局由此奠定。对决定这场战争胜负的历史原因，中外学者有着不同看法。陈寅恪先生认为唐在西北所受的外族军事压力牵制了唐在朝鲜半岛的作为，唐朝不能反击新罗的原因是受到吐蕃的军事压力。[1] 韩昇认为此观点难以成立，[2]他认为新罗崛起的原因在于唐朝对支持高句丽和百济重建以维持三国鼎立的局面没有决心，[3]而在唐朝和新罗的交战中，双方逐渐摸清了对方的底线，因而达成妥协，唐朝默许新罗统一朝鲜半岛。拜根兴的《"唐罗战争"关联问题的再探讨》[4]对唐罗战争爆发的原

---

* 作者简介：张晓东，男，上海社会科学院历史研究所助理研究员。

[1] 陈寅恪：《外族盛衰之连环性及外患与内政之关系》，载《唐代政治史述论稿》下篇，北京：商务印书馆，2012 年，第 326～327 页。

[2] 韩昇：《论新罗的独立》，载《欧亚学刊》第一辑，北京：中华书局，1999 年。

[3] 韩昇：《东亚世界形成史论》，上海：复旦大学出版社，2009 年，第 266 页。

[4] 荣新江主编：《唐研究》卷 16，北京：北京大学出版社，2010 年。

因及时间界定，李谨行与“鸡林道经略使之印”的关系，以及唐罗战争的终结与买肖城之战、伎伐浦水战的关系等问题作了研究。此外，买肖城之战和伎伐浦水战被学者认为是唐新战争中的两次关键战役。韩国学者徐荣教探讨了上元年间唐朝与吐蕃的关系，他认为唐罗战争的结束是由于唐军为发动对吐蕃的攻势，将驻屯朝鲜半岛的部队包括靺鞨军调防西域所致。[1] 关于伎伐浦水战，李相勋从新罗水军将领施得的官衔、所领船队数量出发，认为其率领的各类船只的数量不可能超过100艘；[2]韩国学者李钟学认为水战中的唐军应为补给船队；徐荣教则在论著中论证唐军是通过海路补给远征军的；李相勋则认为水战中的唐军是唐驻屯军和百济故土的残留军队，包括百济遗民和反新罗人士。此外，拜根兴认为新罗的作战对象为熊津都督府的百济系统的残余军队，且主张唐军主力撤出半岛即是从买肖城之战开始的，而李相勋认为伎伐浦水战才是唐与亲唐百济人撤离之战。

笔者认为影响唐新战争胜负的军事、政治全局因素是关键问题，个别将帅是否参战，或负有何种责任是次要问题。经过对史料的检索，我认为仅仅关注陆战战役的成败是不够的。唐新海上力量的消长以及制海权的易手，也是影响战局的重要因素。与唐丽战争相较，海上力量起着同样的关键作用，这是本文所研究的重点，而这一研究角度还处于空白之中。当时海上军事力量的主要作用之一，即为夺取制海权。今天制海权的定义为：“交战一方在一定时间内对一定海域的控制权。目的是为遂行预定作战任务创造条件。按作战规模和持续时间，分为战略制海权和战术制海权。夺取和保持制海权是获得海上作战主动权的基础。在现代条件下，制海权依赖于相应的制空权、水下控制权和制电磁权来保障。”[3]西方军事学语境中的“制海权”一词是 thalassocracy，来源于希腊语，包含海上军事霸权和海上商业贸易霸权两方面的含义。与古希腊军舰和商船合二为一的现象相吻合，与后来的 sea power 和 command of seas 的意思相去甚远，后两者一是海上力量、另一是海洋控制之意。本文讨论的唐代东亚“制海权”仍在上述工具书定义的包涵范围内，对于古代历史的情况也依然适用。故借用地缘政治学中重视海上力量的角度对战争胜负和地缘政策成败作一探索。

二、作战第一阶段：从战争爆发到制海权易势

唐新战争历时九年，若以刘仁轨任帅为界可分为两个阶段。第一阶段从战争爆发到唐军制海权被动摇。在海上战场，唐军海上部队多次蒙受损失，而新罗

[1] [韩]徐荣教：《罗唐战争史研究》，韩国东国大学校博士论文，2000年，第105页。
[2] [韩]李相勋：《罗唐战争期伎伐浦战斗和薛仁贵》，载《大丘史学》总第90辑，2008年，第64～67页。
[3] 夏征农主编：《辞海》，上海：上海辞书出版社，2010年，第2455页。

却建立了一支有力的海上部队；在陆上战场，新罗先后在百济和高句丽故土发动进攻，夺取了不少土地，唐军组织番汉步骑仍能保持不断反击的顽强作战态势。

早在高句丽之战尚未结束的麟德二年(665 年)七月，唐朝即要求被封为熊津都尉的百济王子扶余隆与新罗国王金法敏"释去旧怨"。二者于八月在熊津城"同盟"，此时高句丽尚未灭亡，故新罗虽不情愿，却仍作表面功夫。总章元年(668 年)九月，唐军攻陷平壤，高句丽灭亡。唐朝"分高丽五部、百七十六城、六十九万余户，为九都督府、四十二州、百县，置安东都护府于平壤以统之。擢其酋帅有功者为都督、刺史、县令，与华人参理。以右威卫大将军薛仁贵检校安东都护，总兵二万人以镇抚之"。[1] "与华人参理"是说唐派官员参与治理，以保证高句丽旧民的臣服。是时，征东老将薛仁贵"抚孤存老，检制盗贼，随才任职，褒崇节义，高丽士众皆欣然忘亡"。[2]唐朝按其地缘政策，在除辽东之外的高句丽、百济故土上，扶持原上层分子，授王室子孙以封号，重建其国作为新的藩属，建立三足鼎立的羁縻体系，实现半岛格局新的平衡。唐军仅留兵二万。

根据《三国遗事》，公元 669 年因新罗插手高句丽残部叛乱，唐军自海上与新罗交兵，未及开战即被风浪淹没，估计给养物资损失不小。史称"时唐罗兵未交接，风涛怒起，唐舡皆没于水。"[3]

咸亨元年(670 年)，唐朝和新罗交恶加剧。"以王擅取百济土地遗民，皇帝责怒，再留使者。"三月，新罗军勾结高句丽叛乱残部渡过鸭绿江。四月，"斩获不可胜计"，唐军援兵来到，新罗退守白城。[4] 四月，薛仁贵奉旨西征，抵抗吐蕃对西域十八州的入侵。[5] 次年八月，大非川战役中唐军败绩，吐蕃攻陷安西四镇，薛仁贵免死除名。七月，新罗兵锋同时在半岛的南北两条战线发起攻击。

咸亨二年(671 年)正月，新罗发兵侵百济。当初唐朝攻陷百济后，唐新号称联军作战，新罗实际不肯出力，图收渔翁之利。唐军的军粮都是靠跨海漕运，史料中未见新罗提供多少。高句丽战事一结束，新罗便乘唐军的疲敝发动了对半岛的兼并战争。高侃率唐军破敌于安市城后，在半岛南部的唐军屡遭挫折。薛仁贵因其作战经验而被再次启用为东征主将，出任鸡林道总管。是年七月，其致书新罗："高将军之汉骑，李谨行之蕃兵，吴楚棹歌，幽并恶少，四面云合，方舟而下，依险筑戍，辟地耕田，此王之膏肓也。"[6]在高句丽之战中，唐朝水军主力是来自南方沿海航运发达之地的人员，且有来自江淮的两栖作战人员，"遣惯习沧波，能以少击众者而配隶焉"。"吴楚棹歌"必然也是南方水军。此次唐朝陆军有番汉步骑，高侃统带汉军，李谨行部为靺鞨军。这标志着唐军开始着力反击。

但薛仁贵刚上任，唐军就在海上遭受惨败：

---

[1] (宋)司马光编:《资治通鉴》卷 201，第 14 册，中华书局，1956 年，第 6356 页。
[2] (宋)欧阳修等:《新唐书》卷 111《薛仁贵传》，第 13 册，中华书局，1975 年，第 4142 页。
[3] [高丽]一然著，孙文范等校勘:《三国遗事》，长春:吉林文史出版社，2003 年，第 65 页。
[4] [高丽]金富轼著，孙文范等校勘:《三国史记》，长春:吉林文史出版社，2003 年，第 88 页。
[5] 司马光编:《资治通鉴》卷 201，第 14 册，第 6363 页。
[6] [高丽]金富轼著，孙文范等校勘:《三国史记》，第 92 页。

"九月，唐将军高侃等，率蕃兵四万到平壤，深沟高垒侵带方。冬十月六日，(新罗)击唐漕船七十余艘，捉郎将钳耳大侯士卒百余人，其沦没死者，不可胜数。"[1]

唐陆军南攻平壤，作深沟高垒以利持久。未知海上唐漕船是在何处损失。以前唐军在海上也有不少损失，但风浪是主要的原因，极少是直接作战损失，多是分散和陆续的损失，补充较易。以贞观十九年(646 年)张亮跨海征辽东论，《唐会要》讲水军 7 万，[2]其中劲卒 4 万，另外 3 万是掌舵、摇橹、导航、修理、运粮等辅助人员，共战船五百艘，平均船载战士八十，辅助者六十，一船共载 140 人左右。再以白江之战参照，《旧唐书》记载，唐军焚毁日本战船四百，《日本书纪》记载为 170 艘，韩昇认为后者相对合理。按每船载兵 150 计，日方可信兵力为 2.7 万人。[3] 白江之战唐军有刘仁轨、孙仁师两部，孙部 7000 余人，刘仁轨部包括唐新水军。唐的造船技术在东亚为最高水平，战船载兵应不会少于百人。东晋法显自印度回国搭乘的商舶，每船载约 200 人。按照《广雅》的解释，唐代的一般海船"大者长二十丈，载六七百人"[4]，比东晋时的海船要大得多。因此唐船七十余艘上有兵万余是不成问题的。

《三国史记》所言的漕船，不一定是单一功能的运粮船。唐代专门的战船有楼船、艨冲、斗舰、走舸、游艇、海鹘等六种。冷兵器时代的海船技术装备相对简单，运粮船和运兵船乃至战船通用的情况多见。兵粮同船，漕战两用是可能的。参加白江之战的唐船就包括不少运粮船。[5] 唐军损失的七十艘战船，若是纯粹的运船的话，则粮食物资损失相当大。虽然现存史料缺乏此役之前关于新罗水军的记载，但在 663 年苏定方登陆百济的时候，"王命太子与将军庾信、真珠、天存等以大船一百艘载兵士会之"，[6]说明新罗之前并非没有军船和运输能力。

同年，按照《三国遗事》的记载，唐的后续援军也沉没于海上。

"唐更遣赵宪为帅，亦以五万兵来征。(新罗僧)又作其法，舡没如前。"[7]

这件事缺乏旁证，估计是新罗史料夸大唐军海上损失以渲染神迹。如果全军五万覆没，则唐军损失的战船在 300 艘以上，也有可能是唐军运送给养的战船

[1] [高丽]金富轼著，孙文范等校勘:《三国史记》，第 97 页。
[2] (宋)王溥:《唐会要》，上海:上海古籍出版社，2006 年，第 2021 页。
[3] 韩昇:《东亚世界形成史论》，第 256 页。
[4] (唐)释玄应:《一切经音义》卷 1，上海:上海古籍出版社，2008 年，第 12 页。
[5] (后晋)沈昫等:《旧唐书》卷 84《刘仁轨传》，第 8 册，中华书局，1975 年，第 2794 页。
[6] [高丽]金富轼著，孙文范等校勘:《三国史记》，第 494 页。
[7] [高丽]一然著，孙文范等校勘:《三国遗事》，第 65 页。

大量损失。

按唐代墓志铭，咸亨二年，海上押运使郭志该溺于海上。“又奏公为押运使。于是扬舲巨海，鼓楫辽川。风起涛惊，船坏而溺。”[1]

次年(672年)，双方不断有陆战发生，新罗主要在百济积极进攻，两军互有胜负。“春正月，(新罗)王遣将攻百济古省城，克之。二月，攻百济加林城，不克。”“秋七月，唐将高保(当‘侃’)率兵一万，李谨行率兵三万，一时至平壤，作八营留屯。八月，攻韩始城、马邑城，克之，进兵，距白水城五百许步作营，我兵(新罗)与高句丽兵逆战，斩首数千级。高保(侃)等退，追至石门战之，我兵败绩。”“筑汉山州昼长城，周四千三百六十步。”[2]

上述所引，唐军兵力可能为汉军万人，靺鞨军三万，共四万。新罗筑城的目的在于加强阵地防御。到咸亨四年，“九月，(新罗)筑国原城，北兄山城，召文城，耳山城，首若州走壤城，达含郡岑城，居烈州万兴寺山城，歃良州骨争岘城。王遣大阿餐彻彻川等，领兵船一百艘镇西海。唐兵与靺鞨契丹兵来侵北边，凡九战，我兵克之，斩首二千百余级。唐兵溺瓠泸、王逢二河，死者不可胜计。”“冬，唐兵攻高句丽牛岑城，降之。契丹、靺鞨兵攻大杨城、童子城，灭之。”[3]

以上的七八月，唐军先败而后胜，主力为李谨行的靺鞨兵。有学者以咸亨三年史料推测唐军在山东沿海“屯兵待发”,[4]难以考实。

显然，新罗组织了一支成规模的海上部队，镇守“西海”，即韩国人所称的“西韩国海”，今天的黄海。经过黄海的海上通道是包括中国东部、朝鲜半岛、日本列岛在内的整个东亚地区最重要的“循海岸水行”。百艘新罗船，若以同时期日本和唐朝的战船计，船上的水军不下万人，对于尚未统一朝鲜半岛的新罗国而言已经是一支很大的海军了。按《三国史记》记载，苏定方登陆百济，新罗曾以大船百艘载精兵五万会之。[5]照此记录，则文献中所见的新罗战船比唐战船还大，每船平均载兵士500人，是唐战船的将近三倍，则新罗水军战船在兵力和吨位方面绝不弱于唐军。

组建舰队的同时，新罗大量筑城。[6]其中多为山城，易守难攻，加强了新罗的防御能力，造成以逸待劳的态势，加剧了唐军突袭和供给的困难。

这一变化对战略形势产生重大影响。因为在高句丽之战中，由于高句丽和百济缺乏海上力量，唐军除来自侵入半岛的日本远征军外未遭遇任何海上抵抗。就连苏定方跨海登陆的前夜，百济君臣朝议对策的决议居然是“莫若使唐兵入白江，沿流而不得方舟，新罗军升炭岘，由径而不得并马”，即不阻止唐军进入内河，不把唐军消灭在海上或是滩头登陆战中。如今新罗水军“镇西海”，图谋把唐

[1] 吴纲主编:《(上阙)县令郭君(志该)墓志铭并序》，载《全唐文补遗》第5辑，西安:三秦出版社，1998年，第213页。
[2] [高丽]金富轼著，孙文范等校勘:《三国史记》，第97页。
[3] [高丽]金富轼著，孙文范等校勘:《三国史记》，第99页。
[4] 拜根兴:《“唐罗战争”关联问题的再讨论》，载《唐研究》卷16，第103页。
[5] [高丽]金富轼著，孙文范等校勘:《三国史记》，第494页。
[6] [高丽]金富轼著，孙文范等校勘:《三国史记》，第99页。

军阻挡甚至消灭在海上,并威胁包抄百济唐军,切断其海上补给来源。新罗水军的出现不仅意味着制海权易势,还意味着唐朝利用山东半岛支援百济战场,从侧翼包抄新罗的战略难以实现。

此外,《日本书纪》卷27天智天皇十年条记载,当时日本使者自唐返回,"唐国使人郭务悰等六百人、送使沙宅孙登等一千四百人,总合二千人,乘船四十七只俱泊于比知岛,"下船前商议,"今吾辈人船数众,忽然到彼,恐彼防人惊骇射战。乃遣道久等预稍披陈来朝之意",唐朝送使团人数众多,以充作护航之用,也是新罗水军渐盛导致制海权开始易手的明证。

同时,唐朝继续增加援兵,但以陆军为主,且为渐进增兵的下策,兵员多为少数民族军队[1]。年底,高侃与新罗组织的高句丽部众战于白水山,连胜两仗。[2] 从历史记录看,高侃、李谨行无疑是顽强的陆军将领,尽管有薛仁贵和他们分别在南北战线坚持作战,但我认为这对黄海制海权并没有积极影响。相反,在制海权丧失的情况下,如果陆军不能速战速决只会增加唐军供给的困难。

按照《资治通鉴》的记载,咸亨四年闰五月,李谨行大破高丽叛者于瓠芦河之西,俘获数千人,余众皆奔新罗,李谨行妻刘氏留守伐奴城,"高丽(残部)引靺鞨攻之,刘氏擐甲帅众守城,久之,虏退"。[3] 该年仅此一战。

第一阶段的作战表明,唐军虽然可以在陆战中维持反击的能力,但在历时八年的交战中并未收复多少失地;而新罗却通过修筑新城巩固所得,并在海上逐渐夺取了制海权。

三、作战第二阶段:从刘仁轨掌兵到泗沘港陷落

> "壬午,以左庶子、同中书门下三品刘仁轨为鸡林道大总管,卫尉卿李弼、右领军大将军李谨行副之,发兵讨新罗。"[4]

上元元年(674年)正月,唐朝换将,以刘仁轨为主将,开始了第二阶段的作战。在这一阶段中发生了三次海战,唐军一胜而两负,丧失桥头堡基地,海上军事力量损失殆尽。尽管陆战的反攻取得相当成绩,然而新罗占据大同江以南的大局已定,制海权与海上军事力量对形势转化的战略影响日益明显。

薛仁贵此时已被解除鸡林道大总管一职,但仍在百济战场指挥作战。刘仁轨是曾在百济主持作战和守御的老将,在高句丽之战进行到关键时刻时,曾上书坚持

[1] 韩昇:《东亚世界形成史论》,第271页。
[2] (宋)司马光编:《资治通鉴》卷202,第14册,第6370页。
[3] (宋)司马光编:《资治通鉴》卷202,第14册,第6370页。
[4] (宋)司马光编:《资治通鉴》卷202,第14册,第6372页。

对百济的固守，也是白江之战的直接参与者，功勋历程和实践经验都表明他是合适的人选。然而按照以往的研究，刘仁轨此去并未带去更多的人马。[1] 也有学者认为，刘仁轨可能花时间组建了新的远征军。[2] 但从史料中，确实找不到新增大军的资料。尽管唐朝仍然重视东征战场，但是此年正月的时候，“(新罗)王纳高句丽叛众。又据百济故地，使人守之”。[3] 新罗控制百济故土，收纳高句丽部众，真正占据了地利甚至人和的优势。

直到次年二月，两军才有交战记录。其间双方缺乏战事记录的原因，可能是唐军暂无力作战。在重新整顿之后，先有七重城战役为中心的南北夹击，再有唐军买肖城三胜：

> “刘仁轨大破新罗之众于七重城，又使靺鞨浮海，略新罗之南境，斩获甚众。仁轨引兵还。诏以李谨行为安东镇抚大使，屯新罗之买肖城以经略之，三战皆捷，新罗乃遣使入贡，且谢罪；上赦之，复新罗王法敏官爵。”[4]

此次唐朝为何调动靺鞨的海上作战力量？唐朝自身的海上军力枯竭了吗？在渤海部兴起之前，靺鞨主要分为粟末靺鞨和黑水靺鞨以及白山等部。黑水靺鞨与高句丽曾处于对立状态，早在375年已渡海与百济联合进攻高句丽，[5]因此有海上作战经验。而在唐龙朔元年(661年)，高句丽、靺鞨袭击新罗，“发兵水陆并进”，[6]估计是靺鞨兵充当了水上力量。永徽六年(655年)，百济、高句丽、靺鞨曾组织联军攻击新罗三十余城，可能也是从海上出发作战，[7]因为靺鞨并不与新罗接壤。隋唐与高句丽作战，双方都有征调辽东周边部族军队的事发生，但调动部族水军却是笔者见到的唯一一例，之前的水军一直依靠中原自身。这当然说明靺鞨部水军有一定战力，也可能反映了唐军海上战力的暂时性不足。刘氏曾为百济驻军的主将，不但参与过白江大海战，还曾上书坚称在半岛南端保持第二战场桥头堡的战略意义。说明此人是有海陆军事全局观念、重视南北海陆夹攻经验的上将，而其小试牛刀，立竿见影。

刘仁轨的作战原则是重视南北海陆钳击的态势。北边陆军取得七重城和买肖城等战役的胜利，南边利用靺鞨海上力量攻击新罗南部。北方战线维持在浿江以南，未见在半岛南部开辟新的军事根据地，应当属于纯粹的牵制性作战，类似于唐朝平定高句丽之战中的海滨骚扰战。靺鞨部族的居地在辽东以北，不与渤海黄海接壤。靺鞨水军应是从日本海出师，攻击新罗沿海，而不是黄海海滨。

---

[1] 韩昇：《论新罗的独立》，载《欧亚学报》第一辑，第60页。
[2] 拜根兴：《“唐罗战争”关联问题的再探讨》，载《唐研究》卷16，第96页。
[3] [高丽]金富轼著，孙文范等校勘：《三国史记》，第99页。
[4] (宋)司马光编：《资治通鉴》卷202，第14册，中华书局。
[5] 范恩实：《靺鞨族属及渤海建国前的靺鞨与周边关系》，载《盛唐时代与东北亚政局》，上海：上海辞书出版社，2003年，第265页。
[6] [高丽]金富轼著，孙文范等校勘：《三国史记》，第495页。
[7] (后晋)沈昫：《旧唐书》，卷199上《百济传》，第16册，第5331页。

接下来的两年，唐军在半岛的陆战和海战中均呈现不利局面。

"(秋九月，薛仁贵)来攻泉城。我(新罗)将军文训等，逆战胜之，斩首一千四百级，取兵船四十艘。仁贵解围退走，得战马一千匹。二十九日，李谨行率兵二十万，屯买肖城，我军击走之，得战马三万三百八十匹，其余兵仗称是。遣使入唐贡方物。"[1]

泉城战役水陆交战，陆胜而海负，唐军损失兵船四十艘，若为战船，则人数超过五千。失战马一千匹，也很影响骑兵战斗力的发挥。唐军的南北两条战线为新罗控制区所隔离，南线的战马和其他作战物资自海上运输而来，来之不易，在制海权易手的情况下更是难以补充。接下来的买肖城战役，"李谨行率兵二十万"，这个数据是不合理的，不可能有这么多唐陆军，应为史文错讹。中韩学者都主张此观点，[2]实际的唐陆军兵力为两万。新罗在与唐军作战的同时，再度筑城于要害。"缘安北河设关城，又筑铁关城。"新罗继续巩固战果，扩大和加强阵地。唐军、靺鞨军在北方战线的七重城、赤木城、石岘城反攻，虽然攻陷赤木、石岘二城，但二城的新罗县令均力战而死，反抗顽强。新罗称"又我兵与唐兵大小十八战，皆胜之，斩首六千四十七级，得战马二百匹"。[3]

此战的后果在于大大削弱了百济唐军薛仁贵部继续作战的战略基础。接下来直到次年冬天，缺乏具体战事的记载。双方可能以大同江为界暂停作战，作政治试探和观望，也很可能是供给不足。唐朝在大同江以南仅仅掌握着很小的海滨孤立据点。仪凤元年(676年)，在新罗海军的进攻下，薛仁贵部丧失了在朝鲜半岛南部百济故地的最后的桥头堡，史称伎伐浦水战，算是唐新战争的"最后一战"：

"冬十一月，沙餐施得领船兵，与薛仁贵战于所夫里州伎伐浦，败绩。又进，大小二十二战，克之，斩首四千余级。"[4]

关于此次水战虽有一定研究，但由于资料仅及于此，已有观点如唐兵力、兵种构成等多数是推测分析，难以考证具体的作战情况。此次新罗军从海路进攻薛仁贵部，先败后胜。由于新罗出动的是"船兵"，即水师，则此次作战显然属于海战和两栖作战，算是第二阶段的第三次唐新海战战役。"二十二战"说明战况非常激烈。如果唐军死去的四千士兵都算是水军，也不过大致相当于30艘战船的兵力，可见参战唐水师之弱。《旧唐书·薛仁贵传》称仁贵"上元中，坐事徙象州"，应是承担此役失败的责任。这是文献所见的唐新的最后一次战役，之后战

[1] [高丽]金富轼著，孙文范等校勘:《三国史记》，第100页。
[2] 拜根兴:《七世纪中叶唐与新罗关系研究》，北京：中国社会科学出版社，2003年，第106～132页；李昊荣:《新罗三国统合与丽、济败亡原因研究》，书景文化社，1997年，第255页。
[3] [高丽]金富轼著，孙文范等校勘:《三国史记》，第100页。
[4] [高丽]金富轼著，孙文范等校勘:《三国史记》，第100页。

事基本停息。“先是有华人任(安)东官者，悉罢之。徙熊津都督府于建安故城，其百济户口先徙于徐、兖等州者，皆置于建安”[1]，表明唐朝放弃了对朝鲜半岛的监管。这一年，双方的战斗主要集中在新罗北部的边境地带。薛仁贵坚守的所夫里州伎伐浦即百济的泗沘港，是唐朝和朝鲜半岛南端保持海路畅通的据点。当年唐军押送百济君臣入唐及刘仁愿领兵赴镇全由此港出入，唐军也曾以此作为针对新罗的军事基地。“唐人既灭百济，营于泗沘之丘，阴谋侵新罗。”[2]唐军在海上已丧失制海权，不能对南方桥头堡进行有力支援。保守此地没有意义和可能，这也是海战连续失利后的必然结果。此后，双方实际控制线基本确定，新罗占据百济与高句丽大同江以南，停止向北作战，唐朝维持朝鲜半岛三邦羁縻体系的计划和努力宣告破产。

仪凤二年(677 年)正月，刘仁轨正式从大同江以南撤军，百济扶余隆和高句丽高藏的亲唐势力随之也迁入辽东。[3]

仪凤三年新罗国“春正月，置船府令一员，掌船楫事”。[4] 其实早在公元 583 年新罗就已经成立船府署，管理船只。我认为这可以看做新罗对船舶航运重视的进一步加强。

九月，咽不下这口恶气的唐高宗决心大举讨伐新罗，遭重臣劝谏而罢。

> “上将发兵讨新罗，侍中张文瓘卧疾在家，自舆入见，谏曰：‘今吐蕃为寇，方发兵西讨；新罗虽云不顺，未尝犯边，若又东征，臣恐公私不堪其弊。’上乃止。癸亥，文瓘薨。”[5]

最终唐朝接受新罗入使称臣，并以大同江为界，放弃羁縻政策。

四、唐朝重建海上力量的地缘战略价值

虽然最终唐朝选择了体面地接受新罗的臣服朝贡，默许新罗对半岛的控制。但从高宗本意看，并不想就此罢休。按照张文瓘的临终进谏，这里有两个罢战的理由，一是吐蕃的威胁，二是“公私不堪其弊”。第一点符合陈寅恪先生的观点，即吐蕃在西北内陆牵制了唐朝力量。我也赞成唐朝必须以西北为战略首要，因为当时的中国军事重心和边事重心都在西北，但这不可能是罢兵的唯一原因，因为张氏所陈的第二个罢战理由同样是重要事实。如果高宗坚持东西两线作战，会如何呢？如张文瓘所言，“公私”将“不堪其弊”？对这些问题的探究，对于搞

[1] (宋)司马光编:《资治通鉴》卷 202，第 14 册，第 6379 页。
[2] [高丽]金富轼著，孙文范等校勘:《三国史记》，第 494～495 页。
[3] (宋)司马光编:《资治通鉴》卷 202，第 14 册，第 6382 页。
[4] [高丽]金富轼著，孙文范等校勘:《三国史记》，第 101 页。
[5] (宋)司马光编:《资治通鉴》卷 202，第 14 册，第 6385 页。

清战争成败同样非常重要。

唐朝为了同时保持东西边疆战局的优势，必须组织一支强大的陆军骑兵与西线的吐蕃对抗，同时在东线发展与山地步兵相配合的海上大军。这支海上大军必须包括庞大的漕运船队、精良的作战舰队，以及善战的两栖水军，还需要重新开辟半岛南部的桥头堡，至少要重夺黄海制海权。即使在公元678年之后唐军卷土重来，在没有海上配合的情况下，几乎没有再度取胜的可能。由于朝鲜半岛地缘环境的特征，没有海上力量参与，其作战很难取得彻底的胜利。把唐新战争和高句丽之战相比较，可以分为三个方面来论述。

第一，唐军实行南北海陆夹击需要海上力量。

朝鲜半岛大致为狭长地形，鸭绿江以南的东西最大宽度为360公里，南北直线距离为840公里，南北纵深较大，东西跨度相对较窄。半岛北部与中国辽河流域毗邻，南部则与山东半岛隔海相望。从隋唐内地到高句丽的陆上进军路线漫长曲折。而如有海上力量突袭朝鲜半岛南端甚至在南部开辟第二战场，可以构成南北夹击，即使是侧翼牵制，也是非常有利的。唐初讨伐高句丽，主要兵力胶着于辽东正面战场，进展缓慢。当唐高宗执行太宗所遗的跨海平定百济战略之后，唐军可以南北夹击。一旦半岛和大陆间海域的制海权由敌军控制，则唐军无法开辟和支援南方桥头堡，只能在正面战线进行攻城掠地的争夺战。山地高原占朝鲜半岛面积的3/4以上，当年高句丽在辽东地区修筑了不少山城，借助地利扼守，令隋唐军每取得一点进展都要付出相当的伤亡代价和时间物资的消耗。既然夺取了制海权，新罗可以放心的集中陆军向北用兵，避免两线作战。而唐军无法分散牵制敌军，只能进行陆上持久战，给养供应难度加大。

第二，唐军给养供应很大程度要靠海运，海运成本低于陆运，而海运的运输和护航必须依靠海上军事力量来保障。

海军战略家马汉曾就海陆的战略条件对比发论："就天然条件而言，陆上几乎是障碍重重，而海上则几乎是坦途一片。"[1]古代的陆运成本与水运成本无法相提并论，而深入半岛作战，长期长途运送给养的成本太高。从华北到辽东再到朝鲜半岛的进军路线漫长曲折，大运河到今天的河北天津一带就已进入渤海，而唐军前线却远在千里之外的朝鲜半岛南北。辽东半岛的气候、地理条件恶劣，不利于长年行军和运输。旱寒、沼泽和为数众多的山城[2]构成难以逾越的地理障碍，不仅提高了对物资供应的要求，也令中原军队难以适应。如陈寅恪云："中国东北方冀辽之间其雨季在旧历六七月间，而旧历八九月至二三月又为寒冬之时期。故以关中辽远距离之武力而欲制服高丽攻取辽东之地，必在冻期已过雨季未临之短时间获得全胜而后可。否则，雨潦泥泞冰雪寒冻皆于军队士马之

[1] [美]马汉：《海军战略》，北京：商务印书馆，2012年，第130页。

[2] 杨秀祖：《高句丽军队与战争研究》，长春：吉林大学出版社，2010年，第六章"高句丽军队的战略战术及防御工事"；魏存成：《高句丽遗迹》，北京：文物出版社，2002年，第二章"山城"。

进攻糇粮之运输已甚感困难，苟遇一坚持久守之劲敌，必致无功或覆败之祸。”[1]新罗同样也有依山筑城的传统，如公元663年“作长仓于南山新城，筑富山城”。泗沘港也有山城。[2]

当然海上航行也存在气候难题。黄海、东海水域中，在四月到七月初，中国沿海盛行西南季风，适合起帆北去朝鲜日本；而返航最佳期多在八月底九月初，中国沿海多为西北风，日本九州沿海则多为东北风；夏末秋初则台风盛行不利航行。从海陆夹攻的需要看，四五月份无疑是隋唐用兵的最佳季节。海运尽管有风浪损耗，但水运比陆运节省成本是毋庸置疑的。这也是隋炀帝开通大运河的重要原因，更不要说支援南部第二战场的效果了。

依靠半岛当地筹集军粮几乎是不可能的。比如百济本来就农业生产落后，平百济之后，当地更是“合境凋残，僵尸相属”，刘仁轨只好“渐营屯田”，“以经略高丽”；[3]辽东和高句丽也经多年战争破坏，唐军还曾实行过骚扰战，逼迫高句丽坚壁清野，荒废农耕；即使是新罗，也“率户征兵，连年举斧，孀姬挽粟，稚子屯田”。[4]

第三，从重视海战的新罗手中重夺黄海制海权。再次登陆半岛南部比当初跨海击百济要难得多，对水军的要求也更高。新罗的水师不仅可以用来保卫海岸线和控制黄海航行，还可以阻截唐军从海上向朝鲜半岛运送给养和援兵。

唐太宗曾经说过“百济恃海，不修戎械，我以舟师数万袭之”。[5] 从史料看，百济可能无水军，居然没有对苏定方远征军的登陆行动做任何海上拦截，而新罗却曾以大船百艘载精兵五万会之，[6]则可能新罗战船的吨位和运载量较唐军为大，甚至可以以水师独立发动两栖战，并数次击败和歼灭唐水军。唐新战争中新罗不用上百艘战舰的“船兵”来争夺黄海制海权，成立专门的国家航运船舶管理部门，应该还在添造补充战船，这必然是吸取了百济灭亡的教训。以高句丽之战和平百济之战的经验看，唐朝水军若要顺利登陆建立桥头堡，兵力至少要在两三万以上，船只至少三四百艘。如果考虑到新罗上百艘战船的阻挠，对兵力的要求只会更高。但由于经济和技术发展的限制，经过唐丽战争和唐新战争的消耗，唐朝已无力再大量造船和维持一支强盛的海上力量。

五、唐朝重建海上力量的财政困难、国策局限与军事体制缺陷

尽管海上力量有以上三种重要价值，但唐朝在经历唐丽战争和唐新战争后，

[1] 陈寅恪：《唐代政治史述论稿》，第120页。
[2] [高丽]金富轼著，孙文范等校勘：《三国史记》，第82页。
[3] (宋)司马光编：《资治通鉴》，卷201，第14册，第6368页。
[4] [高丽]金富轼著，孙文范等校勘：《三国史记》，第92页。
[5] (宋)欧阳修等：《新唐书》卷220《高丽传》，第6188页。
[6] [高丽]金富轼著，孙文范等校勘：《三国史记》，第494页。

已经无力甚至缺乏意志重建水师。原因分三个方面：

首先，从财政的角度，唐朝为平定高句丽和百济而大量造船，但在大量损失和沉没后，保持补充的势头成本很高。

隋文帝首次攻击高句丽，海上一路全军覆没于风浪，而唐朝的跨海平百济之役乃“不惧船海之危”所造就。[1]《资治通鉴》贞观二十二年九月条记载，建造“大船一艘，庸绢二千二百三十六匹”。唐朝的租庸调制下每户每年调绢一匹，则建造一艘海船需耗费 2236 户农民一年的调，更何况相关的军事建设投入。西征不仅耗费大量人力物力，而且也要求大规模的水上漕运。吐鲁番哈剌和卓附近阿斯塔纳出土的唐代军用税布上的文字显示，其确实来自江南。“婺州信安县显德乡梅山里祝伯亮租布一端，光宅元年十一月日”，“婺州兰溪县瑞山乡从善里姚群庸调布一端，神龙二年八月日”。[2] 如上文所见，唐军两次作战损失的战船分别为 70 和 40，则耗绢 156520 匹和 89440 匹。唐太宗甚至在遥远的巴蜀地区造船，“蜀人愿输财江南，计直作舟，舟取缣千二百”，引起“巴、蜀大骚”。[3] 唐太宗时期曾三次对高句丽开战，仅文献所记载建造的大船就有 1950 艘，[4]实际的造船数目可能更高。

唐初财政节俭，岁漕不过数十万石。京师和西北边防都要依靠华北和江南漕运的支持，以江淮漕运同时支持东北、西北两处边疆并兼顾京畿供应，物力必捉襟见肘。故唐高宗在龙朔三年(663 年)“以海东累岁用兵，百姓困于征调，士卒战溺死者甚众，诏罢三十六州所造船”。[5] 当时唐朝舰船的生产克服了巨大困难，但付出的代价也是惨重的。唐朝和新罗发生矛盾之后，新罗得到情报，“国家修理船艘，外托征伐倭国，其实欲打新罗”。[6] 但因风浪打击，一开战就损失了数百艘战船，长期来看唐朝实在是难以维持海上力量的强度。

其次，以唐新战争和高句丽之战来看，唐代国策以西北内陆为战略上的重心，海上力量的发展和海洋开拓并没有被放在最重要的地位来加以考虑，这严重影响了唐的东北亚地缘政策。

唐新战争的结局，与海上较量的失败有密切关系，和“关中本位”的国策具有一定联系，[7]却并不是陈寅恪所认为的唐朝国人不善海战的结果，也不是在吐蕃兵锋威胁下放弃半岛的缘故。[8] 唐丽战争中的海滨骚扰战、平百济战役和

---

[1] [高丽]金富轼著，孙文范等校勘：《三国史记》，第 91 页。
[2] 全汉昇：《唐宋帝国与运河》，载《中研院史语所专刊》，上海：商务印书馆，1946 年，第 39 页。
[3] (宋)欧阳修等：《新唐书》，卷 220，第 20 册，第 6195 页。
[4] 见拙作：《论唐太宗对高句丽之战跨海战略的决策作用：兼论海上力量与高句丽之战战略成败的关系》，《史林》2011 年第 4 期。
[5] (宋)司马光编：《资治通鉴》卷 201，第 14 册，第 6336 页。
[6] [高丽]金富轼著，孙文范等校勘：《三国史记》，第 96 页。
[7] 陈寅恪：《外族盛衰之连环性及外患与内政之关系》，载《唐代政治史述论稿》下篇，第 326～327 页。
[8] 陈寅恪：《外族盛衰之连环性及外患与内政之关系》，载《唐代政治史述论稿》下篇，第 345 页。

白江海战已证明唐的海上力量曾是东亚一流。虽然唐军多遭遇风浪而败，但并非“屡败”，也有胜利。虽然西北的军事形势影响唐朝投入更大力量解决海东战局，但不能维持强力的海上军事存在，黄海制海权易手新罗，仍然是重要的原因。韩昇认为“从时间上看，唐朝是在新罗问题告一段落后，才将注意力转移到西线的”。[1] 检索史料，未见薛仁贵赴东线后吐蕃在西北发动有力攻势的记载。伎伐浦水战结束于 676 年冬，而到 678 年秋唐将李敬玄才在西线发动对吐蕃的反击，[2]时隔一年半，则韩国学者徐荣教认为的唐朝需要调兵西北的说法并不成立。

造成这一局面的历史原因在于，隋唐的航海能力虽有重大发展，但毕竟是传统农业大国，且依靠关陇核心区崛起。就战略重心而言，对西北内陆的重视和经营必胜于对东北亚海陆格局的关注，更遑论发展海权海军的需要和意识。在平定百济之后，唐丽战争进入关键时刻，作为最高统帅的唐高宗竟然一度想要放弃百济阵地，在刘仁轨上书陈述占据百济的战略利害后才劝阻了这一错误决策。这说明高宗的地缘战略头脑和视野远不及其父太宗，且暴露出他不够坚韧的性格特征。自秦汉以来，掌控从蒙古草原到中亚陆权的西北游牧民族被看做是中原王朝的最大威胁。在唐统治集团看来，西北的陆权才是帝国国防安全的战略关键。唐帝国统治集团认为，以关陇地区为轴心安排帝国国防体系格局和地缘战略行动才是合理与必须的。尽管新罗吞并受唐朝监护的缓冲国打破了大同江以南的战略平衡，使唐朝在朝鲜半岛的地缘利益受到实际损害。但唐统治集团不认为自己的核心利益受到侵犯，距离关陇核心区万里之遥的唐帝国辽东边疆的国防安全仍然可以得到保障，让唐高宗接受新罗称臣带来的“面子”和一些“里子”，就足以让唐朝放弃重新造船征东所带来的麻烦。

第三，唐的军事体制也对其海上力量的组织和运用有阻碍作用。隋唐的府兵制源出北朝，带有少数民族部落兵制的遗风。府兵制遵循兵农合一的原则，属于大陆兵制的性质，本无海军兵种和编制。太宗时期的海上军事力量是根据战争需要临时招募南方人员，经过多次两栖战役逐步实战锻炼而来的。高宗时府兵制衰落，唐军在半岛的主力是少数民族部族兵和募兵，缺乏海上常备正规部队。另外，唐军将领的素质也在下降，唐军将帅薛仁贵、李谨行等人基本都是传统的陆军将领，并不具备海军将领的素质。且薛仁贵和刘仁轨都是唐帝国建国后通过外战培养的将帅，基本属唐军第二代将帅。唐新战争爆发时，灭高句丽统帅李勣年过七十，灭百济主帅苏定方 65 岁，刘仁轨 64 岁，在当时均属高寿之人，薛仁贵业已 54 岁，李谨行则为 45 岁，[3]可见唐军东征的高层武将人才有枯竭的危险。用这样一批年老的传统陆军将领统带临时召募的水手新兵来进行海上和两栖作战，很难保证继续胜利。

[1] 韩昇：《东亚世界形成史论》，第 273 页。
[2] (宋)司马光编：《资治通鉴》卷 202，第 14 册，第 6384 页。
[3] 据各人墓志铭及传记，见《旧唐书》、《新唐书》和《唐代墓志汇编》。

总之，当时朝鲜半岛地缘环境下的作战需要海上力量的参与，而重新发展可以登陆半岛的强大海军以扭转战局，成本高昂，唐高宗时期已无可能，从而使战争形势最终定局。假设唐朝单靠陆军压制新罗，必须在战前驻扎一支大军而不是总章元年的两万部队，而没有海上支援这一假设是难以实现的。与西北内陆发生的传统陆地军事较量相比，海上力量才是东北战线胜负的关键力量。唐朝无力，也可能缺乏意愿和需要重建这样一支海上力量，战争就必然结束。然而，海上力量在中国周边的东亚地区，特别是在黄海所发生过的独特战略作用是极其重要的历史经验。

六、余　论

第一，东亚地区的战略枢纽在朝鲜半岛，朝鲜半岛在地缘政治上常常是亚洲的大陆强国和海上国家博弈的焦点。朝鲜半岛周边的地缘政治局势与中国国家安全存在密切关系。对该地的战略掌控不仅需要通过陆上力量来实现，也需要海上力量的协助，中国古代包括汉代、唐代、明代、清代的历史都在证明这一点。

黄海位于山东半岛和朝鲜半岛之间，是中国的门户，也是连接中国和朝鲜半岛的战略通道。中国的海上力量是否足以在朝鲜半岛周边发生战事时掌控黄海的制海权，是否能够有效跨海投送兵力，在战略上至关重要。汉武帝平定朝鲜半岛和辽东时，从山东齐地出动水军，跨黄海东征，入江直抵平壤。十六国时，后赵君主石虎图谋讨伐辽东前燕政权，出动“青州之众”，“戍于海岛”，又以船三百艘运谷三十万斛跨海往高句丽。隋炀帝以水军作牵制作战，也曾跨海运兵、运粮。唐代跨海平定半岛，打退日本对半岛的觊觎。元代东征的水师因为海上飓风而未能登陆日本。明代万历年间，日本军阀丰臣秀吉跨海入侵朝鲜半岛，妄图征服东亚，朝鲜史称“壬辰倭乱”。明朝和朝鲜的水军起到了控制制海权的重要作用，使日军后勤运输难以保障，大大削弱了日军继续作战的能力，最终取得战争的胜利。1894 年中日丰岛海战的失利，北洋水师丧失了黄海制海权，中国不能从海上向朝鲜半岛投送兵力。甲午黄海海战的失败，也再次证明了海上力量、制海权与东北亚军事地缘博弈胜负的密切关系。可以说，在古今东亚海洋军事史上，唐太宗领导的唐丽战争曾谱写了精彩的一页，唐高宗主持的唐新战争却是黯淡的篇章。

第二，唐代的东亚历史证明，新罗对朝鲜半岛的统一比分裂更加有利。

唐新战争的失败导致唐朝被迫放弃维持羁縻体系的政策，默认新罗对朝鲜半岛统一的主导权，这是唐丽战争后地缘政策目标的失败。

大多数中韩学者认为唐朝从一开始就不想占有朝鲜半岛的领土，但是唐朝在战前建立三邦鼎立的羁縻体系的意图也是明确的。虽然有学者认为，战争后期唐朝与新罗摸清了彼此底线，唐朝默认了新罗对半岛统一的主导权。但唐朝毕竟进行了艰苦的作战，付出了相当的军事力量和资源，说明唐朝曾坚持用武力维护羁縻体系和对高句丽和百济的政治监护，而不是不动刀枪地把半岛送给新罗。正是双方海上力量的消长，才使唐朝失去继续作战的战略优势，丧失了谈判的有利筹码，才被迫改变外交目标。其实新罗统一半岛的所谓"正义性"是由后来历史证明的，之前并不具备"合法性"。因为高句丽本是中国古代的地方政权，百济和新罗是敌对的族群和邦国。后来的融合不能否定之前国族分立的历史，在羁縻体系下并存三个向唐朝贡的邦国是可能的，也是有历史依据的，在当时也是合理的。

唐新战争使东亚格局发生的新变化，并非唐外交的初衷，但半岛统一的结果仍是积极的，也符合地缘政治原理。从唐丽之战到唐新战争，新罗成了最大赢家，兼并了百济、高句丽，迫使唐军退出半岛，篡夺了唐太宗父子两代的胜利果实。唐丽之战前东亚缺乏中心，高句丽、日本与隋唐争夺半岛南部和辽东的格局，变为战后以唐为中心的日本和海东三邦的五国并立局面，又经唐新战争变成唐领导新罗、日本的新局面。历经唐和五代，唐、新、日三国间基本维持了和平关系。因此，唐的接受半岛统一的现实政策确实是积极进步的，否则还将有不安定隐患。诚如新罗文武王所云："新罗百济累代深仇，今见百济形况，别当自立一国，百年之后，子孙必见吞灭。"即使新罗与百济、高句丽三族在羁縻制度下分立，也可能再起战火，直至打出个统一，甚至可能再度引起日本的觊觎。朝鲜半岛是地缘政治理论中的"边缘地带"，容易成为来自海陆的不同政治力量的争夺地带，惟有能够保持海陆间的中立或是亲善大陆邻国才可能保持和平。唐朝缺乏强有力的海上力量，难以对半岛进行有效干预，对主导权维持的结果是难以预知的。毕竟，唐朝收回了自魏晋以来的辽东失地，并确立了中国对东亚格局的合理领导权。战后的新罗作为唐朝的藩属国，与唐朝和日本保持友好关系，甚至一度掌东亚航海的牛耳，杜绝了东亚地区发生新的大规模国际战争的可能。陈寅恪认为，唐代"东北消极政策不独有关李唐一代之大局，即五代、赵宋数朝之国势亦因以构成"，[1]从东亚全局看这种看法是缺乏理由的。

[1] 陈寅恪：《外族盛衰之连环性及外患与内政之关系》，载《唐代政治史述论稿》下篇，第327页。

Sea Power and Geographic Politics of East Asia in the Earlier Tang Dynasty: Focus on the War between Tang and Xinluo

Abstract: In early Tang Dynasty, Tang empire developed sea power and exploited baiji, gained the victory of the war between tang and gaogouli. After the war between Tang and Xinluo broaken out for the contradiction between geopolitics policy of tang empire to build up the jimi system and efforts of xinluo to unite the Korean peninsula. However, navy of Tang was damaged greatly when Xinluo tried to develop its navy and gained command of seas, so the war situation reversed. The result of this war determined the geographic politics of ancient East Asia. The realize of tang's policy was limited by national policy, conversion of sea power and thalassocracy and so on. However, the unification of Korean peninsula by Xinluo was still positive according to later history.

Key words: Sea power, Command of the Sea, Geographil of Esaten Asia, Korean peninsula, Regional Policy

元朝台湾历史新考

周运中*
（厦门 厦门大学 361005）

摘 要：本文在前人研究的基础上，重新考证元初东征台湾的航线，认为元军在澎湖岛的驻泊地汀路尾澳是澎湖岛南端的猪母落水澳，元军曾到达今高雄市附近。本文又发掘出元军追击海盗到达流求国界一事，指出其发生在今台湾海域。本文最后重新考订汪大渊《岛夷志略》所记台湾岛上的四个山名，提出其地在今台南、高雄及鹅銮鼻附近。

关键词：台湾 元朝 汀路尾澳 岛夷志略

元朝是中国历史上第二个出兵台湾的统一王朝，和隋代不同的是，这是中国第一个由北方游牧民族建立的世界性王朝。隋朝出征的海岛只有台湾一地，而蒙元的海外征讨对象还包括了日本和爪哇等地。但是在欧亚大陆上纵横驰骋的蒙古人，在海上却接连失败，即使是在台湾这样一个如此靠近大陆的小岛上也不例外。

元朝有南宋在东南沿海发展的强盛基础，有民间商人开辟东洋航路的便利，有汉人建设已久的澎湖作为跳板，却还是失败了。隋代没有以上三点优势，战果却比元朝辉煌。可见元朝在海上的战绩和陆上的很不相称，这根源于蒙古人的大陆特性。

但是从另外一个视角来看，元人在台湾的发展超过了隋人。因为隋代只有官军出征台湾，没有众多海商去台湾贸易。而元朝的民间商人对台湾已经很熟悉，并留下了《岛夷志略》一书。此书开头就介绍澎湖和台湾，台湾被看成中国的门户，海外航路的起点。南宋的《诸蕃志》虽然有流求国一条，但多数内容抄录于隋代史料。而《岛夷志略》的彭湖、琉球两条内容，多数是汪大渊亲自在两地搜集的资料，这是元朝的进步之处。汪大渊的记载虽然不及《隋书》丰富，但是反映了台湾和大陆民间的密切往来，其实质意义超过隋代。

即使和元朝之后的明代比，元人在台湾的发展也是成功的。因为元朝没有

* 作者简介：周运中，男，江苏省滨海县人，厦门大学历史学系讲师，主要研究中国海洋社会史、中国历史地理。

明代那样严厉的海禁政策，所以没有东洋海商和官府的激烈斗争。因为明朝的海禁政策，导致中国海洋社会的发展出现了一个后退期，所以很多元朝海洋上地名的位置在后世并不清楚，本文主要考证元军出征台湾的地名和《岛夷志略》记载的台湾地名。

一、元初征台航线新考

经过两宋时期对澎湖的开发，澎湖列岛上的汉人已经很多，所以元朝在至元年间设巡检司进行管理。但是元朝有两个至元年号，汪大渊《岛夷志略》没有说明是忽必烈的前至元还是元顺帝的后至元。经过张崇根先生的考订，现在学术界一般认同其设置的时间是在忽必烈的前至元年间。并且，张先生进一步考证是在前至元十六到十八年间（1279～1281 年）。[1] 元刚刚灭宋，即设澎湖巡检司，反映出元朝对澎湖的重新开发，而且元初很重视台湾海峡。

方豪先生认为是在后至元时才设置的澎湖巡检司。乾隆《泉州府志》卷五十四《文苑志》载："陈信惠，字孚中，晋江人。初试有司不利，因学古文，后以才能，应帅府辟。从平漳寇有功，授山魁、彭湖、芦溪三寨巡检，转南安主簿，升南丰州判官。省檄摄同安令，改惠安，多惠政，调顺昌，寻以老疾致仕。号退翁，有中斋等集。"[2]据嘉庆《惠安县志》，陈信惠是至正二十四年（1364 年）任巡检。[3] 其实方说有误，因为至正年间任巡检，不代表澎湖巡检司不能在此前设置。因为澎湖早就设立巡检司，所以有至元年间从澎湖出征瑠求之事（图一）。

《元史》卷二一〇《瑠求传》载：

> 瑠求，在南海之东。漳、泉、兴、福四州界内彭湖诸岛，与瑠求相对，亦素不通。天气清明时，望之隐约，若烟若雾，其远不知几千里也。西、南、北岸皆水，至彭湖渐低，近瑠求则谓之落漈，漈者，水趋下而不回也。凡西岸渔舟到彭湖已下，遇飓风发作，漂流落漈，回者百一。瑠求，在外夷最小而险者也。汉唐以来，史所不载，近代诸番市舶不闻至其国。
>
> 世祖至元二十八年九月，海船副万户杨祥请以六千军往降之，不听命则遂伐之，朝廷从其请。继有书生吴志斗者上言生长福建，熟知海道利病，以为若欲收附，且就彭湖发船往谕，相水势地利，然后兴兵未晚也。冬十月，乃命杨祥充宣抚使，给金符，吴志斗礼部员外郎，阮鉴兵部员外郎，并给银符，往使瑠求。诏曰："收抚江南已十七年，海外诸番罔不臣属。惟瑠求迩闽境，

[1] 张崇根：《台湾四百年前史》，北京：九州出版社，2005 年，第 361～370 页。
[2] （清）郭赓武、黄任等纂修，上海书店出版社编：乾隆《泉州府志》卷五四，上海书店出版社，2000 年，第 68～69 页。
[3] 方豪：《台湾早期史纲》，台北：学生书局，1994 年，第 50 页。

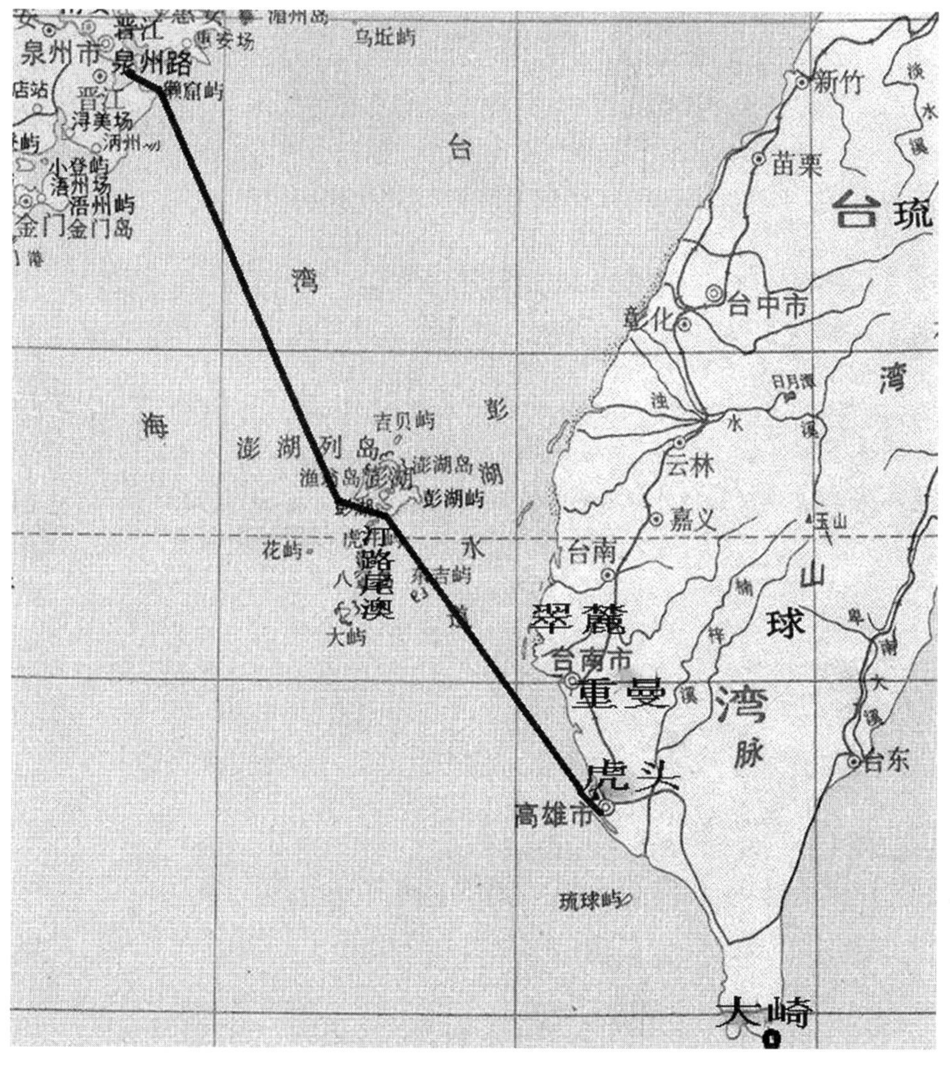

图一　元朝征台航线和《岛夷志略》琉球山名示意图

未曾归附。议者请即加兵。朕惟祖宗立法，凡不庭之国，先遣使招谕，来则按堵如故，否则必致征讨。今止其兵，命杨祥、阮鉴往谕汝国。果能慕义来朝，存尔国祀，保尔黎庶；若不效顺，自恃险阻，舟师奄及，恐贻后悔。尔其慎择之。”

二十九年三月二十九日，自汀路尾澳，舟行，至是日巳时，海洋中正东望见有山长而低者，约去五十里。祥称是瑠求国，鉴称不知的否。祥乘小舟至低山下，以人众，不亲上，令军官刘闰等二百余人以小舟十一艘，载军器，领三屿人陈辉者登岸。岸上人众，不晓三屿人语，为其杀死者三人，遂还。四月二日，至彭湖。

……

成宗元贞三年，福建省平章政事高兴言，今立省泉州，距瑠求为近，可伺其消息，或宜招宜伐，不必它调兵力，兴请就近试之。九月，高兴遣省都镇抚张浩、福州新军万户张进赴瑠求国，禽生口一百三十余人。

这里说天气晴朗时，能隐约看到瑠求，并和澎湖相对。诏书又说该地和泉州很近，无疑是今天的台湾岛。澎湖和台湾岛当然不是从来不通，只是南宋时来自台湾的毗舍耶人劫掠澎湖和福建，所以汉人不敢贸然前往。至于汉唐不载更是当时人的误解，汉唐时期，文献里关于的台湾记载很多。

元军出发地为汀路尾澳，前人或未详考，或有歧见。连横《台湾通史》与方豪《台湾早期史纲》都未详考。[1] 柯劭忞《新元史》改为“汀州尾澳”，显然有误，因为《元史》明言从澎湖发船，而汀州不靠海。曹永和认为元军从福建海岸出发，不到半日就到瑠求，其后杨祥四月二日到澎湖，所以瑠求似非台湾。[2] 其实这是误读原文，原文说杨祥、吴志斗是至元二十九年(1292 年)三月二十九日从澎湖出发，四月二日从原路返回澎湖，所以汀路尾澳不可能在福建海岸。前一年冬季下诏，而次年三月才从澎湖出发，之所以间隔了几个月，正是因为元军需要在大陆准备，又要从大陆渡海到澎湖。梁嘉彬认为其在金门湾口，[3]也与澎湖发船的记载不合。赖福顺提出汀路是灯路，即妈宫澳，今马公市。[4] 此说改动原文，而且缺乏坚实证据。又有学者认为汀路是沙洲水路，白沙乡的讲美村原名港尾，有古代遗址，可能是汀路尾澳。[5] 此说也不能成立，因为汀路一词表示水路极不常见，而且汀路不能作为地名专名。还有学者提出汀路尾澳是澎湖岛的风柜尾澳，[6]但是汀路、风柜的音形皆不近，所以汀路尾澳不太可能是风柜尾澳。

《指南正法》的《对座图》之后有一段记载海中各岛对坐的文字，对坐就是两个岛的相对方向。其中说：“查某屿共猪母落水申庚对坐。”[7]查某屿即今澎湖列岛最东边的查某屿，与其申庚对坐的猪母落水在其西南 255°方向，则正在今澎湖列岛的最南端，这是猪母落水这一地名的最早记载。张崇根先生认为《指南正法》是 17 世纪中期明清之际的作品，因为其中大明、大清并存，又有明郑所定的思明、东都、王城等地名。[8]

林豪《澎湖厅志》卷一《道里》的陆程载：“东南出厅治东门，四里至菜园社，七里至铁线尾社，二里至锁管港社，二里至猪母水社，即入大海。”水程载：“东南由

[1] 连横：《台湾通史》，北京：商务印书馆，2010 年，第 9 页；方豪：《台湾早期史纲》，第 45 页。

[2] 曹永和：《台湾早期历史研究》，台北：联经出版事业公司，1979 年，第 112 页。

[3] 梁嘉彬：《隋书流求传逐句考证》，原载《大陆杂志》第 45 卷第 6 期，1972 年；又载杜维运等编：《中国史学史论文选集》第一辑，台北：幼狮文化事业公司，1989 年。

[4] 赖福顺：《汀路尾澳——澎湖最早的地方名》，载《澎湖研究第四届学术研讨会论文辑》，2005 年。

[5] 吴培基、赖阿蕊：《元代汀路尾澳及琉球国考证》，澎湖研究第十届学术研讨会，2010 年。

[6] 徐晓望：《元代瑠求及台湾、彭湖相关史实考》，《福建师范大学学报(哲学社会科学版)》2011 年第 4 期。

[7] 向达整理：《两种海道针经》，北京：中华书局，1982 年，第 130 页。

[8] 张崇根：《关于〈两种海道针经〉的著作年代》，载《中外关系史论丛》第一辑，北京：世界知识出版社，1985 年。

珠母落水社起，八十里至东吉社，为厅治之极东。”抄稿本的厅治为文澳社，其余相同。[1] 猪母水社即珠母落水社，在澎湖岛的南端，由此向东南，到达澎湖列岛最东南的东吉岛。

东吉岛正是澎湖岛去台湾的要道，胡建伟《澎湖纪略》卷二《海道》载：“凡厦船来台，必以澎湖为关津，从西屿入，或寄泊嵵里，或妈宫，或八罩，然后渡东吉洋，凡五更至台湾，入鹿耳门。”同卷《澳社》载：“猪母落水社，北风时可泊船只。”[2]猪母落水社，今已雅化为山水村，但是详细的地图还用括号标出猪母落水。猪的闽南语读音是[ti]，汀的读音是[tin]，读音接近，落、路在闽南语中有时同音，所以猪母落水即元朝出征台湾时的起航地汀路。汀路是简言，尾澳是猪母落水山下的海湾。元军虽然三月出发，但是之前的冬春季节盛行北风，所以在澎湖岛最南端的猪母落水社停泊，然后由此向东南经东吉洋到台湾岛。

澎湖县发现宋代汉族文化遗址 20 处，澎湖岛只有 5 处，山水村就有 1 处，[3]说明元军在澎湖岛的起航地早已有汉族定居。所以猪母落水的元朝古名汀路，很可能始于宋代。《岛夷志略》载：“岛分三十有六，巨细相间，坡陇相望，乃有七澳居其间。”[4]元朝澎湖岛的七澳不详，可能有汀路尾澳（图二）。

图二 澎湖岛与汀路尾澳（猪母落水澳）示意图

元军从澎湖岛南端出发，半日就到台湾岛，并看到五十里的低山，因此不可

[1] （清）林豪：《澎湖厅志》，刻本，《台湾文献史料丛刊》第 15 册，台北：大通书局，1984 年，第 25～26 页。抄稿本，《台湾文献汇刊》第五辑第五册，厦门：厦门大学出版社、北京：九州出版社，2004 年，第 100、102 页。

[2] （清）胡建伟：《澎湖纪略》，《台湾史料集成·清代台湾方志汇刊》第 12 册，台北：远流出版事业股份有限公司，2004 年，第 53、71 页。

[3] 黄士强、臧振华、陈仲玉、刘益昌：《台闽地区考古遗址普查研究计划第一期研究报告》，第 363～368 页。

[4] （元）汪大渊著，苏继庼校释：《岛夷志略校释》，北京：中华书局，1981 年，第 13 页。

能在今台南市及其以北的嘉义、云林、彰化一带，因为这一带的沿海没有低山。故曹永和等学者认为元军似乎没有到达台湾。连横认为该地是大肚山，因为台中县的山丘离海很近。但是元军是向东南航行，而且从澎湖到大肚山不可能只用半天时间。梁嘉彬认为可能是琉球屿（小琉球岛），但它只是一个小岛，《元史》不可能混淆岛屿和陆地，而且此岛也没有五十里。前引吴培基之文居然认为《岛夷志略》、《元史》中的琉球都是今琉球群岛，而非台湾岛，显然不对。

虽然台南附近海岸没有丘陵，但是今高雄市区附近有两列低山。高雄市东部凤山区、小港区东部有一列连续的低山，高雄市西部鼓山区、左营区、楠梓区也有一列断续低山。从半屏山（海拔 222 米）到打狗山（海拔 356 米），有二十多里。从楠梓区向北到冈山镇，还有一些小山，从大冈山到打鼓山的正是五十里低山。《凤山县采访册》乙部《诸山》载，凤山县山分内外两支，生番地区为内山，外山分三支，“其西北沿海南下一带为右支”，[1]元军首先看到的五十里低山应该是高雄市西北的这列低山。

有些学者怀疑《元史》的真实性，其实从澎湖岛南端到高雄市西北部能够看到山的地方，只有不到 100 公里，半天完全可以到达。元朝水军曾经出征日本和爪哇，元朝船只能够航行到霍尔木兹海峡，[2]所以完全有此能力。《凤山县志》卷一《山川》载：“大冈山与小冈山相联，无甚高。内地来台，舟过澎湖东吉，即见此山。”[3]这也说明元军到达高雄市附近，看到的五十里低山就是大冈山到打鼓山的那一列山。

所以元军出征台湾岛的起航地汀路尾澳在今澎湖岛最南面的山水村海湾，古名猪母落水，元军向东南到达今高雄市区附近。

二、元末流求海战

元程端礼（1271～1345 年）的《故中奉大夫浙东道宣慰都元帅兼蕲县翼上万户府达鲁花赤完者笃公行状》载：

> （后至元庚辰）时海寇复乘隙猖獗，粮艘多被杀，间有脱归者言贼闻小万户来归，莫不相顾失色，祷诸神愿无与遇，常觇公出处，为之聚散也。主漕万户和斯嘉议闻之，惊叹不已，遂状申于省部，公还具舟楫，利兵戈，整部伍，戒严海上，遇渠魁周麻千等于韭山之南，大纵追逐，亲饲舻卒饭，使破浪疾进。

[1] （清）卢德嘉：《凤山县采访册》，《台湾文献史料丛刊》第 36 册，台北：大通书局，1984 年，第 32 页。

[2] 陈高华：《元代的航海世家澉浦杨氏》，载《元代研究新论》，上海：上海社会科学院出版社，2005 年。

[3] （清）陈文达、李钦文：康熙《凤山县志》，《台湾文献史料丛刊》第 30 册，台北：大通书局，1984 年，第 6 页。

几至舟覆身溺者屡，直抵流求国界，及之，遂全获。初浮筏下令曰：凡胁从者归吾筏！归者若干，皆释其罪，凡所有金珠楮币之物，戒之曰：此不利之货，勿取之，悉沉于海。[1]

完者笃(1299～1344年)在后至元六年(1380年)率军从今浙江省象山县的韭山南部追赶海盗，一直到达流求海域，很可能也是台湾海域，而非琉球群岛海域。劫掠漕粮的海盗不太可能经常往来于琉球群岛，所以其南逃路线最有可能是沿着浙闽海岸。这里的流求仍然沿用隋代的意义，指今台湾岛。

杨维桢(1296～1370年)《怡云山房记》载："儋崖之人，以储芋生熟识周岁。流求之人，以月生死识晦朔。取于物者，粗尔。"[2]流求人只用月相为历来的说法自《隋书》，说明元朝中期的江南人对流求社会的认识没有更多进展。

元朝郑东《送驸马西山公》诗云："二年市官留小州，政宽坐致东南酋，三韩毛人及琉球，行縢在股宝络头，长风万里驱大艘，象犀珠贝充海陬，贡之府库常汗牛。"[3]元朝汪克宽(1301～1372)《吴山赋》云："异珍辐辏以咸萃兮，委南金而象齿。大府屹立于雄藩兮，甍栋翚飞而丽美。台星耿耿而旁烛兮，阇婆流球会同而至止。"[4]这两则记载说明流求人的船只曾到达江南，但因都是文学作品，所以大可怀疑。毛人是日本的原住民阿伊努人，当然不可能有毛人商船到中国。因为前人多用毛人、流求(琉球)泛指海外诸国。韩愈《送郑尚书序》说广州："其海外杂国，若耽浮罗、流求、毛人、夷亶之州，林邑、扶南、真腊、干陀利之属，东南际天以万数，或时候风潮朝贡。"[5]北宋徐兢《宣和奉使高丽图经》卷三《封境》说高丽："又与日本、琉球、聃罗、黑水、毛人等国犬牙相制。"[6]元方回《平爪哇露布》载："毛人、琉球以万数，莫不震惊垂白，咸云汗青未有此。"[7]毛人、流求(琉球)似乎已经成为一个文学词汇，不一定是实指。

毛人、流求(琉球)泛指海东诸岛，在地图上也有反映。北宋《历代地理指掌图》的《古今华夷区域总要图》东南角，从北向南依次是：倭奴、毛人、流求、虾夷(图三,1)；[8]志磐《佛祖统纪》中的《东震旦地理图》东南角，从北向南依次有：扶桑、日本、虾夷、流求四岛(图三,2)。[9] 其实虾夷人就是毛人，或在流求南，

[1] (元)程端礼：《畏斋集》卷六，《影印文渊阁四库全书》第1199册。原文作达噜噶齐谔勒哲图公，这是弘历恶意篡改古书，今改为达鲁花赤完者笃；(清)方浚师著，盛冬铃点校：《蕉轩随录》，北京：中华书局，1995年，卷一二泰定帝即位诏书把完者笃改为谔勒哲图。和斯嘉的原文，待考。

[2] (元)杨维桢：《东维子文集》卷十八，《影印文渊阁四库全书》第1221册，第566页。

[3] (元)顾瑛撰，扬镰等整理：《草堂雅集》卷十，北京：中华书局，2008年，第813页。

[4] (元)汪克宽：《环谷集》卷一，《影印文渊阁四库全书》第1220册，第658页。

[5] (唐)韩愈撰，马其昶校注，马茂元整理：《韩昌黎文集》卷四，上海：上海古籍出版社，1987年，第284页。此本仍误干陀利为于陀利，未校出。

[6] (宋)徐兢：《宣和奉使高丽图经》，《影印文渊阁四库全书》第593册，第821页。

[7] (元)方回：《桐江集》卷五，《续修四库全书》第1322册，第446页。

[8] (宋)税安礼：《历代地理指掌图》，《续修四库全书》第585册，第473页。

[9] (宋)志磐：《佛祖统纪》卷三十二，《续修四库全书》第1287册，第423页。

或在流求北，说明古人并不清楚真实的地理情况。有学者根据上述地图，认为唐宋时期的中国人把冲绳岛称为毛人国，[1]其实这种理解是错误的。即使现代的冲绳人可能有阿伊努人的血统，但是日本人也是如此，现代冲绳人并不突出。中国古代喜欢把史书中的地名标在地图上，造成古今不分。所以唐宋地区的东海中还有扶桑，我们不能说唐宋时期真有一个独立的扶桑岛国。所以我们也不能说唐宋地图上的毛人就是当时人的认识，不能说当时人把冲绳岛称为毛人国。

恐怕正是因为在唐宋时期的毛人、流求泛指海东诸岛，所以明初的人不加深考，把本来指台湾岛的流求（琉球）强加在今天的琉球群岛上，于是台湾只能屈身于小琉球名下了。

1《古今华夷区域总要图》

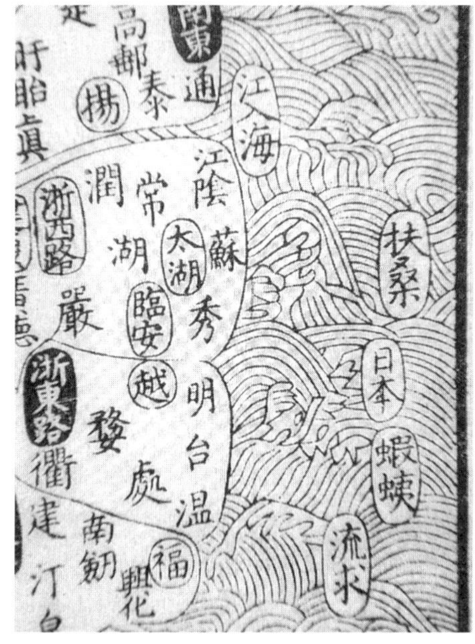

2《东震旦地理图》

图三　中国古地图中的毛人、流球

三、《岛夷志略》中的台湾山名考

《岛夷志略》“琉球”载：

> 地势盘穹，林木合抱。山曰翠麓，曰重曼，曰斧头，曰大崎。其峙山极高峻，自彭湖望之甚近。余登此山则观海潮之消长，夜半则望旸谷之日出，红光烛天，山顶为之俱明。土润田沃，宜稼穑。气候渐暖，俗与彭湖差异……

[1] 徐晓望：《台湾：流求之名的失落——关于琉球与台湾历史的一种假说》，载《台湾历史上的移民与社会研究》，北京：九州出版社，2011 年，第 5 页。

地产沙金、黄豆、黍子、硫黄、黄蜡、鹿、豹、麂皮。贸易之货，用土珠、玛瑙、金珠、粗碗、处州磁器之属。海外诸国盖由此始。[1]

"琉球"的下一条是"三岛"，开头就说："居大崎山之东，屿分鼎峙"，"三岛"即今菲律宾。汪大渊从泉州出航，经过澎湖，到达台湾，所以他说海外诸国从这里开始，然后向南到达菲律宾。因为从台湾向东南航行，说在大崎山之东，其实应是南方。因为台湾岛是中国与菲律宾的往来要道，所以元军出征此处随行的三屿人陈辉，应是在菲律宾的福建人。很可能是因为中国人和三屿人来往于此，所以商人特别支持元军征服此地。明代福建海商、海盗以台湾为基地，其基础正是在宋元时期奠定的。

大崎山既然在最靠近菲律宾的地方，应即台湾最南端的鹅銮鼻。《恒春县志》卷十五《山川》载："鹅銮鼻，旧名沙马崎。"[2]此名在明代就有，《顺风相送》中出现沙马头三次，沙马歧头两次，《指南正法》有沙马岐头四次，其中两次是沙马岐头门。向达先生认为沙马崎头即沙马头，但误以为是猫鼻头。他又误把《往汶来山形水势》的沙岐头尾当成台湾岛的沙马崎头，[3]其实这是吕宋往文莱的航路，不可能经过台湾，这里的沙崎头尾在巴拉望岛南部。沙马崎头也不是恒春半岛西南角的猫鼻头，而是东南角的鹅銮鼻，因为《指南正法》的《东洋山形水势》云：

琉球仔生开津屿，有椰树，有番住，及郎娇大山，前流水过，西北转湾，湾内有天古石礁牌，有十里之地，下东大低尾即崎尾山尾崎头尾，到只有五更，门中流水东北甚紧，远看三个近看一个，东边有一小屿西东小。[4]

这里的琉球仔是今屏东县的小琉球岛，郎娇大山即恒春半岛的高山地区。恒春镇的前身是原住民琅峤社，光绪元年(1875 年)设恒春县。船到猫鼻头，转进西北的海湾，即台湾最南部的南湾，"天古石"是"老古石"之讹，"老古石"是闽南船民对礁石的称呼。向东的低山即沙马崎头，本文的"崎尾山尾崎头尾"或是抄本有误。门中流水东北甚急，指的是台湾岛东部的黑潮，沙马崎头门是巴士海峡。所以"崎尾山尾崎头尾"原文应包括兰屿(红头屿)，五更正是鹅銮鼻到兰屿的路程。《台海使槎录》卷七载："红头屿番在南路山后，由沙马矶放洋，东行二更至鸡心屿，又二更至红头屿。"[5]远看三个指的是兰屿西部的三个山峰，东部一

[1] (元)汪大渊著，苏继庼校释：《岛夷志略校注》，第 16～17 页。
[2] (清)屠继善：《恒春县志》，《台湾文献史料丛刊》第 8 册，台北：大通书局，1984 年，第 253 页。
[3] 向达整理：《两种海道针经》，第 229 页。
[4] 向达整理：《两种海道针经》，第 138 页。
[5] (清)黄叔璥：《台海使槎录》，《台湾文献史料丛刊》第 21 册，台北：大通书局，1984 年，第 160 页。

个小屿是其东南的小兰屿。《顺风相送》、《指南正法》的红豆屿和红头屿都不是兰屿(红头屿),而在菲律宾北部,向达先生误以为是今红头屿,本文不再展开。

康熙《凤山县志》卷首《山川图》把沙马矶山画在瑯峤山西南,使人误以为是猫鼻头。[1] 其实卷一《山川》说瑯峤山:"山高而险,下有番社,又南,而巃嵸磅礴,直抵于波涛之中者,则为沙马矶头山。吕宋往来之船,以此山为指南。"[2] 卷十《古迹》载:"仙人山,山在沙马矶头,其顶常带云,非天朗气清不得见也。"[3]恒春半岛西南平坦,东南多山,所以沙马崎头一定是鹅銮鼻。

沙马应即沙漠,漠的古音是 mak。澎湖县望安乡将军澳屿西南角有一个砂莫时,应即沙漠屿。鹅銮鼻一带海岸多沙,南有白沙鼻,西有砂岛,东有风吹沙景观。

藤田丰八认为大崎即打狗,苏继庼认为即高雄的打狗山(打鼓山)。大概是觉得大崎和打狗音近,但是"崎"的闽南语是[kia],和"打狗"的发音有别,而且荷兰人把这个原住民地名写作 Tancoya 或 Tankouija,最后的 a 被闽南人翻译为"仔"[a],即"打狗仔"。《指南正法》的《泉州往邦仔系兰山形水势》载:"澎湖山,巽巳七更取虎头山,即打狗仔。虎头山,沿山使,十更取沙马岐头山。"[4]这里的"打狗仔"即打鼓山。

藤田丰八认为下一句的"其崎山"三字是大崎山的形讹,苏继庼不同意。他认为既然在澎湖能看到,则应是嘉义县的玉山。但是苏说显然有误,因为清末尚未完全开辟的台湾中部高山,汪大渊在元代时不可能登上。而且玉山不在海边,看不到海潮。汪大渊说澎湖望见很近,指的是台湾岛。其实藤田丰八之说也可再商,原文可能是其崎山,也可能是峙。崎、峙形近,《郑和航海图》就把宁波东部的峙头山写成崎头,[5]崎头是古名,后世误写为峙头山。

汪大渊在大崎山(鹅銮鼻)看到的海潮很可能是汹涌的黑潮,看到的半夜日出,不可能是真的日出,因为只有极圈之内才有半夜日出。朱仕玠《小琉球漫志》卷六《日出》载:

> 台地东负崇山,日月所出甚迟,与内地无少异。昔人云:"海岸夜深常见日。"其地东临海,乃有此景,台地则无也。[6]

台湾中东部是山,所以不可能半夜看到日出。汪大渊半夜看到的日出可能是火山。台湾南部有一些泥火山,高雄市北部的漯底山、滚水坪,屏东县的鲤鱼

[1] 黄清琦:《台湾舆图暨解说图研究》,台北:台湾历史博物馆,2010 年,第 73 页。
[2] (清)陈文达、李钦文:康熙《凤山县志》,第 7 页。
[3] (清)陈文达、李钦文:康熙《凤山县志》,第 164 页。
[4] 向达整理:《两种海道针经》,第 160 页。
[5] 周运中:《论〈武备志〉和〈南枢志〉的〈郑和航海图〉》,《中国历史地理论丛》2007 年第 2 期。
[6] (清)朱仕玠:《小琉球漫志》,《台湾文献丛刊》第 8 册,台北:大通书局,1984 年,第 61 页。

山比较突出。[1] 康熙《凤山县志》卷十《古迹》载：

火焰山，港西里赤山之顶，不时山裂涌泥，而火焰随之，有火无烟。[2]

《台海使槎录》卷四《纪异》载：

壬寅七月十一日，凤山县赤山裂，长八丈，阔四丈，涌出黑泥。至次日夜间，出火光高丈余，热气炙人，多不敢近，有疑出磺者。参将陈伦炯报称赤山上一崘颇平，东南二百余步临冷水坑，纵横百三十步。土人称自红毛、伪郑及入版图后，递年出火，或两昼夜，或竟日，夜止。今自申至丑，焰较昔年稍低。[3]

从明末到壬寅年(1722 年)，赤山(今凤山区赤山)经常爆发，半夜能看到火焰。各地火山的活动周期不同，《凤山县采访册》乙部《诸山》载，火光山在县北三十六里观音里，大滚水山在县北三十八里观音里，大滚水山就是一处泥火山，曾经喷火。《恒春县志》卷十五《山川》载：

出火山，在县城东五里……路岸穴孔如碗，火即出，无烟而焰，焰高尺余，阴霾天可见。投以草木，则烈而烬。火移徙无定处，然相去不远耳……据采访录，近年火少见。[4]

所以汪大渊在恒春半岛山上看到的半夜山顶火光，就是今天恒春半岛的出火奇观。“沙马崎头”的“崎头”肯定是汉语，“沙马”可能是汉语，指鹅銮鼻附近的山丘。“沙马崎头”也可能是原住民地名，恒春镇东南沿海有大山母山，“山母”在原住民的发音近“沙马”。

有学者认为汪大渊列举的沙金、硫黄是台湾北部所产，台湾西部不能看的东方海中的日出，台湾中部有高山阻隔视线，所以汪大渊到的是台湾北部。[5] 但实际上台湾东部产沙金最多，南宋赵汝适的《诸蕃志》说流求产土金，元朝汪大渊的《岛夷志略》说流求产沙金。1636 年 4 月 21 日为荷兰人服务的中国人 Lampack 从琅峤回到新港，报告说琅峤的敌人产沙金，是从河里捞出来的。[6] 据今天的学者研究，从宜兰到台东的沿海平原都是沙金产地，特别是南澳溪、大浊水溪、立雾溪河口平原等地。花莲县新城镇就是因为淘金兴起的。[7]

---

[1] 陈正祥:《台湾地志》，台北:南天书局，1993 年，第 857 页。
[2] (清)陈文达、李钦文:康熙《凤山县志》，第 163 页。
[3] (清)黄叔璥:《台海使槎录》，第 78 页。
[4] (清)屠继善:《恒春县志》，第 252 页。
[5] 盛清沂主编:《台湾省开辟资料汇编》，台北:台湾省文献委员会，1972 年，第 97 页。
[6] 江树生译注:《热兰遮城日志》，台南市政府，1999 年，第 232 页。
[7] 余炳盛、方建能:《台湾的金矿》，台北:远足文化事业股份有限公司，2003 年，第 176 页。

翠麓、重曼、斧头在大崎之前，则这三个山在其北。但是汪大渊从澎湖群岛来，所以这三个山不会太北，应该在南台湾。

藤田丰八认为"斧头"是《东西洋考》的"虎头"，在安平附近。苏继顾认为斧头是一鲲身的沙丘。张燮《东西洋考》卷九《舟师考》说彭湖屿："用丙巳针，五更，取虎头山。虎头山，用丙巳，七更，取沙马头澳。"[1]沙马头澳南湾，《两种海道针经》的相关记载如下：

1.《顺风相送》的《太武往吕宋》："(彭湖山)巳丙五更见虎仔山，单丙及巳丙六更，取沙马歧头。"

2.《顺风相送》的《泉州往彭家施阑》："(彭湖)丙午七更取虎尾山，沿山五更取沙马头。"

3.《指南正法》的《双口针路》："(澎湖)丙巳针七更取虎头山，单丙六更取沙马岐头门。"

4.《指南正法》的《泉州往邦仔系兰山形水势》："澎湖山，巽巳七更取虎头山，即打狗仔。虎头山，沿山使，十更取沙马岐头山。"

5.《指南正法》的《浯屿往双口针》："(澎湖)用丙巳五更取虎仔山，用单丙及丙巳六更取沙马岐头。"

虎头、虎尾、虎仔都是一山，到澎湖的距离三处是七更，两处是五更，到沙马崎头的距离有五更、六更、十更三说。虎头山是澎湖和沙马崎头之间的重要地点，其实就是高雄市区西部的打鼓山，原名打狗山。虎头山是通用地名，台湾岛上就有很多虎头山。此山可能是因为形似虎而得名，东南低平，最南部狭长，形似虎尾。

打狗山南部隔高雄港有旗后山，高 50 米，长 200 米，其实是一块巨大的石灰岩。高雄市的前身旗后村，即崎后，这个崎是今旗后山，崎后村在崎之后得名，但是后来居然把这块崎叫旗后山了。1629 年荷兰人测绘的台南附近地图，在内陆示意性地画出一条山脉，最南是 de hoeck van Tancoeij，即打狗角，这里的打狗角是打狗山。另有两幅 17 世纪荷兰人的台湾地图，一幅把 Tankouija 画在 Apen Bertht(猴山)南面，一幅把 Tankoij 画在 Apen bergh(猴山)北面。猴山因为多台湾猕猴得名，曹永和先生认为是寿山(打鼓山)。[2] 前一幅地图有误，因为 1639 年 9 月 28 日的荷兰人的勘测报告很详细，说明猴山就是旗后山。[3] 虎头山可能和猴山无关，闽南语中"猴"的文读音近"虎"，都是[hɔ]，声调不同，而且一般用"猴"的白读[kau]，所以不太可能是从猴山变成虎山。

斧头北面的重曼山，藤田丰八认为是沙马头澳，此说不准确。"重"的闽南语有三种读音：[ting]、[tang]、[tiɔŋ]，最常用的是[tiɔŋ]，"曼"的读音是[ban]。重曼其实是台南市的一个原住民部族 Teopan。1628 年 12 月 27 日荷兰牧师甘迪

[1] (明)张燮：《东西洋考》，北京：中华书局，1981 年，第 182 页。
[2] 曹永和：《台湾早期历史研究》，第 336、345、358 页。
[3] 江树生译注：《热兰遮城日志》，第 453 页。

留斯的记录说，荷兰人熟悉的 8 个部落依次是：新港（Sincan）、麻豆（Mattau）、萧垅（Soulang）、目加溜湾（Backeloan）、大目降（Tafalan）、知母义（Tifalukan）、大唪（Teopang）、大武垅（Tefurang）。译注说前五个部落分别在今新市区、麻豆镇、佳里区、安定区、新化区，知母义和大唪也在新市区附近，大武垅在社头与东山一带，但是图版原注说在善化（图四）。1626 年 11 月 15 日司令维特给总督的信里说，新港社控制的三个小部落 Teopan、Tatepoan、Tibolegan 联合新港人突袭麻豆人和目加溜湾。1625 年 2 月 19 日长官宋克给总督的信里说，附近部落有麻豆、萧垅、目加溜湾、新港、Tomeete、Thomolokang，Teopang，[1] Teopan 无疑是 Teopang。今新化区西部有唪口里，疑即大唪社原地。新化区东南的知义里是知母义社原地，大唪、知母义和大目降音近，都和大目降有派生关系，据说知母义是从大目降分出来的。"社头"是大内区的"头社"之误，大武垅社在新港东北。[2] Thomolokang 疑即 Tibolegan、Tifalukan，音近大目降，所以此处应译为"大目降"。新港北有大武垅、目加溜湾，南有大目降，其西临海，原来是个港湾，即所谓的台江内海。台南市区的前身赤嵌（Saccam）就是荷兰人 1625 年 1 月 20 日从新港社买来的土地。"重曼"即 Teopan 的汉译名，重曼山是台南市东部诸山，因为 Teopan 在新港西南沿海，所以汪大渊用此名来称呼台南市东部山区。

图四　台南地区原住民村社地图

[1] [荷]包乐史、Natalie Everts、Evenlien Frech 编，林伟盛译：《邂逅福尔摩沙：台湾原住民社会纪实：荷兰档案摘要》第 1 册，台北：顺益台湾原住民博物馆，2010 年，第 25、34、62 页。

[2] 刘还月：《南瀛平埔志》，台南县文化局，1994 年，第 26、117 页。

翠麓，苏继庼认为是诸罗，即今嘉义县的前身，理由是诸罗原名是 Tirussen 或 Thilocen，厦门话是 Tsulosan。即使厦门话可通，但是诸罗县治在内陆，嘉义县沿海无山，所以此说不确。《小琉球漫志》卷七《海东胜语》载：

> 台地西临大海，台湾县逼海无余地，凤山县去海一里许，惟诸罗、彰化去海稍远。人称诸罗县治曰诸罗山，欲指一山以实之，无有也。附郭番社曰诸罗山社，盖设县时见诸山罗列，适与相称，故县亦仍番社之名。[1]

这里说诸罗县在内陆，县治也无山。但是"诸罗山"的"山"不是汉语，是原住民部落的汉译名，所以诸山罗列是后人的附会名。台南市北部的佳里区，原为原住民的萧垅社，荷兰人记为 soulang。闽南语翠麓为 tsuei lok，音近 soulang。翠麓山是萧垅社(佳里区)东北的山丘，萧垅社当时近海。早期荷兰人的地图经常画出两条较大的河口，一条是新港溪，一条是萧垅溪。汪大渊一行也是通过这两个河口得知翠麓、重曼两片山区的。

谭其骧主编的《中国历史地图集》元朝部分把大崎画在台南市东部，又把重曼画在恒春附近。[2] 由于该书没有文字说明，也就不知道其考订过程，但是这两处地名显然有误。该地图集的明代部分又把沙马崎头及沙尾崎头误标在猫鼻头，而非鹅銮鼻。[3]

杜正胜认为汪大渊记载的四个台湾山名没有原住民语音的痕迹，因此汪大渊可能没有接触过台湾原住民。[4] 笔者认为杜正胜没有详细研究过汪大渊的《岛夷志略》，他的观点不能成立。如果要说这四个山名都是汉语，那么无法解释重曼的意思。而且海外地名即使能用汉语解释，我们也不能说其就是源自汉语。

[1] (清)朱仕玠:《小琉球漫志》，第 73 页。
[2] 谭其骧主编《中国历史地图集》第七册，北京：中国地图出版社，1982 年，第 27～28 页。
[3] 谭其骧主编《中国历史地图集》第七册，第 27～28 页。
[4] 杜正胜:《揭开鸿蒙：关于台湾古代史的一些思考》，载《福尔摩沙：十七世纪的台湾、荷兰与东亚》，台北故宫博物院，2003 年，第 137～138 页。

A New Research on Taiwan History of the Yuan Dynasty

Abstract: This article made a new research about the route of expidition for Taiwan by the early Yuan Dynasty, and pointed out that the Yuan army had arrived in the neary of Gaoxiong, by reason of Ting Lu Wei Ao, the residence of the Yuan army in Penghu island, was Zhu Mu Luo Shui Ao. The author dug out the history that the later Yuan army chased the pirate far to the boundary of Liuqiu country, now the ocean of Taiwan. The article made a new studty on the four mountains, recorded in *Dao Yi Zhi Lue* written by the maritime merchant Wang Dayuan, and fingered out that they were respectively now Tainan, Gaoxiong, and here about of E luan Bi.

Keywords: Taiwan, Yuan Dynasty, Ting Lu Wei Ao, *Dao Yi Zhi Lue*

中国海权思考:马汉《海权论》*的局限与当代海权观

陆儒德**

当今,海洋已经成为各国激烈争夺的领域。一是海洋的地位空前提高,海洋不仅是世界贸易的"生命线",而且海洋本身就是丰富的资源宝藏,也决定着国家发展的前程和可持续发展。二是《联合国海洋法公约》重新划分了世界海洋,制定了新的海洋法律制度,导致"国家间的不平衡增加了而不是减少了,它产生了大量的边界争端,为解决这些争端,已经花费了很高的代价"。[1]

目前海洋边界争端和岛屿争夺,已经成为世界性的海洋主权争端的热点。中国从南到北面临着一系列的岛屿和海域争端。海洋问题涉及面广,牵一发而动全身。在这样复杂的海洋形势下,不少人都谈到了"海权"。但"海权"是一个十分敏感而复杂的国际学术问题,它又是一个一定历史条件下的产物。拿马汉时代的《海权论》套用现代海洋形势,建立马汉式的"海权"主张是不恰当的,我们必须正视这个问题。

一、马汉的《海权论》及其核心思想

讲到海权,必然要提到马汉。马汉被西方称为"海权鼻祖"、"美国海军之父"、"历史学的哥白尼"。他的《海权论》风靡全球,被誉为"海军圣经",是"影响人类进程的十六部经典之一"。[2]

马汉的"海权"(see power),究竟是指"海上力量"还是"海上权利"(sea right)?其实海权的含义并不复杂,就是指"海上力量"(sea power)。当马汉的《海权论》出现后,西方评价极高,认为马汉的《海权论》是海洋"圣典",将马汉比喻为"历史学的哥白尼",[3]认为马汉影响着海洋的一切,他的《海权论》就是真理。

---

* 泛指马汉的论著文集及其思想体系。

** 作者简介:陆儒德,男,上海人,大连舰艇学院教授,研究方向为海军战略和海军军事思想。

[1] [加]E. M. 鲍基斯:《海洋管理与联合国》,北京:海洋出版社,1996 年,第 17 页。

[2] [美]马汉:《海权论》,北京:中国言实出版社,1997 年,封底。

[3] [美]罗伯特·西格:《马汉》,北京:解放军出版社 1989 年,第 294 页。

马汉的《海权论》是影响人类进步的十六部经典著作之一，这是国际上较多人的见解。其中对马汉最为推崇的是美国总统西奥多·罗斯福。西奥多·罗斯福本身就是海洋专家，曾长时间在海军中服役，也写过关于海军的论著，所以他对海军很理解。“共同的患难、共同的事业、共同的志向（编者注：使他们）结下了终生友谊。”[1]罗斯福对马汉的理论有很深的理解。罗斯福对马汉著作的评价是“我所知道的这类著作当中讲得最透彻、最有教益的经典大作。”他认为马汉写了一部“有关美国历史最好的、最重要也最有趣的著作”。[2] 罗斯福当上美国总统后，就将马汉的理论带入了白宫，并且按照这个理论去实践，创建了一个现代化的美国，体现了理论的力量。亚当斯称：“罗斯福属于‘纯粹实践’的人物，而马汉则是属于‘纯粹理论’的人物。”[3]所以，可以把罗斯福和马汉比喻为“共生效应”。他们两人，一个提出理论，而另一个将其实现，将《海权论》推向了巅峰，产生了巨大的理论威力，推动美国走向海洋，并最终影响了整个世界的进程。

西方主张并推行海洋扩张的统治者，不只是罗斯福，英国女王对马汉的《海权论》也非常推崇。英国人赞扬《海权论》，“从头到尾是对英国勇气、英国忍耐力、英国技巧和英国力量的一番辉煌颂扬”。他们称马汉为“英国海军的美国老师”，教育英国人民“如何为控制海权进行不屈不挠的战斗，又如何通过对海权的控制而首先为伟大帝国奠定了基础”。[4] 当马汉率领“芝加哥”号巡洋舰抵达英国时，维多利亚女王破例以国宴来款待马汉舰长，后来还在白金汉宫单独宴请了马汉，对他的著作大加赞美。

德皇威廉二世也很欣赏马汉的理论，他说：“我不是在阅读，而是在吞噬马汉的著作，努力把它消化、吸收，牢记心中。”[5]“这本书应作为德国海军每个舰船所必备的座右铭。”这是对于马汉又一个至高的赞扬。当时的日本天皇和皇太子对《海权论》也推崇备至，命令将其分发到学校系统、政府领导人和海军军官团之中。《陆军与海军公报》称：“在赞颂英国在东方的文明工作方面，没有一个英国侵略主义者能够超越马汉。”

从上面几个例子可以看出，称赞马汉的人物都是狂热的海洋扩张主义者。马汉的理论跟这批人的思想相吻合，于是推动了这些国家扩张海军，将殖民地扩展到全世界的活动。所以说马汉是适应了 19 世纪末 20 世纪初的海洋扩张潮流，成为美国海洋扩张进程的推动者。这是他的成功之处，也给历史做出了重要贡献。

但马汉绝不是海洋真理的缔造者，《海权论》也不是海洋“圣典”，它只是在特定时代、特定国家的历史产物。随着时间推移，《海权论》与海洋形势发展渐行渐远。因此，重塑全球化时代的海权观，既是海洋学术问题，更是当代各国面临的战略新思维。

---

[1] 王荣生：《海权论的鼻祖—马汉》，北京：军事科学出版社，2000 年，第 93 页。
[2] 王荣生：《海权论的鼻祖—马汉》，第 104 页。
[3] 王荣生：《海权论的鼻祖—马汉》，第 249 页。
[4] 王荣生：《海权论的鼻祖—马汉》，第 106 页。
[5] [美]罗伯特·西格：《马汉》，第 205 页。

马汉一生写有很多著作,但以《海权对历史的影响》、《海权对法国革命和帝国的响应》、《1812年战争与美国海权的关系》的"海权三部曲"为代表。其中传播最广、影响最深的是《海权对历史的影响》。《海权对历史的影响》最受关注的是标题为《海上力量诸因素》的那部分,只占全书的1/6。[1] 这是马汉在美国南北战争结束后,为美国开出的一个称霸海洋的有效"药方"。其中马汉讲述的"影响海权发展的六个因素"分别是:1.国家的地理位置;2.国家的自然形态构成;3.国家的领土范围;4.国家的人口数量;5.国家的民族性格;6.国家的政府特性。[2] 这六个因素当中最后面两个是最关键的。一是强调民族的海洋意识,要有称霸海洋的决心;二是强调政府应采取的果断行动。概言之,就是民族的海洋意识与国家的海洋政策。

"海权"——Sea power,直译就是"海上力量",是一个中性的词组。一个海洋国家必须要有海上力量,并依靠海洋力量达到国家正当利益的最大化,这就是"海权"。问题是这个力量要如何使用。马汉对这个问题的解释是,海权即"国家对海洋的利用和控制"。[3] "它涉及了有益于使一个民族依靠海洋或利用海洋强大起来的所有事情"。[4] 如何使用海上力量,一句话,控制海洋,控制就有了一切。他揭示了"海洋—海军—国家战略目标"三者之间的关系。马汉要"唤醒美国人以海权称霸世界",告诫政府,"美国拥有成为全球性海洋强国所需要的一切历史因素,美国政府只需要提供领导、意志和能力,就能实现其使命",只要"目光坚定,方向明确,最为光彩夺目的成功就会接踵而至"[5],并最终实现称霸世界的目标。所以"海权"并没有那么复杂。马汉的基本点不是讲什么是"海权",而是讲怎样去使用"海权"。

马汉《海权论》的核心思想:"以海权称霸世界";战略:推行海洋扩张;手段:战争决定一切;工具:拥有大炮巨舰的舰队。所以马汉的观点集中起来就是:"利用强大舰队,通过战争手段,达到称霸海洋的战略目标。"这是马汉思想的精髓,它已经远远超越了"海权"的本意了。因此,我认为应将"Sea power"还原为"海上力量",而不应该翻译、理解为"海权"。这同我国当前反对霸权、和平崛起的相吻合,也可消弭炒作"中国海军威胁论"的借口。

二、马汉《海权论》推动了美国的历史进程

中国有好几本探讨马汉海权论的书,但真正深入研究《海权论》的却不多。我们往往以海权来谈论海权,用马汉来解释马汉,这样是走不出文字窠臼的。研

[1] [美]罗伯特·西格:《马汉》,第195页。
[2] [美]马汉:《海权论》,第29页 。
[3] 王荣生:《海权论的鼻祖—马汉》,第99页。
[4] 张炜、郑宏:《影响历史的海权论》,北京:军事科学出版社,2000年,第36页。
[5] [美]马汉:《海权论》,第59页。

究历史人物首先要讲历史过程，他在这个历史进程中起到过什么作用。所以我们研究马汉，不能脱离历史进程。

三百多年的资本主义发展史，就是一部“海上争霸”的历史。以世界大航海为契机，进行了第一次世界大分割，首先走向海洋的国家对“无主”的土地进行疯狂的“先占”，在全球范围内进行殖民扩张。19 世纪后，以工业革命形成的商品市场为特征，新兴国家推动了重新瓜分势力范围的第二次世界大分割。马汉适应海洋扩张的世界潮流，提出《海权论》，充分发挥了理论的力量。当美国南北战争结束后，传统的“孤立主义”制约着美国的对外发展，在“先内”或“扩张”上徘徊不前，甚至将已经占有世界领先地位的、拥有 700 艘战舰的海军，紧缩至 52 艘军舰的规模，英国人轻蔑地将其称为“鬼魔舰队”。[1] 马汉敏锐地洞察到了时局变化，提出了《海权论》，推动了美国发展的历史进程，为西方文明的发展推波助澜。马汉赢得了“带领美国海军进入 20 世纪的先见之明的天才”的美誉。

马汉极力推行海洋扩张，他说：“我们的前线面向两个大洋，面向历史悠久的东方世界和西方世界。美国应该从梦中醒来，意识到与未来密切的相关利益。”[2]必须开通、占领巴拿马运河，占领夏威夷、菲律宾，以遏制中国、日本的“黄祸”。1900 年，总统麦金莱、副总统罗斯福将《海权论》、《亚洲问题》带进了白宫。《海权论》强烈刺激了西方国家的海洋扩张欲望，激起了欧洲海军在 19 世纪的强烈复苏，对欧洲的造舰狂潮起到了推波助澜的作用。马汉《海权论》推动了美国称霸海洋的进程，使其在西方文明发展中确立了重要的历史地位。

马汉鼓吹“战争决定一切”。马汉认为“战争起源于人类的心灵和狂热，这种狂热通常是崇高的，而不是邪恶的”，“《圣经》和基督教的教义都明显地支持这种‘正义’的战争”。[3] “历史最终证明：国家的强盛、繁荣、庄严和安全是强大的海军从事占领和各种征伐的副产品。”[4]他推崇用武力胁迫中国“门户开放”，认为“在中国贸易开放的每一个进展，都是凭借压力取得的，而最重要的施压手段就是战争”。他赞扬英国对中国的征服，“正是由于征服了‘龙’，才导致英国在那里崛起”。同样，他极力敦促美国政府用武力夺取菲律宾、占有巴拿马运河，构成称霸海洋的大格局。

马汉有着浓厚的强权思想和霸权逻辑，他在“海牙和平会议”上，发出了与国际社会极不和谐的声音。“裁军并不是和平的保证”，“战争是治病的妙方，它比仲裁更公正、更有效”。他坚持“立足于海军对海洋的统治，而不是海洋的自由”。“荷兰人的剑，使讲英语的人们获得了宗教和政治自由。英国人之剑，为正义和道德锻造，给印度和埃及带来自由、法治和秩序。美国人的剑，带着对古巴和菲律宾同样的祝福”。[5] 他极力鼓吹军备竞赛，反对国际仲裁和海洋和平。刊载

[1] 张炜、郑宏：《影响历史的海权论》，第 6 页。
[2] 王荣生：《海权论的鼻祖—马汉》，第 110～111 页。
[3] [美]罗伯特・西格：《马汉》，第 434 页。
[4] [美]罗伯特・西格：《马汉》，第 194 页。
[5] 王荣生：《海权论的鼻祖—马汉》，第 197～198 页。

于《美国论坛月刊》的漫画“山姆大叔出席海牙会议”，把美国代表团的神态刻画的惟妙惟肖，其中马汉肩背《海权论》，怀抱大炮，神情严肃地走进“海牙会议”，与裁军的会议气氛鲜明相悖。

在《海权论》的推动下，美国发动了美西战争，这是列强重新瓜分殖民地的第一次帝国主义战争。美国夺取了西班牙属地古巴、波多黎各和菲律宾，美国的势力范围扩展到了西太平洋，美国海军的排名从世界第12位上升至第4位。

马汉也是“主力舰的首席代理人”，强烈刺激了西方国家海洋扩张的欲望，对19世纪末席卷欧洲的造舰狂潮起到了推波助澜的作用。在19世纪90年代初，已经建成和正在建的战列舰数量，“英国45艘、法国24艘、意大利13艘、俄罗斯和德国11艘、奥地利5艘。欧洲海军被《海权论》所强化，为后来第二次世界大战中舰队海上大决战准备了物质条件。”[1]

马汉的《海权论》承接着前人的实践和理论。马汉曾说：“《海权对历史的影响》无论从学术上看或从思想上看，都不是一部原作，它是别人思想的高度结晶。”而且，马汉接受了罗卢斯将军对他把“海权”绝对化了的批评。[2] 古代的军事家、历史学家地米斯托克利、修昔底德、色诺芬等都曾提出“海军力量足以影响整个战局”等观点，且应用在海战实践中。

三、马汉《海权论》的局限性

马汉学说产生在19世纪的海洋扩张时代，发轫于崛起中的美国，不可避免有它的局限性。随着时代的发展，海权理论应当与时俱进，对现代海权进行探讨，赋予新的内涵。

（一）当代海洋形势的深刻变化

21世纪是“海洋世纪”，由于人们对海洋的觉醒，在国际法层次上，海洋制度发生了重大改变。这是一场静悄悄的革命，正在彻底地改变着人类利用、分享无比丰富的海洋资源的方式，注定将对人类生活和国家交往产生深远的直接影响。其主要表现在以下三方面：

1. 大洋海底资源为“人类的共同继承财产”

《联合国海洋法公约》规定：国际海底资源属于全人类，是“人类的共同继承财产”，任何国家不得对该区域“主张或行使主权和主权权利”，由国际海底管理局“代表全人类”行使开发、管理和利益分配。这是富于革命和创新精神的法律条款，排除了因抢夺占世界海洋面积65%的主体海洋里的海底资源而爆发战争。由此，国际社会承担起共同管理海洋、共享海洋资源的责任，这是旷世未有

[1] 王荣生：《海权论的鼻祖—马汉》，第108页。
[2] 王荣生：《海权论的鼻祖—马汉》，第216页。

的重大变革。

2. 开创了“专属经济区”制度

《联合国海洋法公约》建立了200海里“专属经济区”等新制度，各国的国土向海洋延伸是人类文明进步的表现，有利于扩大各国在海洋上的主权权利和管辖权。但也带来了目前世界性的海洋划界争议，加剧了海洋紧张局面。

3. 岛屿新制度

《联合国海洋法公约》的岛屿制度认为，国家拥有的“岛”，它同陆地一样拥有领海、毗连区、专属经济区和大陆架。就是说，国家便可由岛为中心，拥有其周围43万平方千米的专属经济区；即使拥有一个“礁”，也可以拥有它的领海，即获得1500平方千米的海域。这就是所谓海洋主权的“茶壶盖效应”，就是造成在当前全世界出现的激烈的岛礁主权争夺现象，各国政府奉行“寸海必争，寸岛必夺”政策的根本原因。

（二）马汉及其《海权论》的局限性

1. 马汉的传奇人生与缺陷

马汉的人生充满传奇，也存在缺陷，这影响着他学说的局限性。其局限性主要受制于两个因素：其一，“在哲学上是狭窄的”；其二，“在信仰上是唯心的”。

马汉充满激情地进入美国的安纳波利斯海军学校，在海军服役40多年，长期担任多艘军舰的舰长。但传奇而浪漫的航海经历，并没有使他热爱海军这个荣耀的职业。他是一个杰出的历史学家，但他始终认为：“对海权的认识来自上帝，是上帝的灵感和感召把他引向这项研究，要他进行写作。”[1]他是“海军至上者”，但他“惧怕海洋的心理始终笼罩着他”，十分厌恶海军生活，悔恨自己“错选了职业”，他“唯恐儿子长大后当海军”。他临终嘱咐：“不要为他举行军人葬礼或穿着军装入葬，他将升入天堂。”

他在英国、德国颇受欢迎，但在美国国内并未获得青睐。他为了出书，求助于摩根集团，老摩根只肯给他200美金，令他十分尴尬。后来，罗斯福支持他的《海权论》，其书才得以出版。马汉是海权论的“鼻祖”，但在美国海军界却一直被打压。他当了3年海军军事学院的院长，却始终未能得到正式的委任状，罗斯福为他谋求更高的职位连连受挫。他拒绝过英国皇家海军授予的“海军荣誉少将”军衔，但在美国一直被卡在海军上校军衔，直至他退休10年后，才补升为海军少将，但他至死一直用“马汉上校”来署名。

威尔逊总统接替罗斯福后，便宣告了马汉时代的结束。总统专门针对他下达“新闻禁令”，马汉的任何文章必须由海军部进行新闻检查，经新闻部长亲自审阅后方可发表。总统的禁令，等于剥夺了他的战斗武器，马汉为之震怒，也加速了他的死亡。马汉笃信是上帝派他来拯救人类，但他终身推销殖民扩张，主张征服和血腥杀戮。相悖的理念及结果，令他晚年愈加感受到灵魂的折磨。他写的

[1] 王荣生：《海权论的鼻祖—马汉》，第415页。

最后一篇文章，便是死前给《教徒》杂志的《对祈祷书的修订》，以忏悔来解脱内心的折磨。

随着时代的变迁，海洋形势的巨大变化，马汉《海权论》的局限愈加明显。

2. 海洋价值观的局限

马汉受制于19世纪的海洋知识，对海洋价值的理解十分肤浅。他认为："海洋就其本身并无什么产出。但作为主要的商业通道和交易场所，它拥有独一无二的价值。"[1]马汉只认识到海洋是推行扩张的一个"通道"。对海洋本身的价值及当今世界奉行的"寸海必争"、"每礁必夺"的海洋政治和军事战略，以及《联合国海洋法公约》把"便利国际交通和促进海洋和平用途"作为建立海洋新秩序的重要内容，他是无法理解和进行"预言"的。

3. "用战争实现扩张"的观念已过时

《联合国海洋法公约》的"和平使用海洋"和对国家管辖海域的重新划分，宣告马汉以武力瓜分海洋的时代已经结束。他极力鼓吹的"战列舰决战制胜"的信条早已被军界所抛弃。西方评论认为："海军主义者也许是过分夸大了少数西欧国家在一个十分有限的历史时期曾经有过而在以后可能不再出现的独一无二的经验。""用简单的征服的方法夺取领土的时代已经过去了，因而海权的某些好处也随之消失了。海权的一般作用随着形势的自然发展，正从故意拔高的顶峰降了下来"。[2]

4. 海军功能认识的局限

马汉是一个彻头彻尾的海军主义者，他鼓吹用主力舰的海上决战来决定胜负，嘲笑用舰炮轰击陆地是"海军最低级的任务"。当今，美国奉行"前沿存在，由海向陆"战略，海洋成为向陆地目标投送力量的前沿阵地，以攻击陆地目标或进行战争威胁，达到改变地缘政治和世界格局的目的。

海军是一把"双刃剑"，随着全球化进程的发展，海军在"和平使用海洋"的大环境中，舰队的非军事作用日渐突出，各国海军间的交流与合作日益增多，海军在维护世界海洋秩序方面的作用日益明显，这正是马汉头脑中的空白。

5. 对海洋和人类关系认知的局限

马汉深信"战争决定一切"，忽视人类的良知和法律秩序。他也蔑视法律的公正性，"法律的合理与否不取决于力量，但其有效性要由后者赋予"。[3] 他无法理解《联合国海洋法公约》等法律制度对人类文明与发展的重大影响。一切称霸海洋、抢占资源的行为已被国际法所不容，在"和平使用海洋"的前提下，国家间实施和平竞争，合作、共赢才是当代世界潮流。

在当今一些西方学者的"海权"论著中，很少出现马汉的名字。有的人认为，《海权论》并未影响世界，即使在美国也没有得到普遍赞扬。海权不能"决定一

[1] [美]马汉：《海权论》，第229页。
[2] [英]杰弗里·蒂尔：《海上战略与核时代》，北京：海军军事学术所，1991年，第5页。
[3] [美]马汉：《海权论》，第419页。

切”，中国一度是陆地大国，尽管没有“海权”作为装饰，中国的文化却是繁荣昌盛的。作为大国的中国，并不是海权的代表，而是海权的受害者。所以除了最后一段时期，惯常的海权与繁荣昌盛之间并无必然的相互联系。[1]

四、树立全球化时代的新海权观

全球化时代面临的海洋形势：第一，和平、发展是时代潮流，合作、互利是天下大势，平等、尊重是人心所向，互利共赢是共同目标；第二，地缘政治整合、区域合作成为趋势，“单一国家”将被边缘化，难以独立发展；第三，《联合国海洋法公约》确立了“人类的共同继承财产”和“和平利用海洋”的新制度，勾画了未来海洋世界的蓝图；第四，世界还不太平，《海权论》的海洋扩张与和平力量增长将继续博弈。

（一）建立现代海上力量的必要性

《联合国海洋法公约》出台后，不仅重新划分了世界海洋，而且开创了国际共同管理海洋的新模式。各国政府逐步放弃传统狭隘的民族利益，在国际合作和发展的更大利益中发挥集体意志的力量，标志着当代特征和时代的进步。从2011年开始，中美要建立“互相尊重、互利共赢的合作伙伴关系”，中日韩要建立全面战略合作伙伴关系，中俄要进一步深化平等信任的中俄全面战略协作伙伴关系，这一切彰显了当今世界发展的潮流。

然而，部分西方国家依据《海权论》的观点和历史经验，认定大国崛起都是通过扩张实现的。因此中国的崛起便使一些国家神经紧绷，引发了战略“焦虑症”。于是，“中国威胁论”等层出不穷，“围堵与遏制”有可能伴随中国崛起的全过程。扩张时代需要海军，和平发展时代同样需要海军。扩张主义的形式虽然变化了，但它仍然存在。美国的扩张方式是依靠海军进行威慑，采用“禁飞区”等作战模式颠覆主权国家，用武力迫使其进行“颜色革命”，以改变地缘政治格局。

如今，世界各国仍然遵循着“物竞天择”的法则。各国正在强化自身的海洋权益，激烈的争夺海洋，不断增强自己的海洋力量。亚洲及西太平洋地区，由于岛礁争夺，各国竞相发展海军，导致亚洲军费首次超过欧洲军费。所以，海权的“内核”——增强国家海上力量，获取海洋竞争优势，以维护国家海洋权益，依然有其合理性和必要性。

面对严峻的海洋形势，中国必需建立强大的海上力量。它不是侵略扩张的工具，而是和平崛起的保障，更是保卫主权完整、维护海洋权益所必不可少的。毛泽东在建国初期，就提出了“为了反对帝国主义的侵略，我们一定要建立强大的海军”，“核潜艇一万年也要搞出来”，要建设“海上长城”，“海上铁路”的战略思

[1] [英]杰弗里·蒂尔：《海上战略与核时代》，第4页。

想，精辟地勾画了当代海权的内涵。

中国的地缘政治要求中国必须要走向海洋。

第一，中国有广袤的海洋国土，并在全球海洋"公土"中有着广泛的海洋权益。

第二，《公约》确定，大洋资源是"人类的共同继承财产"，公海及海底的资源，均有中国合法利益。

第三，我国实施"海陆统筹"的战略，安全与发展战略都与海洋直接相关。

第四，中国以海洋大国地位参与国际海洋事务，负有建立"和平使用海洋"和"共享海洋资源"新秩序的国际责任。

（二）建设现代海上力量的新思维

建设现代海上力量，必须依据《联合国海洋法公约》来拓展视野，以下四点可作为出发点：1.国家海洋权益遍布世界海洋；2.国家实施"海陆统筹"战略，海洋是国家发展的新领域；3.海军是以世界海洋为活动舞台的战略军种；4.国家利益与全人类利益的一致性。

中国的传统安全环境发生了重大变化，中国长期面临的外部势力武装入侵陆地的威胁已成历史。而海洋是个潜在的发展空间，竞争与争夺十分激烈。因此，维护、谋求海洋上的国家利益，是"海洋世纪"最急迫、最重要的任务和战略需求。在全球化的过程中，海洋是世界经济的大动脉，是人类未来的资源库。海洋决定了人类的未来和国家的兴衰。中国"内向型"的经济结构，通过海洋向"外向型"转化，国家利益从本土向海外拓展是必由之路。

为了贯彻科学发展观，中国的安全哲学应从"为了生存"提升到"确保发展"的高度，从狭隘的国土边界安全，向国家的利益边界安全转换。海军不仅要守土防卫，更要维护国家利益的发展，担负起捍卫国家全球性海洋权益及同各国一起共创和谐海洋的神圣使命。

（三）现代海上力量的主要内容

建立现代海上力量，国际上以《联合国海洋法公约》为准则，在维护公平、公正，共享海洋资源的大格局下，确保国家的最大海洋利益。要真正实现：1.国家主权和海洋权益不受侵犯；2.海洋开发能力具有全球性优势；3.在国际海洋机构中具有重要地位和话语权。

国家海权的内涵，涉及政治、经济、外交、法律与军事诸领域，是综合国力的体现。强大的海上力量包括国家的综合国力及海洋战略；国家、民族的海洋意识和海洋观；完善的海洋教育体系和高水平的海洋科技人才；海洋科技的先进水平和新设备的应用；强大海军部队、远洋舰队、科学考察和海洋工程船队；完善的海洋法律和强有力的海上执法队伍等。民族海洋意识和国家的海洋战略是建设海洋强国的基础，科学技术是海洋竞争的重要因素。

当今世界，人类、国家、海洋间的亲密关系，进入了旷古未有的新时代。世界要和平、人类要合作、国家要发展、社会要进步，是当今世界不可阻挡的潮流。人类共处一个蓝色星球，大家有责任根据《联合国海洋法公约》珍爱海洋，高举“和平、和谐、合作”的旗帜，切实保护、保全海洋，维护“海洋的和平使用”。人类要共同为实现“和谐海洋”这一崇高目标而不懈努力，共同打造一个和平、安宁、繁荣、绿色、合作、共享的新时代。

胡锦涛同志指出：“推动建设和谐海洋，是建设持久和平、共同繁荣的和谐世界的重要组成部分，是世界各国人民的美好愿望和共同追求。”“中国海军将以更加开放、务实、合作的精神，积极参与国际海上安全合作，为实现和谐海洋这一崇高目标而不懈努力。”中国将人类的海洋观念提升到了新的境界。

中国建立现代海上力量，是维护国家利益和世界发展利益的统一，是捍卫国家海洋权益和建立世界海洋新秩序的统一，是为人类文明与世界进步作出的重要贡献！

（根据中国航海博物馆系列学术报告整理）

海上寻踪：明代青花瓷的崛起与西传

万　明*

一、明代青花瓷的崛起：从“俗甚”到风靡社会

（一）青花瓷输出海外的证明

明代洪武年间有一本书叫《格古要论》，后来在天顺年间又有其增补版《新增格古要论》。该书记载：“青花及五色花者俗甚。”由此可见，青花瓷在当时人眼里并非上品，也不可能流行于世。这是国内的情况。

明代青花瓷的崛起，是一个从“俗甚”到风靡社会的过程。而这个过程得从与海外的联系谈起。郑和下西洋，在15世纪初持续了28年，到达的国家和地区多达30多个，他到达的地区多在东南亚、南亚、西亚等地区。跟随郑和下西洋的通事马欢，在其所著的《瀛涯胜览》中记载，爪哇“国人最喜中国青花磁器”，并记录了与五个国家的瓷器贸易。五国中除了爪哇国外，有瓷器交易的是占城国、锡兰国、祖法儿国和天方国。跟随郑和下西洋的费信，在其所著的《星槎胜览》中记载有瓷器交易的共28处，其中旧港记录了青、白瓷和大小瓷器2处。其明确指出用青花瓷交易的地方有9处：暹罗、锡兰山、柯枝、古里、忽鲁谟斯、榜葛拉、大(口具)喃、阿丹、天方，约占总数的三分之一；用青、白瓷交易的地方有4处：旧港、满剌加、苏门答腊、龙牙犀角；以其他瓷器交易的地方有15处：交栏山、旧港、花面国、剌撒、淡洋、吉里地闷、琉球、三岛、苏禄、佐法儿、竹步、木骨都束、溜洋、卜剌哇、阿鲁。通过青花瓷的交易，说明郑和下西洋时代有着非常广泛的青花瓷流通和交易范围。郑和七下西洋，经过亚、非大约30多个国家和地区，所到之处多是港口，包括占城（今越南南部）、爪哇（今印度尼西亚）、暹罗（今泰国）、满剌加（今马来西亚马六甲）、苏门答腊（今印度尼西亚）、锡兰（今斯里兰卡）、柯枝（今印度科钦）、古里（今印度卡里卡特）、溜山（今马尔代夫）、祖法儿（今阿曼佐法儿）、阿丹（今也门亚丁）、榜葛拉（今孟加拉）、忽鲁谟斯（今伊朗

* 作者简介：万明，女，中国社会科学院历史所研究员，研究方向为明史、中外关系史。

霍尔木兹)、天方(今沙特阿拉伯麦加)、木骨都束(今索马里摩加迪沙)、卜剌哇(今索马里布腊瓦)、麻林(今肯尼亚马林迪)、比剌(今莫桑比克)、孙剌(今莫桑比克索法拉河口)等等,并在这些地方进行了大量的贸易活动。这些地方多有瓷器遗存出土,如肯尼亚有永乐通宝和瓷器的新发现。他们的发掘成果再一次论证了郑和确实到过非洲,而这个观点以往在学界是有争议的。

(二)对外交往改变了瓷器发展的走向(景德镇珠山御器厂遗址的证明)

中外考古遗址发掘与传世品的调查证明,13～14 世纪中国出口的瓷器是以青、白瓷为主的。到了 15 世纪,尤其是郑和下西洋以后,虽然青瓷仍是瓷器出口的主要品种,但青花瓷的出口逐渐增多。直到 16 世纪,青花瓷才占据了瓷器出口的主要地位。所以,青花瓷在明代的崛起是有一个过程的,也可以说青花瓷的崛起改变了中国瓷器发展的走向。关于这点,景德镇珠山御器厂遗址可以证明。

20 世纪 80 年代,在景德镇珠山明代御器厂遗址相继发掘出了洪武、永乐、宣德、正统、成化、弘治、正德等年代的大批瓷器和瓷器碎片。据该发掘成果发表的《江西景德镇明清御窑遗址发掘简报》认为,永乐时期的瓷器大多数为釉里红、红釉瓷器,少数为紫金釉瓷器,个别为青花釉里红、黑釉瓷器等(我开始做"明代青花瓷崛起"研究的缘起,就是由于去首都博物馆参观了一个主题为"永乐御窑"的瓷器展。在参观中,我第一次认识到永乐时期的青花瓷只是中国瓷器诸多品种之一,并非瓷器的主流。这促使我想要研究青花瓷的崛起过程。);宣德时期是以白釉、红釉瓷器为多,洒蓝釉、孔雀绿釉、仿哥釉、仿龙泉青釉瓷器次之,另有少量的蓝釉、青花瓷器等;成化时期主要是斗彩、斗彩半成品、仿宋官青釉瓷器,另有青花、白釉瓷器等;弘治时期基本是黄釉、白釉绿彩、白釉绿彩半成品瓷器;正德时期主要是青花瓷器。由此可见,景德镇珠山御器厂的发掘结果,与海外考古发掘与传世品的调查结果是一致的。15 世纪以前中国瓷器以青、白瓷为主,15 世纪前期青花瓷逐渐增多,到 16 世纪时青花瓷占据了主要地位。

吴仁敬、辛安潮所著的《中国陶瓷史》认为:"明人对于瓷业,无论在意匠上,形式上,其技术均渐臻完成之顶点。而永乐以降,因波斯、阿拉伯艺术之东渐,与我国原有之艺术相融合,于瓷业上,更发生一种异样之精彩。""永乐以降的异样之精彩"无疑是指青花瓷。至于瓷器"异样之精彩"的发展原因:一方面永乐、宣德年间重视瓷器的烧造,宫廷有对外交往与采办需要;另一方面郑和下西洋所到之处大多是伊斯兰文明流行的区域,下西洋的时候进行了大量的海外贸易活动,给景德镇带回了"苏麻离青",或称为"苏勃泥青"的原料。海外带回的钴料,使得景德镇烧制的青花瓷达到了高峰。所谓永、宣青花瓷"开一代未有之奇",是指开创了青花瓷的黄金时期。可以说,这是海上对外交往活动为青花瓷带来的发展机遇。

有一则引自《西洋番国志》的宣德五年(1430年)的皇帝敕书(这一年也是郑和最后一次下西洋的年份),内容如下:"今命太监郑和等往西洋忽鲁谟斯等国公干,大小舡六十一只,该关领后交南京入库各衙门一应正钱粮,并赏赐番王、头目人等彩帛等物,及原阿丹等六国进贡方物给赐价买到纻丝等件,并原下西洋官军买到瓷器、铁锅、人情物件,及随舡合用军火器、纸机、油烛、柴炭并内官内使年例酒、油烛等物,敕至,尔等照敕放支。"此语说明在宣德时代,御窑已经不能满足郑和下西洋赏赐品采购和贸易交换的需要,所以才有"买到瓷器"一说。可见,当时民窑因为海外贸易的关系而得以发展。

图一、图二是永乐青花折枝花卉纹方流执壶、永乐缠枝莲花压手杯,其器形和阿拉伯国家密切相关。元青花一般都是大盘,大盘符合阿拉伯地区的使用习惯。到了明代永乐年间,随着对外交往的频繁,上层社会开始喜欢这种带有异国情调的器形、花色。因此从永乐年间开始,瓷器的器形、花卉就带有鲜明的阿拉伯、波斯色彩。再如图三至图八所示,都是非常典型的阿拉伯风格,都是中国本土没有的器形。永乐、宣德时期,在海外风格与时尚的影响下,再加上使用的是进口钴料,生产的器形与纹饰具有明显的域外风格并且行销于海外。这种中外文明交融的产物,成为景德镇瓷器生产的重要品种之一,进一步推动了中国瓷器发展走向的转变。青瓷等逐渐跌入了低谷,不见了昔日的辉煌,而青花瓷则成长为中国瓷器的主流。传统青瓷被带有外来风格的青花瓷所取代,一种在海外流行的时尚逐渐成为中国本土的时尚。

图一　永乐青花折枝花卉纹方流执壶

图二　永乐缠枝莲花压手杯

(三) 商业化使青花瓷从宫廷走向社会(北京出土瓷器的证明)

在永乐宣德年间,青花瓷作为中外文化交融的产物,一开始是在宫廷中得到上层喜好,那么它又是如何从宫廷走向社会的呢?

图三 永乐青花锦纹绶带耳蒜头口扁壶

图四 永乐青花缠枝莲纹花浇

图五 永乐青花折枝花纹八方烛台

图六 宣德青花阿拉伯花纹绶带耳扁壶

图七 宣德缠枝花纹卧足碗

图八 宣德青花蓝查体梵文出戟法轮罐

英国学者哈里·加纳(Harry Garner)在其专著《东方的青花瓷器》(*Oriental Blue and White*)中,系统阐释了中国青花瓷的历史。基于对大量海外公私收藏青花瓷器的研究,他对元代青花瓷做了以下论断:“青花瓷在14世纪上半叶仍在早期发展中,还没有达到举国一致喜爱的阶段。”那么,青花瓷“达到举国一致喜爱的阶段”是在什么时候呢?这个问题可以从北京出土的文物瓷器中得到解答。曲永建先生在其著作《残片映照的历史:北京出土景德镇瓷器探析》中分析到:“北京出土的明早期瓷器数量上显示,明初龙泉窑和磁州窑的销量大约与景德镇旗鼓相当,说明当时是一种‘三分天下’的状况。”

如果说郑和下西洋为青花瓷的崛起带来了第一个契机的话,那么,第二个契机发生在国内。从某种意义上说,青花瓷崛起中的一个重要的环节就是进口钴料到国产钴料的成功转换。到成化年间时,进口钴料已经完全用尽。而通过“下西洋”的方式从海外购买的条件已经不具备了。特别是在下西洋之后,进口的苏木、胡椒等海外物品由高端的奢侈品成为百姓的日常用品,价格已经非常低廉。这种状况下,再也没有产生郑和下西洋的基础了。但是烧造瓷器的进口钴料已经用完,只能用国产钴料代替。这就带来了成化年间民窑青花瓷的飞跃发展,青花瓷才有了真正为社会普遍所接受,成为社会时尚的可能。

另外,明代白银货币化的研究表明,白银货币化起始于洪武末年,而加速进行的阶段则是在成化年间。《明史》载,“到正统年间,朝野皆用银”。从四百多份徽州土地买卖文书中可以看到,到明代成化年间,白银货币化已经非常普遍,所有大宗买卖的交易都实现了白银化。也就是说,在社会流通中,白银成为了货币。随着商品货币经济的发展,特别是通过赋役改革使白银货币化向全国铺开,从根本上加速了经济活动,促进了生产,也促进了消费,更促成了等级社会旧秩序的瓦解。比如,成化二十一年(1485年)秦淮轮班工匠有愿出银者可代工役;嘉靖四十一年(1562年)一律以银代役,“班匠通行折价类解”。工匠摆脱了劳役,成为独立的手工业者,获得了独立经营手工业的条件。工匠的技术和产品可以更多的投向市场,引发了民营手工业的快速发展。另一方面,以银代役,也导致了官营手工业无可挽回地走向衰落,这是一个此消彼长的过程。根据文献记载,景德镇御器厂在明代中晚期,采用了计日受值的方式。

因此,晚明是一个变革的时代,巨大的变化同样在瓷器的发展中表现了出来。晚明民窑的制瓷水平大幅提高,瓷画的艺术表现力更趋活跃,显示出自由奔放的风格,表现了普通人的生活情趣。青花瓷的纹饰特征有明显的时代风格,自然奔放、生活气息浓厚的写实图案十分突出,充分展示了明人勇于求新的审美心态。

海外遗存、景德镇明代御窑厂遗址、北京出土景德镇瓷器等三个方面,证明了:以郑和下西洋为分界,大航海时代中外文明交融结晶的青花瓷,逐渐超越了传统青、白瓷,并随着明代社会的发展变迁,成为了中国陶瓷的主流。或许可以说,如果没有郑和远航的海外贸易,青花瓷也许会像在唐代那样,只是昙花一现;又或许会如在元代一样,只是中国瓷器的诸多品种之一,而不会成为中国瓷器的主流,更不可能成为中国瓷器的代表。可以说,青花瓷在明代的崛起,是郑和下西洋的伟大功绩之一。郑和下西洋为青花瓷的迅速崛起提供了历史契机，推动了作为商品的青花瓷的大量生产和外销，不仅促进了技术创新，而且改变了中国瓷器发展的走向，同时也带来了人们审美观念的变化。因此，青花瓷的崛起是大航海时代技术创新与文化交融的硕果，中外交往的繁盛推动了文明间的大交融和生产技术与文化艺术的创新发展。

二、16世纪青花瓷的西传：欧洲中国风的缘起

从世界历史发展的进程来看，15世纪时人类大航海的帷幕已经揭开。传统航路的延伸、新航路的开辟，代表了历史发展的趋势，世界开始融为一体。以享誉世界的中国丝绸命名的“海上丝绸之路”，也可称为“陶瓷之路”，是中国古代与海外各国交往的海上纽带。16世纪葡萄牙人泛海东来，澳门成为中西直接交往的地点。海上丝绸——陶瓷之路得到极大地扩展和延伸，从而推动了全球化的历史进程。这正是欧洲中国风的缘起。

（一）葡萄牙人的泛海东来

从海上贸易的大视野来看，以青花瓷为载体的中西文化交流，在澳门贸易正式开始之前就已经存在了。1498年葡萄牙人达・伽马到达印度的卡利卡特，即郑和七下西洋每次必到的古里。1511年葡萄牙人占领马六甲，随即开展与中国的贸易活动，并最早于1513年到达中国海岸。从那时起，直到1602年荷兰东印度公司建立，中葡间的瓷器贸易持续了大约一个世纪的时间。在这段时间里，葡萄牙人从在广东、福建、浙江沿海地区进行的走私贸易活动，发展到合法的海上贸易，并于1557年取得明朝地方官员的允许，入居澳门。

而在中国国内，明后期的海外政策与海外贸易模式也发生了非常大的变化。一是在隆庆元年（1567年），福建漳州月港“开海”，再一个是广东澳门的开埠。前者说明明朝允许私人从事商贸活动，即民间海上贸易的合法化；后者说明外商经营海外贸易的合法化。

（二）澳门贸易的世界航线

16世纪时，澳门作为明代瓷器的最大输出口岸，开展了世界性的陶瓷贸易，并建立了多条国际航线。其主要包括以下四条：澳门—果阿—欧洲，澳门—日本，澳门—马尼拉—美洲，澳门—东南亚，其中澳门—日本，澳门—马尼拉—美洲这两条航线上的贸易体现了明代中国白银的巨大需求。根据海外的一些记载看，这个时代的中国商人出去之后只要白银。此时出口的最主要物品为丝绸和瓷器，而此时中国瓷器的主流是青花瓷，因此青花瓷也成为中国出口物品的主流。当时，瓷器是一种非常走俏的商品，而瓷器只有中国才有。虽然当时将中国的海外贸易航线称为“海上丝绸之路”，但这时的中国丝绸已不再是独步世界的

商品，西方国家已经能够仿制。此时，能够独步世界的商品是青花瓷。通过海路，中国的丝绸和瓷器连接起了世界。以青花瓷为代表的中国瓷器行销全世界，成为世界性的商品，相邻的日本、越南、朝鲜都开始仿造中国瓷器。这个时期中国外销瓷的数量是难以统计的，比如福建沿海的一个县就能发现几十处、上百处的民窑遗址。

（三）从瓷器遗存看青花瓷的西传

早在葡萄牙人入居澳门以前，当地就已开展了瓷器贸易。2002 年，在广东台山上川岛发现了外销瓷器的遗址。遗址位于上川岛西北部三洲港圣方济各·沙勿略墓园的西南，当地人称为“花碗坪”的地方。遗址的文化堆积层从圣方济各·沙勿略墓园南侧海滩开始断续出现，延伸到浪湾村外海滩的北侧，南北绵延约 500 米。发现的瓷器以青花瓷器为主，器形主要是碗和盘，也有壶、小瓶和小罐等。底款有“正德年造”、“大明嘉靖年造”、“福”、“长命富贵”等，更重要的是，发现有十字架形款，说明这与瓷器外销密切相关。

葡萄牙人进入澳门后，澳门逐渐成为一个国际城市，成为商业贸易中心、东西方文化交汇地和最早的天主教传教中心。西方传教士陆续在澳门建起了许多教堂。20 世纪 90 年代在圣奥斯定教堂发现大量瓷器遗存。图九中是澳门圣奥斯定修院遗址出土的万历青花开光花果纹碗，目前藏于澳门博物馆。大家可以注意到图案中的小鸟，完全秉承中国传统花鸟的画法。图一〇也是澳门圣奥斯定修院遗址出土的万历青花开光花果纹盘，现藏于澳门博物馆，其开光方式都是外销瓷的特征。经过一些学者的研究，“开光”是来源于阿拉伯国家的绘画形象。

图九　万历青花开光花果纹碗及碗心

2011 年 5 月，澳门北湾出土外销瓷片展开幕。通过这个展览了解到，当时的贸易集散地就在北湾。一般说来，由于澳门的南湾是葡萄牙人聚居地，因此以为葡萄牙人的活动地主要在南湾。在那里出土的大量的外销瓷器证明此地就是当年葡萄牙人进行贸易的集散地。但北湾瓷片展揭示了北湾同样是葡萄牙人的活动地。这些瓷盘中的大多数都可以和景德镇瓷器相对应，应该是出产于景德镇的。

图一〇 万历青花开光花果纹盘

澳门—果阿—里斯本航路上也发现了瓷器遗存。2003 年,"万历号"的残骸在离西马来西亚海岸 6 英里的水下被瑞典人史坦(Sten Sjestrand)发现。这艘沉船包括了 10 吨的破碎瓷器,完好的瓷器几千件。打捞者对沉船的原因做了推测,认为这是 17 世纪的荷兰人对葡船进行攻击的结果。这艘船中的瓷器,绝大部分是产自中国景德镇的青花瓷,一些特殊的瓷器还有景德镇观音阁的署款。这艘船上的瓷器以青花瓷器为主,而这些青花瓷器多被称为"克拉克瓷",这表明欧洲应该是这艘船的最终目的地。简单介绍一下"克拉克瓷"瓷,"克拉克"原是葡萄牙文 "货船"的音译。1602 年一艘葡萄牙货船遭到荷兰人的劫掠,船上 10 多吨的中国青花瓷被拿到阿姆斯特丹拍卖。由于欧洲许多国家的皇室都前去购买,因而轰动了整个欧洲。由于这个事件,欧洲人将整船的中国青花瓷称为"克拉克瓷"。前示带有开光花卉器形的青花瓷就是典型的"克拉克瓷"。后来,"克拉克瓷"行销欧洲。

(四) 青花瓷首次大批传入葡萄牙及其影响

16 世纪时青花瓷首次大批传入了葡萄牙,葡萄牙人成为中西瓷器贸易的先驱者,也是中国青花瓷的率先消费者。1522 年,葡萄牙当局颁布一项规定,葡国港口进口的货物中瓷器可以占据 1/3;里斯本大街的两边出现了六家瓷器店,这都说明瓷器已经进入葡萄牙人的生活。因此,海外贸易对于葡萄牙的影响非常重要。毫无疑问,消费文化的形成过程,本质上是一种文化传播和文明交融的过程。中国青花瓷在葡萄牙的出现就是文化传播的一个典型例证。

明代青花瓷崛起的历史，是一部中外文明交融的历史，一部海外贸易改变中国传统工艺品发展走向的历史，也是一部市场引领社会时尚的历史。在16世纪时，明代青花瓷不仅成为了中国本土的社会时尚，深刻地影响了中国社会；而且还作为中国瓷器的代表直接西传，对欧洲生活与文化也产生了巨大影响，继而成为了葡萄牙乃至欧洲的社会时尚。就此而言，明代青花瓷对于欧洲文明史乃至世界文明史也具有重要意义。事实上，将景德镇青花瓷最早传入欧洲的，是16世纪率先到达中国的葡萄牙人。正是在那个世纪产生的澳门贸易，使葡萄牙人在世界海上贸易中居于有利地位。葡萄牙人将中国独步世界的商品——青花瓷推向了世界，欧洲人通过由葡萄牙人传入的精美青花瓷而认识了中国。因此，英语中的“瓷器”和“中国”都以China表示。中国不仅被西方人称为“丝国”，也理所当然地被西方人称为“瓷国”。

众所周知，18世纪欧洲流行中国风，各国君主纷纷以中国风格（法文Chinoiserie）装饰宫殿的房间。在葡萄牙，最杰出的例子是里斯本桑托斯宫的一个独一无二的房间。房间的金字塔式圆拱的三角形四边以260多件青花瓷盘覆盖。这些青花瓷盘，最早的时间是在大约16世纪初，而最晚的是在17世纪中叶。瓷器史专家约翰·卡斯维尔指出：“桑托斯宫的收藏提供了一个从16世纪以后到达葡萄牙的令人惊奇的瓷器目录。”由此可见，葡萄牙最早引领了欧洲的中国风。葡萄牙是最早带回中国瓷器的欧洲国家，至今在那里保存有大量的中国青花瓷。精致的外销瓷多是由葡萄牙人定制烧造的产品，其造型和装饰图案大多带有西方色彩。一些纹饰中绘有家族、城市等图案标志，称为纹章瓷。

青花瓷的品种变迁，经历了从具有异国情调的图形，到16世纪的纹章瓷，再到后来大批量生产的“克拉克瓷”等三个阶段。现存里斯本的绘有葡王曼努埃尔一世（1495年～1521年）浑天仪徽章的青花执壶（图一一），是迄今已发现的景德镇为西欧特殊烧制的最早的中国外销瓷器之一。1580年，葡萄牙首都里斯本的大街上已有6家出售中国瓷器的商店。当时，那是里斯本最时髦的一条新商贾大街（Rua Nova dos Mercadors）。这意味着早在16世纪80年代，伴随中葡瓷器贸易的发展，瓷器逐渐进入寻常百姓家。葡萄牙学者指出：“至于那些保存下来的或是可以从神像画上考证出来的陶器，则首先表现出葡属非洲和中国的葡属领地所带来的影响，这种影响，经过瓦斯科·达·伽马到达印度之后，在葡萄牙十分流行，后来又在欧洲大部分地区十分流行。一些诸如容器与细嘴水壶之类的用品的制造增加了，家用的象牙器皿也增加了，中国的瓷器也增加了，航海发现的进程使得‘反馈影响’日益普及。”

瓷器作为从国外运来的稀见商品，一开始价值昂贵。使用瓷器成为一种身份的象征，只有上流社会才能享用，这也是“纹章瓷”的产生基础。但是，当青花瓷大批输往欧洲以后，以瓷器商店为中心，逐渐普及开来，并迅即成为中产阶级的消费品。又过了一段时间，瓷器在普通民众间流传，最终成为“全民餐具”。当然，不是所有的普通民众都能使用到中国传来的瓷器，于是产生了大量的仿造陶器。最终，

图一一　绘有葡王曼努埃尔一世(1495 年～1521 年)浑天仪徽章的青花执壶

这些陶器代替了他们原来的银器、木器，进而改变了欧洲的餐桌，所谓“餐桌上的革命”由此发生。欧洲的中国风也由此开端，传统中国画的风格与品味也由此西传。

外销瓷中，先有纹章瓷，后有克拉克瓷。里斯本的阿纳斯塔西奥·贡萨尔维斯博物馆，收藏有 379 件主要是 16 至 17 世纪的中国外销瓷，这些精美的瓷器是葡萄牙中西瓷器贸易和消费的历史见证。有学者称“这是打开广阔的葡萄牙中国陶瓷史的一扇窗户”。该馆还收藏了绘有耶稣会标识 IHS 的青花瓷罐和青花开光鹿纹盘，即克拉克瓷盘(图一二)。为什么会有鹿纹呢？明代嘉靖皇帝笃信道教，因而这个时代的很多瓷器都绘有与道教相关的图纹。由于“鹿”与“禄”的

图一二　绘有耶稣会标识 IHS 的青花瓷罐和青花开光鹿纹盘(克拉克瓷盘)

谐音，因而产生了大量带有鹿纹图形的瓷器，这是中国本土的一种文化特征。在传到西方后，也为西方人所喜好并成为一种时尚。

葡萄牙里斯本的桑托斯宫曾是葡萄牙国王的住所，1589 年以后属于兰卡斯特雷(Lancastre)家族所有。其天花板上覆盖着 261 件青花瓷盘，构成了“瓷器屋顶”(图一三)。“瓷器屋顶”中的青花瓷大多是 16 至 17 世纪上半叶的克拉克瓷盘，曾是国王曼努埃尔一世(Don Manuel I)的收藏品。

图一三　桑托斯宫的“瓷器屋顶”

此外，特别要提及葡萄牙对中国青花瓷的仿制，即葡萄牙里斯本彩陶器问题。图一四到一六中的三个葡萄牙陶盘都是青花，由于是从一个外国学者的著作中复制下来的，因此是黑白的。第一个瓷盘上有以鲜明的中国绘画风格绘制的鹿纹，开光器形也非常典型。第二个瓷盘的图形、画风与开光方式发生了变化。

图一四　鹿纹青花瓷盘

图一五　狮纹青花瓷盘

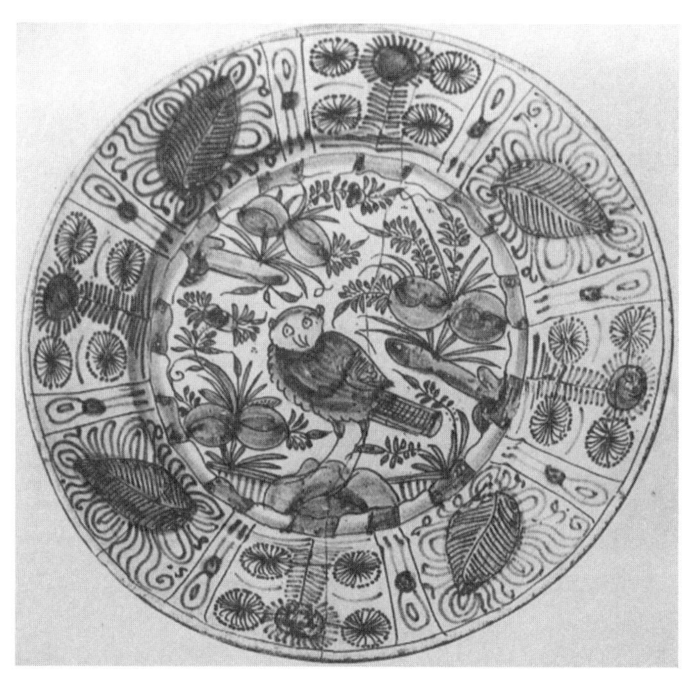

图一六　鸟纹、花卉纹青花瓷盘

盘中出现的狮子形象，在西方家族、团体中使用较多，是非常典型的纹章瓷。由于当时的葡萄牙不能制造瓷器，只能生产彩陶器，其烧制水平远未达到中国瓷器的硬度。第三个瓷盘，无论是花卉还是中间的小鸟形象，已完全被葡萄牙化了，这是中西文化交融的体现。根据外国学者研究，生产葡萄牙彩陶的窑厂就在里斯本附近，并且大量出口。至于出口到什么地方，则需进一步考察。这方面的研究，国内研究者尚未涉及，因此是一个值得关注的研究方向。

15 世纪的郑和下西洋，促成了青花瓷在中国本土的崛起，此后逐渐从上到下发展，形成了一种社会时尚；16 世纪的澳门贸易，促成了青花瓷作为中国瓷器代表西传欧洲，先后在葡萄牙、荷兰等国从上到下发展，同样形成了一种社会风尚。青花瓷从中国本土传播到外部世界，是中外文明交融的结果。因此，一个带有历史规律的认识浮现了出来，可以说，是青花瓷引领了世界时尚，最终形成了"万里同风"，预示着全球化的开端。

（根据中国航海博物系列学术报告整理）

从“小杭州”、“小苏州”、“小广东”到“大上海”

张忠民*

我们今天讲的题目是从“小杭州”、“小苏州”、“小广东”到“大上海”。这三个“小”、一个“大”不是现在的人杜撰出来的，也不是本人杜撰出来的，而是历史文献里有所记载的。这个三“小”一“大”实际上就是我们现在的上海口岸和经济地位变迁的一个真实的历史过程。

在这个题目下，我们今天讲以下几个方面：首先是上海这个名称是如何来的。其次是讲有“小杭州”之称的青龙镇，唐宋时，天下名郡，苏杭并重，各地工商业比较兴旺盛的地方多被称之为“小杭州”；再次是讲“小苏州”，即元明时期的上海；然后是讲“小广东”，到了小广东这个时期，上海已经发展到了一个重要的历史阶段；最后是讲“大上海”，即近代上海的崛起，然后是一个简单的结论。

一、上海名称的由来

上海名称的由来大概有四种说法，现在一般的学者认为第四种说法比较可信。古代时，在吴淞江（现今的苏州河）两岸，有一条条小一些的河流，这些河流都以浦相称，有上海浦、下海浦等等，现在上海的虹口还有下海庙。上海浦当时就有一个聚落，慢慢就这样叫起来了。这是上海两个字的由来，但也有学者对此有不同看法，可以进一步讨论。

与之相连的另一个问题是，上海作为一个名称，在不同的时空条件下，有着不同的含义。首先它是一条河的名称，叫上海浦。以后在上海浦附近，政府设置了税务机构，这个税务机构就叫“上海务”。再之后，国家在这里设置了一个镇，就称之为“上海镇”。元代设置上海县，上海又成为一个县的名称。上海县设置后，上海这一空间概念又有了多重含义，狭义的上海是指上海县城，广义的上海则是指上海县全境。还有一个概念指上海县城郭内外，即现在的小南门、董家渡、十六铺一带，这些地方是古代上海商业最为繁华的地方。中华民国建立以后，在行政区划设置上，

* 作者简介：张忠民，男，浙江宁波人，研究员，研究方向：上海经济史。

单列了一个非常重要的地方，就是“上海特别市”，所谓特别市即是我们现在所说的直辖市。从这里我们可以看出，上海这个名称，从河名、到一个机构名，一个镇名、县名，再到一个市名，其本身就是上海地区口岸和社会经济发展的缩影。

二、小杭州：唐宋时期的青龙镇和上海的雏形

这方面有三个内容值得注意，一是唐代捍海塘的修建和华亭县的设立；二是唐宋时期青龙镇的兴衰；三是宋代上海的初兴。

捍海塘是唐代开元年间，从海盐到吴淞江口修筑的一条很重要的海堤。海塘没有修筑以前，由于海水倒灌侵扰，使得这一片土地的开发比较困难。海塘修好后，沿海滩涂逐渐成陆，人们可以从事农业生产。这条海塘的修筑是上海地区社会经济发展中的一件大事。

海塘修筑完成四十年后，即唐天宝十年(751 年)，昆山、海盐、嘉兴的一部分被划出来，正式设立了华亭县。华亭县出现了一个重要的口岸，这个口岸就是位于华亭县城西北、青龙江畔的青龙镇。据传，三国时代的孙权曾在青龙镇建造青龙战舰。在中国古代若某一地方称为某某城，它至少是县城所在。县以下的位置重要、商业繁华的地方，政府就在那里设一个镇，派人驻守，称之为镇将。青龙镇何时建镇，具体设置的年代现在说法不一。有的认为是唐代设置的，也有人认为是北宋初年设置的。无论该镇是在唐代还是宋代设置，从现有的历史文献看，青龙镇在唐中叶时已有相当的规模了。史料记载，青龙镇商贾汇聚，商业繁荣，时有“小杭州”之称。唐鉴真和尚东渡日本时，青龙镇就已经有来华的日本、新罗船舶了。北宋嘉祐年间，青龙镇上的隆平寺建起了一座七层宝塔，被称之为青龙塔。中国历史上的海口型聚落，都有一个非常有意思的现象。这里的寺庙建宝塔，不仅仅是为了佛事活动，也不仅仅是为了表示该地繁华，它同时还起着航标导向的作用。

南宋后期，由于吴淞江、青龙江河道的变化，泥沙的堆积，更主要的是京杭运河开通后，杭州到镇江段要经过太湖，而太湖浪大，船舶容易翻沉，于是政府就在太湖边修筑了一条河堤。未修河堤之前，吴淞江是太湖的主要泄水河道。修筑河堤后，吴淞江水流变缓，河道慢慢淤积起来。此时在青龙镇周边，有可能替代青龙镇的有黄姚镇(河岸容易坍塌)、江湾镇(航道比较弯曲)、江阴军、上海镇等，但历史最后选择的是上海镇。宋代时，上海开始设有酒务、市舶务，并驻扎有镇将、市舶提举官等等，逐渐替代青龙镇而成为江南的重要口岸。只不过在元明时期，在上海的北面，还有一个很重要的口岸——刘家港。

三、小苏州：元明时期的上海

元明时期，江南地区最重要的口岸是刘家港，又称浏河镇、浏河口。刘家港

是苏州的出海口，它有一条江即浏江（娄江）。南宋后期，太湖的水从娄江泄水，因此娄江的水面变宽，出海口上的这个点自然就繁荣起来了。

刘家港首先是政府海运漕粮的重镇。唐宋之后，中国经济重心南移。在宋金对峙的一百多年间，大运河的运输功能大大削弱。到元王朝建立以后，无法用运河运输粮食。此时，在现在上海的崇明、嘉定这一带有两个大海盗，一个叫朱清，一个叫张煊。元政府将他们招安、封官，让他们把政府的漕粮运到北方。漕粮运输需要有粮食、船、人，还需要有一个口岸，这个口岸就是刘家港。元朝立国九十余年间，海运不曾中断。这样，有元一代，刘家港始终保持着漕粮海运的口岸地位。既然政府可以运漕粮，那么商人也可以运商货了。在运送漕粮的同时，刘家港也成为当时进行商业贸易最重要的一个口岸。这个口岸的繁荣表现在它的两个称号上，一个叫“六国码头”，意思是海外贸易的重镇；另一个是“天下第一码头”。这个第一码头的称号与宝山烽堠有关，但宝山烽堠的建立不是在元代，而是在明初。很多书上说建这个烽堠是为了郑和下西洋。郑和下西洋也是从刘家港出发的，这个土堆，就是白天燃烟，晚上点火，以作导航之用。很多书上说宝山烽堠是黄浦江的出海标识，这个是错的。宝山烽堠是长江口的出海标识，虽然这个烽堠现在位于黄浦江口上。烽堠建立后，永乐皇帝写了一段铭文，立了一块碑，这块碑现在还在。元明时期刘家港贸易的繁华，又促使政府在此设立了很多相关的管理监督机构，很多富商大户也聚集于此。

那么，在刘家港兴起的时候，上海的发展又如何呢？地位又怎么样呢？元代时，上海设有市舶司，以后又在 1292 年分华亭县东部的五个乡，正式设置了上海县。上海由此而成为一个独立的县级行政区划。明代时上海的口岸地位及社会经济发展与黄浦江水系整治密切相关。

唐宋时期在吴淞江南岸有十八条浦（南北走向的河流统一称之为浦），其中一条就是黄浦，黄浦是吴淞江的支流。明代初期，夏元吉整治水系的时候，把黄浦和范家浜（即现在黄浦江的下游）连接起来，夺江入海，逐渐形成了以后的黄浦（近代之后，又被习惯称之为黄浦江），慢慢地吴淞江反而成了支流。这一水系整治对日后上海县城和上海口岸的发展具有非常大的关系。这一整治行动促进了上海以内河航运为主的商业贸易的发展。当时上海的商品最主要是棉布，也就是所谓的“衣被天下”。这个时候的苏松棉布销往国内各地，其外销主要是走内河航路，而不是走海路。因为明代时，上海北有浏河、南有宁波，再加上其他方面的限制，它作为海上贸易的口岸地位，表现的还不是十分充分。明代的上海贸易主要靠内河运输，再加上本地商业的繁华，于是得到“小苏州”的雅号。

四、小广东：清代前期上海的口岸地位

入清以后，上海在近百年的时间内，逐渐取得了在江南口岸中一枝独秀的地位。首先是江海关的设立。康熙二十三年（1684 年），清政府收复台湾，二十四

年即在东南沿海设立四个海关：粤海关（广州）、闽海关（福建）、浙海关（宁波）、江海关（上海）。当时江海关的大关设于上海县城外大东门，统辖长江入海口的六百余里海岸线，大小二十四个分海口。江南海关的设立对上海口岸的发展起到一个非常重要的作用。其次是刘家港的衰落。清初时，政府规定自上海以南的广东、福建、浙江来的南洋船只，停泊在上海口岸；自上海以北的淮安、山东半岛、辽东半岛过来的北洋船只，只能停泊在刘家港。这种状况大概维持了近百年的时间。到了乾隆中叶的时候，刘家港面临两大严重问题。一是长江口的拦门沙，拦门沙是指在江口、海口的地方由于海水潮汐的作用，在这个河口隆起的一条沙坝。拦门沙对海船的停靠影响是很大的。第二个问题就是娄江的淤塞，使得从浏河到苏州运河的航线发生很大窒碍。在这种情况下，原先停靠浏河的北洋沙船，纷纷停靠上海，这就是所谓的"不遵旧例，越口收泊"。地方政府为此采取了各种措施予以阻止，但这是自然规律，难以禁止。最后在嘉庆年间，苏松太兵备道不得不下令往来商船，"或收浏河"、"或收上海"，均听商民自便。自此之后，刘家港就一下子衰落了下来。最后是运河不畅导致原先走运河的水路运输改从上海出发走海路。大运河本身有三个致命的不足：一是中国地势北高南低，而漕粮运输是自南往北运；二是运河作为人工内河，极易淤塞；三是大运河沿途要穿越淮河、黄河两条大河。道光六年（1836 年）黄河改道，运河被淤塞阻断了。运河阻塞，但漕运不能断。于是就有地方官员向中央政府提议，漕运改走海路。漕粮海运主要依靠沙船，为了支持沙船运漕粮，政府出台了很大的优惠政策。运河除了运漕粮外，还是国内商贸的重要通道。运河淤塞后，民间商贸也集聚上海，促进了上海口岸和经济社会的极大发展。当时上海县城东南隅的大东门、小东门、董家渡一带，商业贸易、码头驳岸非常繁荣兴盛。

清代的上海，除了它的口岸地位外，还有两个重要的支柱产业，一个是手工棉纺织业，另外一个是沙船业。这两大支柱产业促进了海内外贸易以及城乡经济的繁荣。清中叶时，聚集上海的沙船有几千艘。近代的上海小刀会起义，沙船商人就是其中很重要的支持力量。在内外贸易方面，特别要说一下的是海外贸易。为什么要特别说一下呢，因为很多书上说清代闭关锁国，其标志就是只有广州一个口岸开展对外贸易。其实广州"一口对外"是对中西贸易而言。外贸是一个主权国家与另外一些主权国家之间的贸易，西方商人只能到广州贸易，但是东南亚各国的商人还是可以到宁波、上海进行贸易的。而在对西方商人的贸易中，上海当时有一个很重要的外贸货品，就是向欧美各国出口的"南京布"（Nanking clothes）。为什么称为"南京布"呢？因为上海所在的松江府在明代时归南直隶管辖，外国人习惯上将松江地区盛产的棉布称之为了"南京布"。正因为当时的上海有着国内其他口岸不同的对外贸易，故上海又由此而号称"小广东"。

鸦片战争前数年，曾经有一艘非常著名的英国帆船——阿美士德号，从澳门出发，经广东南澳、福建厦门、浙江宁波，然后到达上海，并在上海停留了七天。他们在上海进行了非常认真的考察。其考察后得出的结论是，上海商业贸易繁盛，口岸地位重要，英国一定要在此通商贸易。这一考察报告对英国政府下决心发动鸦片战争起到了非常重要的作用。这说明到鸦片战争前夕，上海在江南乃至全国的口岸地位已经确立，上海已经具有成为中国最重要的商业贸易口岸和工商业城市的潜在能力。这种潜在能力到近代以后，就进一步发挥了出来。

五、大上海：近代的崛起

关于“大上海”，今天只能简单地说一下。近代上海为什么称之为“大上海”，有没有“小上海”呢？有的，无锡在近代就被称之为“小上海”。近代以前，上海都是跟在国内其他最繁盛的都市后头，先后称之为“小苏州”、“小广东”。到了近代，上海才演变成了“大上海”，国内其他经济发展较好的地方，则被称之为“小上海”。

讲大上海，首先要说的就是上海开埠，以及以外贸为先导、内外贸易一体化推动下的城市经济初始化。在近现代上海的历史中有两个日子值得记住。一个是 1843 年 11 月 17 日，上海正式对西方世界开埠；另外一个就是 1949 年 5 月 27 日，上海解放。鸦片战争后五口通商，英国第一任领事巴福尔到任后宣布上海开埠。开埠后的上海第一件事情就是发展外贸。上海在开埠后，仅用十年左右的时间内，即开始代替广州而成为中国的对外贸易中心。从 19 世纪 50 年代中叶起一直到 1949 年，上海的对外贸易额至少占全国外贸额的 40%以上，最高时达到 80%。第二个就是发展对内贸易。大量的进口商品，一部分在上海消费，更多的是通过上海销往内地。上海出口的商品大部分也都是来自内地。在内外贸易的带动下，上海的近代城市经济得到了长足发展。这些发展表现为：第一个是公用事业的发展，外国人来上海后第一件事情就是修码头、筑道路、盖房屋，之后就是水电煤的公用事业建设；第二个是加工工业的出现和发展，由于对外贸易的商品需要整理、打包、加工等等，于是有了最初的加工业；第三个是船舶修造业，轮船来了要修理，于是就形成了早期的船舶修造业，后来慢慢地发展起了其他工业。在市政建设中，近代中国最早的自来水厂、最早的煤气厂、最早的电灯厂等等，都是最先在上海出现的。随着上海城市人口增多，城市面积扩大，社会经济的发展也越来越快。

其次，我们还可以说一下大上海计划。1949 年以前，当时的上海市政府曾经做过大上海计划。从 1927 年到 1949 年，曾经有过三个关于上海的建设计划，其中 1930 年的称为“大上海计划”。大上海计划的内容全是关于市政、民生的东西。比如工人新村，有些人认为上海的工人新村是解放以后才开始有的。实际上，早在 20 世纪三四十年代，当时的上海市政府就计划通过贷款来建设工人新村。在大上海计划中，市政交通的渡轮、黄浦江过江隧道等等，都有所涉及。

最后一个就是上海经济中心地位的确立。近代大上海的崛起和发展，一个最核心的东西就是到了 20 世纪二三十年代，上海已经成为中国乃至东亚的经济中心。这个经济中心有三个具体的内容。第一，上海是全国的工业中心，即制造业中心。近代中国的工厂、工人、工业资本，40%～50%都集中在上海。第二，上海是全国的商业贸易中心，无论是对外贸易，还是国内贸易，以及港口、交通、贸易条件等等，都在全国占有绝对的优势。第三，上海也是全国的金融中心，外国银行、华商银行、传统钱庄三大金融势力的存在，以及资本市场、金融市场的发育，是国内任何一个城市所不能比拟的。在大都市的经济里，有两个产业具有其他地方城市不可替代的永恒优势，一个是金融业，一个是房地产业，而这两个行业的发展在近代的大上海是十分显著的。

六、简短的结论

概括以上所讲，我认为：上海口岸的发展是一个自然的历史过程；口岸功能是上海经济社会发展的前提；上海之所以为上海，与其自身的地理区位密不可分；上海口岸的支柱产业对上海城市经济的发展具有十分重要的作用。从上海发展的历史看，上海从其发展之初起，就决不仅仅只是作为上海的上海，而是作为江南的上海、全国的上海，乃至世界的上海而存在和发展的。

（根据中国航海博物馆系列学术报告整理）

“厦门”号帆船环球航海日志(上)

魏 军

序

自1522年葡萄牙探险家麦哲伦第一次完成人类驾驶帆船环球航行至2012年3月17日前的近五百年间,狂风怒号、冰冷刺骨的合恩角航线上,从未有中国帆船从这里驶过。郑和船队远征的辉煌,尘封在炎黄大地漫漫的黄土地文化中。淡去的蓝色让这里的人自认他们的世界本应该就是黄色,而不去向往那无限广阔的深蓝。

1978年,改革开放的大旗挥去罩在眼前的黄尘,发现中华民族的未来应该在那无尽的湛蓝,不由得让人呐喊:“中国人到了该远航的时候了!”

驾驶帆船进行环球航行,是航海爱好者们的梦想。厦门五缘湾的白帆是他们即将展开的翅膀。终于他们飞起来了,就像起飞的厦门一样,承载着“岛民”的嘱托和期望,扬帆远航了。

“厦门”号启航了,她打开了一扇蓝色的窗,让更多的中国人看到了包裹着地球的海洋;

“厦门”号远航了,漫长的316天,厦门人祈祷和光荣了316天。我们为他们祈祷,为他们光荣,因为他们不仅代表了厦门,更代表了中国人;

“厦门”号返航了,她沿着我们蓝色星球的地理形状第一次铭刻了中国帆船的航迹;

“厦门”号成功了,虽然晚于“维多利亚号”近500年,但我们仍然高兴与自豪。因为,这是我们的船队;因为,我们一起远航。

"厦门"号帆船，2011 年 11 月 3 日从厦门启航，途经菲律宾、帕劳、巴布亚新几内亚、澳大利亚、新西兰、智利、南非、马达加斯加、塞舌尔、马尔代夫、泰国、马来西亚、新加坡，于 2012 年 9 月 14 日返回厦门，航程 23600 海里（图一）。

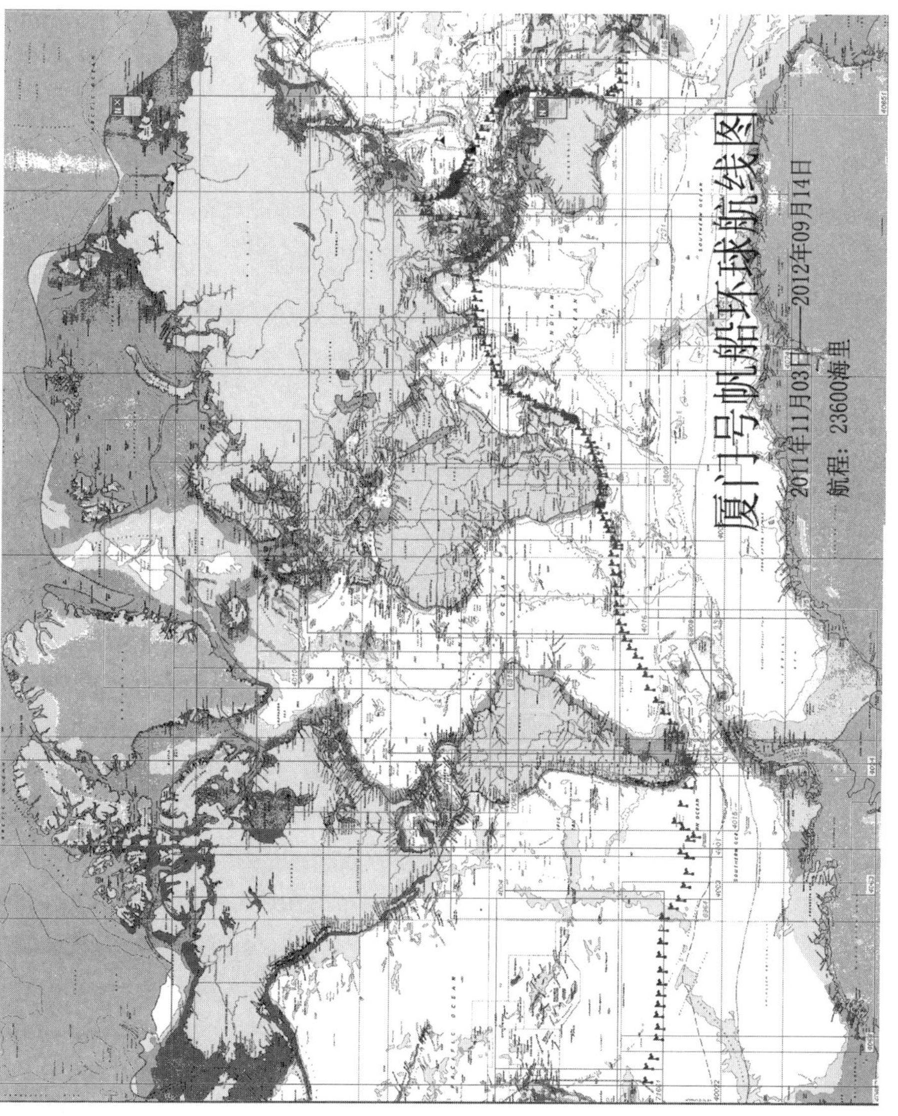

图一 "厦门"号帆船环球航线图

"厦门"号是第一艘沿南太平洋西风带跨越太平洋、第一艘越过合恩角、第一艘不穿过运河而沿地球地理形状环绕地球航行的中国帆船。

2011 年 11 月 3 日

船位：N24°24′,E118°12.15′

航速 8 节，航向：173°

保佑平安的玉坠、潘市长的眼泪和吴亮哽咽的歌声……。直到起航前，才感觉真的要和厦门、要和朋友们离别了。

15 点 59 分，“厦门”号驶过五通灯塔与翔安帆船公园造型的连线，梦想中的环球航行在如梦般的感觉中启航了。厦门的帆船和游艇都来为我们送行。小江开着船一直尾随着我们，几次让他回去，他仍一直跟着。挥挥手，欲言又止，说什么呢，一切都在不言中。贝壳和朋友在另一艘船上，最后他们大喊一声：“老家伙，你欠我一顿饭，等你们回来算账。”海事局的工作人员在海巡船上用列队的方式向我们致敬。陈处长发来短信：“千里送君终有一别，期待大家远航归来，回到五缘湾这个我们共同的家。”此时，“家”这个词对我是最亲切也是最敏感的。的确现在还想不出归航和回家的场面，但我相信，我们一定会回来(图二)。

图二 “厦门”号帆船扬帆远航

天黑了，风鼓动着海浪扑上甲板，月亮早早的升上天空。身边是熟悉的大担岛，身后是万家灯火的厦门，前方，是两万三千海里漫长的回家路。

11 月 4 日

船位：N23°12′,E118°22′

风速：15 节，航向：160°

“厦门”号进入巡航状态后，我们进行了分工，六个人分成三组，分别是祖扬(刘祖扬)和我(魏军)、徐毅和烙铁(王铁男)、小李(李晋城)和小连(连金俊)，每班值三个小时。除了正常值班外，徐毅负责通关和领航，烙铁负责机械维修，小李负责资料整理和宣传，小连负责拍照，祖扬和我负责做饭。但现在蓝健是大厨，陈建是这段的水手长。大家首先按各自的分工对船的导航及部件进行了检查。18 时，厦门号驶出台湾海峡。海面上浪很乱、也很高，船横竖左右的摇摆，让人很不舒服。为进入夜间航行，我们落下了球帆。蓝健在闷热的船舱里光着膀子为大家做了一顿丰富的晚餐：牛肉茶树菇汤、圆白菜和一份红烧肉。

11 月 5 日

船位：N20°02′,E118°11′

风速：25 节,航向：170°

昨夜一直都没有见到海峡中忙碌的渔船与商船,风向从北风转为偏东风。我们的方位：北纬 20°13′,东经 118°36′,距离马尼拉还有约 300 海里。这里的海水呈紫蓝色,海面上没有任何船舶。帆船一切正常,我们开得非常轻松。

11 月 6 日

船位：N17°08′,E118°18′

风速：9 节,航向：145°

今天是星期天,家里来电说 15 时可以与家属连线,大家都很高兴。以前,在茫茫的大海上根本无法使用电话联系,现在我们装备了很好的海事卫星电话,可以很方便地随时与陆地联系。只是电话费比较贵,每分钟大约 20 元钱。15 时,电话准时接通。潘市长首先询问了我们的航行状况和大家的精神状态,之后鼓励我们勇往直前、平安归来！每个人都与家人通了电话。小连的女儿刚上小学,稚气地说要在世界地图上找爸爸,太感动了！电话连线后,大家的心情非常好。

前方出现了一团乌云,意味着一场暴雨的到来。在这样的暴雨中,时常伴随着大风。我们提前将主帆降下,防止到时紧张。大风携着大雨来了,由于准备的充分,对我们的航行没有造成任何影响,大家兴奋地在雨中洗澡。因为船上的淡水有限,大家已经三天没有洗澡了,今天正好痛快地洗洗。

11 月 7 日

船位：N16°05′,E119°25′

风速：15 节,航向：100°

早上看到了菲律宾北部的山脉,青灰色的山,山顶围绕着白色的云。我们顺利的通过了两个海峡。今天的风向转为偏南风,我们顶风前进,航速不快,并且海浪一直往甲板上打。昨天的天气预报说菲律宾以西海面上的风速只有 5 节,不知道为什么现在会有 20 节。船头在海浪上高高地跃起,我们的衣服也都湿了。更糟糕的是船非常倾斜,一侧的床铺没法睡人,而且舱内很热,大家睡的都不是很好。由于船的摇摆与倾斜,饭也没办法做。15 点,王铁男把鱼钩放入水中,几分钟后就看到鱼竿抖动,再看远处海面上有一团水花,大家兴奋地喊着,有鱼了！果然,我们收获了一条近十斤的不知名的大鱼,太开心了。晚上,蓝健忍着闷热与摇摆为大家做了一顿非常好吃的鱼面。

11 月 8 日

船位：N14°27′,E120°21′

风速：6 节,航向：116°

原预计清晨到达马尼拉,因为顶风而延误到下午 3 点。今天的天气非常好,菲律宾的海岸显得非常的清爽漂亮,雪白的云朵、蓝蓝的海面和葱绿的群山。空气的湿度不大，身上很干爽，我们把存了几天的湿衣服拿到甲板上去晒。利用昨天剩下的半条鱼，蓝健为大家做了一顿更加鲜美的鱼粥。

马尼拉游艇会在马尼拉湾的最里面，是欧洲人在管理。他们非常热情地欢迎我们，我们将航海俱乐部的会旗与马尼拉游艇会的会旗进行了交换。他们准备了简餐，让我们吃上了五天来第一顿安稳的饭。菲律宾海上警察的官员也与我们合影，赞赏我们驾驶帆船环球的行动。因为在他们看来，过去只有欧美的人才能做到，今天中国人也能做了。

晚上，中国驻菲律宾大使馆参赞兼总领事沈自成先生、菲律宾华商联总会的庄前进先生及新华社和各华商同盟的七十多人，为"厦门"号帆船举行了欢迎大会及欢迎晚宴。华侨们对我们的到来感到非常的自豪，报纸都以大版面登出了我们即将到达的消息，这让我们受到很大的鼓舞。接下来还有很多的交流活动，第一阶段的航程顺利的完成了。

下一段航程：

菲律宾至帕劳。

航程：1000 海里。

气象：将经过菲律宾东部的气旋发生区，天气炎热，气温可达 30 度以上，有雷雨区。

海况：菲律宾群岛的海流可达 4 至 8 节，如果遇上顶流将无法通过并可能被推到岛屿上。

航道：菲律宾群岛有很多捕鱼的小船，这些船没有航行灯，有碰撞的危险。

预计航行时间：8 天

11 月 13 日

走向太平洋

我们在马尼拉的日子过得很快，每天忙着整理船。在此之前的航段，电路出了一些问题，影响到导航设备，在烙铁的努力下解决了。由于澳洲的签证没有办下来，我们准备直接到新西兰。

上午十点，沈参赞、陈领事和庄会长等到码头为我们送行。我们驶离码头时，他们还在码头上向我们挥手，我们心中也充满了依依不舍的乡情。这几天大家在一起，就没有把马尼拉当异乡的感觉。

马尼拉的建筑渐渐模糊，在我们的前面是走进太平洋的航程。我们要穿过菲律宾的群岛，从圣伯纳帝诺海峡进入太平洋，然后到帕劳群岛。天气很好，红红的夕阳非常美丽，明亮的群星接着落日照亮我们的航路。十点，月亮升起来了，整个的景色和我们的心情一样美好。

11 月 14 日

船位：N13°28′，E121°21′

风速：14 节，航向：128°

人们都说美丽的夕阳预兆着将会有坏天气。今天从早上开始就有一团团的乌云在天上飞。远远看去，很多的云团下面还挂着雨帘。我们穿行在岛屿之间，不时地改变航向以避开一片片的雷雨，避不开的就直接洗澡。这里的雨水不凉，澡洗得还很舒服，又节约了船上的淡水。

昨夜的航行中看到很多商船，而今天一艘也没看到。之前在马尼拉游艇会，一个外国朋友对我说，我们要走的航线的出口有问题，那里的海流非常急。我们看了一下海图，标注的海流速度有4～8节，比我们船的全速都快。航路指南中记载，海峡中除了大浪外，还有漩涡。漩涡直径可达25米，比我们的船还长，非常危险。我们原来就担心怎么过去，现在看不到一艘商船，让我心里多了一份不安。我们研究了好久，备选方案是走海峡下面60海里的一处狭窄水道。但航路指南上说，水道上空有一条高度大约20米的电缆，而我们的桅杆高23米，也许会有问题。但如果这个口不能过，我们就要一直在菲律宾的群岛中穿梭，直到菲律宾南部，可能就无法去帕劳了。

最后决定，先到出口看看，如果可以就过去，不行就去下一个出口看看。

11月15日

方位：N12°37.6′，E123°45.7′

风速：14节，航向：335°

现在，我们离厦门的直线距离有800海里。昨夜一直在下雨，天黑得伸手不见五指，只能靠GPS和雷达配合导航设备穿行在岛屿中间。菲律宾的岛屿很多是无人居住的，岛上没有一丝光亮。你知道岛就在你身边，可是什么也看不见，有种摸黑进屋的感觉。一旦仪器出了问题，那可能就真的开到岛上去了。

天终于亮了，距离圣伯纳帝诺海峡30海里，预计8点多就能到达。

圣伯纳帝诺海峡上空黑蒙蒙的，海峡的这边是印度洋，那边就是太平洋，现在的方位是北纬12°30′，东经124°04′。书上提醒，东北季风时不建议通过。现在风向90度，风速15节，浪高不到1米。我们紧张地注视着前方，在对船进行最后的检查后，转向60度进入海峡。开始时，海流在推动着我们，航速7节。突然海流变为反向，船速变为3节。这时，我们左侧是暗礁，右边是翻滚的海水。李晋城掌舵，但60度的航向怎么也保持不住。海面上没有风浪，而黑色的海水从下面向上喷涌，大大的旋转的水波，把船横向推到一边。明明是船首向60度，实际航向却是30度或倒退。烙铁把船速提高到2000转/分钟，可船速仍然不见提升。此时老天也不作美，大雨点啪啪的落下来，打在身上都觉得痛，能见度也降到不足100米。20分钟后，GPS显示，航迹是向后并向小岛移动，完全不是我们的航线，继续下去就可能被推到岛上。我决定掉头返回。船刚一调头，船速立即从刚才的3节变为12节，船飞快的向后面的四个小岛驶去。我们赶紧改变航向以避免被海流影响而出不来。

徐毅从网上查到了圣伯纳帝诺海峡的潮汐时刻，明天凌晨1点可以通过。我们决定到附近候潮(图三)。海岛上密布芭蕉树，岸边的村落不大，都是茅草屋。锚好船后，当地的渔民划着小三体船过来。我们买到了最好的土鸡、野生的芭蕉，还有新鲜的鱼。大家饱餐一顿，等潮水合适的时候再次冲击进入太平洋的航路。

15点，我们花完了最后一个比索，按着菲律宾渔民以似懂非懂的样子说的时间出发了(图四)。

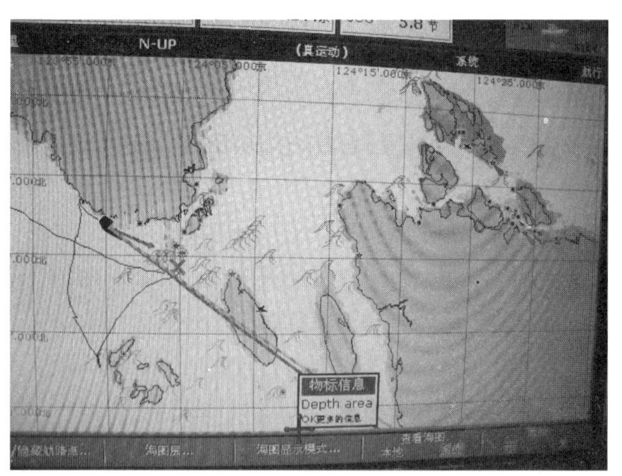

图三 圣伯纳帝诺海峡的海图

图四 向菲律宾渔民了解潮水时间

圣伯纳帝诺海峡比上午平静了许多，不过我很清楚，平静的海面下暗流涌动。我们谨慎地向海峡进口驶去，徐毅和王铁男掌舵，航速6节，顺流2节。马上就到漩涡的地方了，海面上又出现了向上涌起的水流，但明显不那么急了。忽然，徐毅喊："顶流2节。"像上午一样，我心里一紧，看来真的不好过。徐毅又喊："船速3节，还在向前走！"还好，没有出现早晨横着走的现象。我们紧张地注视着海面，没顾及前面。忽然，船头的小连大喊一声。由于风声没有听清，我问他，什么事？他说："我感受到太平洋海风的温暖啦！"我们抬头望去，一望无际的太平洋呈现在我们眼前。

11月16日

乘着风的翅膀

船位：N12°38.7′，E125°27.6′

风速：14节，航向：126°

进入太平洋后，心里也变得很开阔。东风，风速15节，风从早到晚都没有变化。在这里，航行目的地不决定眼前的航行方向，而是跟着风走，反正路长着呢。海面上什么都没有,只有我们一艘船,见到的其他船都能让大家兴奋一下。一条跃出水面的飞鱼、陪伴我们飞翔的海鸟都是话题。我们自由地乘着风的翅膀,信马由缰地飞翔在太平洋上。

天上的洞

月亮又白又亮,白色的云团变成黑色的阴影。偶尔云团会露出一个空,使清澈的天空像白雪覆盖的湖面上凿开的冰窟窿一样深奥。在那无底的洞里,几颗亮晶晶的星星,不眨眼地看着我们。一会儿云层散去,繁星满天,天狼星像一盏警灯似的变换着红蓝色诡异的光,星星低到让我们以为是海上的行船。因此我们就有了很多关于星星的故事,儿时的,科学的,宇宙的都是话题。连全俊说,回去后一定要带女儿坐船看星星,因为她会把看到的每一颗星星都告诉他,而城市里似乎里就看不到星星。徐毅的手机上有一个软件,可以找到星座,大家都在找自己的星座。

魏军:天蝎座

徐毅、王铁男:射手座

刘祖扬:双子座

连全俊、李晋城:处女座

海面上是想象不到的静,其实不是声音的静,而是环境的静。我们时而讲话,时而唱歌,时而沉默,想必大家都在想着自己的故事。

11 月 17 日

牙刷与牙膏　　李晋城

船位:N12°01.96′,E126°12.4′

风速:30 节,航向:140°

如果有人问我,这半个月以来在船上最开心的事情是什么。我会毫不犹豫地回答,是我每天早上醒来的第一件事——刷牙。因为每天早上起来刷牙的时候,总会拿出你给的牙刷和牙膏,一种暖暖的感觉油然而生,然后嘴角一撇,乐了……。正如你所说的,每天早上醒来都是美好的。

昨天早上,船长见我认真地注视着牙刷,就问我:“是谁送你的吧?”我说对呀。他马上说:“是女朋友吧?”我笑了,没有回答。连全俊马上问:“是谁呀? 呦,怎么一直没有听说过,呵呵。”我马上答道:“当然是送我牙刷和牙膏的人呀。”船长大笑着说:“你就别管谁送他的了,反正是小李喜欢的人就是了。”

哈哈,谢谢你——伊人,我会每天想你多一些。放心吧,我会照顾好自己的,你也是,勿挂!

11 月 19 日

“劳燕奋飞”

船位:N09°40′,E128°45′

风速:16 节,航向:126°

傍晚下雨了,海浪拍打着船舷,风也有点凉。就在我们准备进入夜航状态的时候,两只燕子不停地围着我们的船转。它们应该是迁徙的燕子,可是这里离南方的陆地还有几百海里，它们怎么能飞过去呢。我们减小说话以便让它们落下来，但它们还是迎着风雨向南方飞去了。等候他们的是什么呢？死亡，还是回到它们冬天的家。它们很像是一对年轻的情侣，在茫茫的海上相偎相依。我不再往下想，只肯定它们的精神，也正是有了这种精神和死亡，候鸟才能繁衍。我只能默默地祝愿它们，一路顺利。

11月21日

信风带——不尽的长河

船位：N08°10.6′，E131°56.9′

风速：24节，航向：90°

我们驶出菲律宾群岛已经六天了。从北纬12度到了现在的8度，240海里宽的海域，风向和风力几乎没有变化，这就是地球大气环流的北半球信风带。

信风带成就了人类历史上的地理大发现和大航海时代。商业帆船的船队从东到西，沿着信风带通达世界，无尽的信风带也因此被称为“贸易风带”。

北太平洋的信风带常年吹东北风，但也随季节和气候变化发生局部的转变。这几天一直稳定的东风，使我们无法直接行驶到帕劳。我们的目的角度是106度，而在东风的影响下，我们最小的行驶方向是140度，并且顶风顶浪，因此走得很辛苦。但紫蓝色的海水和清澈湛蓝的天空，使我们航行的很开心。

在信风带海域，每天都能遇到一团团的强对流云团（图五）。云团底部有黑压压的雨柱或雨帘，好像是天上的一个漏了的装满水的布袋，进入后就是暴风骤雨，海面也从紫蓝转入黑灰色。白色的浪花被密集的雨滴打碎碾平，冰凉的雨点打在身上很痛。船被吹得东倒西歪，我们的耳边充斥着风的号叫。但这种云团很小，不到十分钟就过去了，转眼又是蓝天碧海。后来我们发现云团就及时躲避，晚上则打开雷达去观察，在雨柱中穿梭行驶（图六）。

图五　恐怖的骤雨云团

今天，我们已经走到了北纬8度。前方海面出现了一道无边的云墙，我想这应该是信风带与无风带的分隔区。这边的天气是阴天，过了这片云墙，应该就是无风带了。

图六　小连在雨中掌舵

信风带像一条河,一条空气的长河。在这风的长河里,我们似乎听到水手们在暴风雨中的呐喊,看到那些勇敢的开拓者们扬起在海面上的征帆。

11月23日

船位:N07°27′,E134°26′

风速:13节,航向:215°

凌晨5点,我们到达帕劳北边礁盘的入口处。我们进入后才发现,助航标志不清楚。清澈的海水清楚地显示出海底的礁盘,几次驶入礁盘区。我们采取了最原始的方法,让李晋城爬上桅杆的高处瞭望。我们根据海水的颜色来判别深浅、调整航向,最终顺利到达帕劳(图七)。12时,办完入境手续。据当地官员说,我们是来帕劳的第一艘中国船。我们预计在这里停留4天,以了解热带岛屿的海洋状况及当地的风土人情,然后出发前往南太平洋。

图七　“厦门”号抵达帕劳

帕劳——巴布亚新几内亚航线分析

此段航线要从北半球的信风带进入赤道无风带，由于航线呈斜线进入，航程很长。因此，我们要根据气象分析随时改变航向，以最短的距离在无风带中驶过。在接近巴布亚新几内亚附近时，可能会受到近岸海陆风的影响。马尼拉游艇会的一位外国朋友对我们说，巴布亚新几内亚有一段无安全管理水域，建议我们不要走。所以，我们还不能完全接近巴布亚新几内亚的陆地。

此段航线风浪相对较小，但气温会很高。舱内温度可达40度，环境对我们是一个严峻的考验。

第一艘到帕劳的中国船

在帕劳美丽的海湾里几经周转，徐毅就是听不懂帕劳海关人员带着浓重口音的英语。最后终于看到岸上一个穿工作服的人在招手，才找到靠泊的地方。

帕劳的检验、检疫很仔细，进了船舱后，什么都要看。最后把我们带的肉制品和生姜大蒜都带走了，连带垃圾还交了200美金的处理费。工作人员都以为我们是台湾来的，因为他们没想到会有中国大陆的帆船来这里。检验、检疫的人说，我们是第一艘来这里的中国船，我想帆船肯定是第一艘，其他的船嘛要考证。

我国还没有与帕劳建立外交关系，但这里的中国人也不少。我在商场买东西时，刚要用三句半的英语问话，女售货员就直接用中文和我说话，感到很是亲切。真是应对了那句话，有人的地方就有中国人。

11月24日

法兰西的老船长

港湾里有一艘挂法国国旗的帆船，船上有一对老夫妇。我们锚泊时，他们在船上向我们挥手，我们也向他们致意。上岸后，在游艇会又见到他们，大家在一起喝啤酒。他曾经是一艘商船的船长，也曾到过中国。当他知道我们要去环球航行时，非常赞叹地翘起了大拇指。他了解了我们的航线之后，给我们讲解到那里要怎样走，还约定晚上到他船上看资料。

他的船很整洁，和我们的船相比空间大了很多，墙壁上挂着孩子们的照片。老两口开艘帆船环游世界，让我们很佩服他们的精神。船上的资料很多，用极端详细来形容都不为过。他详细地介绍了我们南太平洋航线上的气象、停泊点和航行规则，用一句我们的成语表达就是“如数家珍”。

九点多，我们离开了他的船。因为他与太太明天七点就要起航去菲律宾，一千海里的航程，这其中的辛苦我们知道。在漆黑的港湾里，他带上头灯，熟练地开着充气艇送我们上岸。过去我们从未相识，以后也不知是否还能见面，有的是航海人之间大海连结的情谊。码头上，挥挥手，一盏灯光消失在黑夜里。明天是大晴天，祝他们夫妇一帆风顺！

11月26日

合恩角

今天约定上午十点与家里人视频通话，大家早早地就聚在电脑旁。酒店的网速很慢,图像也一再卡壳,但见到亲人的感觉还是非常亲切。烙铁的妈妈在见到儿子时说:"什么时候到那个什么恩角?"烙铁忙说:"是合恩角。"我们都乐了,连老人家都知道在地球的南端有个合恩角了。看来我们的环球航行会让很多人了解世界地理和海洋知识,这也是我们此次航行的目的之一。

11月28日

记住:有时间一定回来

帕劳真是个美丽的地方,天蓝、海蓝,蓝到你爽。这里的小岛很奇特,岛上植被茂密,海面部分却被海水侵蚀,就像漂浮在海上的盆景。盆景周边的海底是白色的珊瑚礁,使海水呈现出难以形容的绿色,就如同这个大盆景镶嵌在一个透明的玻璃托盘上(图八)。

图八　洁净的帕劳海水

除了清洁的海水,岛上卫生也很好。而在交通上,我们让当地人给上了一课。只要你过马路,汽车一定会停下来让你过,转弯的车一定会停下让直行的通过;没有红灯,见不到交警;走在路上常会有人对你点头或问候,很是亲切。

帕劳政府对海洋保护做得很好。岛上的垃圾处理,没用的要掩埋,有用的则用船运到别的国家处理,因此海滩上很干净。去水母湖,进出都要在一个池子里洗脚,免得将外面的泥土带进去或将上山的泥土带入海里。导游带客人在岛上用餐,要负责将全部的垃圾带回俱乐部处理。

最奇怪的是他们的总统府。它建在帕劳的另一端,周边多少公里都没有人,孤独地立在山上。我们去的时候赶上感恩节,空荡荡的没有一个人。我们几个在院子里钻来钻去,看上去就像是特工队。最过分的是总统府顶上的国旗居然已经破损了,还没有人换。看来这里的人已经习惯无政府状态了,反正自己能约束自己就好。

我们住在一家叫DW的小酒店,很像我们的家庭旅社,周围景致非常美也非常静。老板姓黄,是台湾人,很热情。他为我们华人能开帆船环游世界感到自豪,见人就向人们介绍我们。几天时间里，他开车带着我们观光、补给，相处得像一家人。起航前，他拉住我的手说："记住，有时间一定要再来。"

11月29日

船位：N05°57′，E135°32′

风速：9节，航向：157°

离开帕劳一天了。风雨很夸张，一天之内经受了差不多十场，搞得我们到处都是湿乎乎的，很不好受。我们原计划停靠补给的巴布亚新几内亚不能停了，我们的航程达到两千多海里。并且赤道地区风比较小，因此这段航程会比较困难。穿过所罗门群岛就进入了南纬十度范围，也就是进入了南太平洋飓风的发生区。这段将是我们航行中遇到问题比较多的一段。

11月30日

YU PENG YUAN 你是中国船吗？

船位：N04°31′，E136°39′

风速：13节，航向：117°

当地时间15时20分。GPS屏幕上显出一个箭头，表示AIS识别到附近有一艘船。

AIS是船舶自动识别系统。船上安装这套系统，使船与船之间在相隔很远的时候，就可以识别到来船的名称、目的港、船籍港、尺度、航速、航向等数据。

我们已经好久没有见到商船了，每天从早到晚都只有我们自己。看到它的船名，我们猜想可能是艘中国船，于是就用VHF16频道呼叫，"YU PENG YUAN 你是中国船吗？"果然对方回答是。我们很高兴，就和他聊了起来，真是他乡遇老乡的感觉。船长听说我们在驾驶帆船，就说他在电视和杂志上知道很多翟墨的故事，他觉得中国人驾驶帆船环球航行是国人的骄傲。他开船好多年了，走遍了世界各地的港口，看到很多外国人驾驶帆船环球航行。当听说我们要过合恩角的时候，更为国人感到自豪。并说他从澳大利亚返回国内的时候，大家应该在海上还能见面。我们开玩笑说，到时你要海投些蔬菜水果的给我们。

船长名字叫王海明。

12月4日

进入无风带

船位：N01°04′，E143°41.5′

风速：5节，航向：118°

从前天起，我们就进入了赤道无风带。这里的天空格外的蓝，云格外的白。一缕缕、一朵朵、一层层、一片片的云彩定格在宝蓝色的海面上，像一幅幅的写意山水画（图九）。

赤道无风带的宽度约600海里，也就是10个纬度。由于这里太阳直射，温度升高成为低压，来自南北的高纬度的气流补充形成信风带。因此无风带的气流有上升

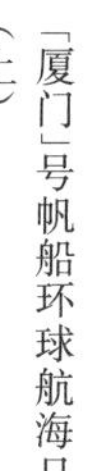

图九　赤道无风带

而没有水平运动，也就使这里的云没有像信风带那样朝着一个方向飞快地跑。

无风带很神奇，我们在距离岸边500海里以上的距离，但海面就像厦门筼筜湖无风时那样光亮。偶尔的风也是小范围的三四级风，过去后，海面又恢复了平静。赤道无风带会随季节的变化南北移动，现在是北半球的冬季，无风带移到赤道以南，夏季时再移到赤道以北。无风带阻隔了南北两个半球的气流交换，使南北半球的气候形成相反的季节。

从垃圾收集到垃圾处理

出发前就有了处理垃圾的方案。当时想，只要是不能降解的就不能丢到海里，包括烟头在内，统统装在垃圾袋里带到岸上。在厦门到马尼拉航段上，我们船上产生了很多的垃圾，主要是食品包装袋，包括熟肉和生肉的包装薄膜。结果，这些带食物残渣及汁液的包装袋，在闷热的船舱里开始腐烂发臭。并且塑料袋只是塞到垃圾袋里，体积很大，舱内放不了就放到甲板上，或挂在船尾的护栏上。乱不说，糟糕的是雨水和打上来的海水会灌进垃圾袋里，可想而知会有多么糟糕。

从帕劳出来，我们把垃圾收集改变为垃圾处理。有机可降解的丢到海里，有污渍的食品包装袋用海水洗净，有油的要用洗洁精清洗。待晾干后，再将它剪成小碎片，放入塑料袋里封存（图一〇）。原本会发臭的包装袋就变成了色彩鲜艳的碎片，变得不可怕了，可以说船上已经没有垃圾了。

大家说，准备用这些处理后的塑料片贴成一艘帆船回去放在俱乐部的展馆里。

12月5日

船位：N0°0′，东经145°41′

风速：10节，航向：118°

厦门号马上就要过赤道了，赤道是航海人心里一条神圣的看不见又看得见的线。

2011年12月5日14:18

无垠的大海没有任何标志，但感觉那条线在慢慢地接近我们。随着徐毅倒计时的喊声，我们激动地打出V字手势，和声喊起“3，2，1，0！”似乎感觉到那条线从我们的脚下划过（图一一）。

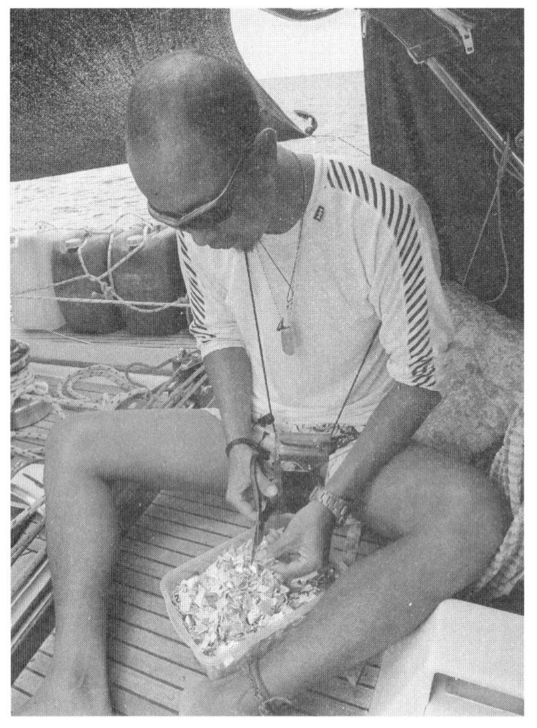

图一〇　海上垃圾处理

图一一　赤道留念

再看前方，平坦的海面似乎是另一片海面，云也似乎是另一个地方的云。瞬间，我们就到了另一个世界。

接近赤道之前，大家就在计划，要剃头、洗澡、包饺子、照相，热热闹闹的纪念一下(图一二)。就如同天意一样，进入0分以后，离赤道还有六海里的时候，一道雨墙挡在我们的航线上，瓢泼大雨将船和人洗得干干净净，还接满了一大桶淡水。

李晋城提议我们每个人都在废纸箱上写一句话。

小连：越过赤道，爸爸在南半球想宝宝。

李晋城：我过赤道了，0度的风——晋城的爱。

图一二　过赤道包饺子

王铁男：爱的力量。

徐毅：第一次哦！害羞……。

魏军：再见了北半球！

起航前，一个厦大女孩要祖扬带一个木制的明信片，寄托她对我们的祝福。祖扬在上面写到：现在我们穿过了赤道，之前我们包了饺子，刚吃完。船长、晋城和我理了发。赶上一阵大雨，小连和我还洗了澡，雨水淋浴啊！风平浪静的赤道，阴到多云。

傍晚的落日似乎都和北半球不一样，以更绚丽的色彩欢迎我们进入南半球（图一三）。

图一三　南半球的第一个落日

夜晚，北斗七星的“大勺子”孤独地在夜空闪烁，北极星已消失在海平面的下面。南十字星在银河的头上，像一把宝剑斜刺在夜空，剑锋所指的方向就是南极。

12月5日

水手日记　　李晋城

凌晨三点起来值班，天气不是很好，偶尔有阵雨。东北风8节，迎风角度60度，航速5节,平稳。

虽然加了一件外套,外面还穿了救生衣,但还是觉得有点凉,可能是刚才那阵雨带来的凉意吧。

坐在甲板上,放眼天际,漫天密密麻麻的星星,一轮上弦月在苍穹中高挂,太美了!遗憾的是,这么浪漫的夜没有你在身旁,所有的美在我心中都是残缺的。

我们再过三天就到巴布亚新几内亚了,这里的时差比你那边多两个小时。这是离开厦门的第五个周末了,不知远方的你,这个周末过得怎样?开心否?知道吗,此时此刻又想你了。你应该又是弯腰搂着那头可爱的小笨熊,眯着双眼,嘴角勾出一抹淡淡的微笑,看上去睡得好香好甜。伊人——好梦伴你,晚安!

12月6日

侧支索故障

船位:S00°36.9′,E146°44.2′

风速:4节,航向:111°

我一起床就听小连说,侧支索断了,吓了一跳,马上窜上甲板。

帆船上有一个高耸的桅杆,桅杆撑起船帆,收集风力使船前进。厦门号自重十七吨,加上人员及各种物品器材,有二十多吨的总重。让这样一艘船在海上跑出十几节的航速,经受海浪的冲击,桅杆是需要非常牢固的。

桅杆插在船体中部,由侧支索拉紧固定。侧支索是由2毫米直径的钢丝编成的直径12毫米的钢缆,每侧4根,预紧后有很大的张力。船上出问题的支索是左舷的第四根(图一四)。我们决定缩小主帆,减少受力,到卡维恩后与右舷第一根调换,然后用绳索和滑轮组代替(图一五),全部支索的安装及保护绳方案由王铁男负责。

图一四 断裂的支索

支索问题发到微博上以后,收到全国各地网友的很多维修替换建议。有的甚至把图直接发到微博上,其中翟墨说他在印度洋上曾用绳索固定后支索。网友的关心使我们感受到一种力量,就如同潘市长说的:“你们不是自己在航海。”

图一五　用绳索和滑轮组固定的侧支索

静

今天是真没风了,海面上没有一丝风,半个月亮挂在天上。大家提议,关掉机器享受一下真正的静。我们关掉机器,船停在海上,没有风、没有浪、没有现代工业产生的声响。徐毅大声地呼喊,没有群山中飘荡的回声。船轻轻地摇,我们静静地坐在甲板上。海面映出星星的倒影,长长的、弯弯的。以前在山里享受安静,凝听的是昆虫的鸣叫。今天的静是在陆地上无法找到的,可以用绝对静来定义,甚至让人有种怪异的感觉,虽然时间很短,但却永远令人回味。

12月8日

欢乐的海豚

船位:S02°10.6′,E149°58′

风速:5.5节,航向:115°

上午,接近了巴布亚新几内亚的一座很大的岛屿。忽然在我们的左舷有一头海豚跃出海面,我们赶紧各自取相机。这时海面上翻起无数朵浪花,无数头海豚出现在我们船旁。它们游到船头,欢乐地嬉戏着。我们也都聚到船头,看海豚在清澈的水下紧贴着船头游来游去。它们好像在对我们说,欢迎你们(图一六、一七)。

海豚们异常欢乐,三五一群地交替在船头的底下穿行,不时跃出水面,看起来非常高兴。远处有一片海鸟,只见海鸟跃起又射入海面,完全是《海洋》中的场面。后面的远处,还有海豚向我们赶来,它们像我们一样高兴。大约1小时后,海豚们陆续地走了。最后一头海豚又从远处游来,再次从船头穿过向我们告别。我们大喊:“再

图一六　成群的海豚给我们领航

图一七　海豚向我们赶来

见了！朋友们！"似乎能感觉到海豚在海底发出的回声，但我相信，肯定会有。

巴布亚新几内亚，卡维恩

在穿过赤道无风带的航行计划中，我们设定了一个停靠点——巴布亚新几内亚新爱尔兰省的卡维恩。之所以在这里补给，是帕劳的法国夫妇提供的信息。

我们到达这里的第一印象，好像是到了非洲一样。看上去，完全是非洲人的样子，黑色的皮肤，卷卷的头发和鲜艳的衣服。当年欧洲人发现这个岛的时候，他们可能以为到了非洲，所以才起了这个名字。这里的人过着一种很简单的生活。岸上，随便撒点种子就能生长；海里，随便撒点网就有鱼。以物换物依然是常见的交易方式，我们用三听罐头换了五条很新鲜的鱼。后来才知道我们给多了，最后发现这里的人不吃猪肉（图一八、一九）。

集市的日子是本地人最集中的时候。这里的集市看上去和我们农村的集市差不多。细看之下，发现这里的人没有用秤，蔬菜和水果按大小堆来卖，蒜头要分成瓣来卖，烟可以按支来卖。可以肯定，这里的蔬菜和水果都是纯绿色的，因为长得都不那么好看。

图一八　巴布亚新几内亚的两头龙虾

图一九　巴布亚新几内亚渔民和他的小渔船

这里没有想象中的镇中心，几家超市的所在地就算中心了。这里给我的感觉就如同走进了美国西部蛮荒时代的牛仔片，小店、小镇、闲散的人。卡维恩人喜欢嚼槟榔，男女一张嘴都是通红的，有点恐怖。

因为要赶去澳洲修理船，我们如同蜻蜓点水般的离开了。其实这里的风景非常美，是原始的美。人也比较简单，就如同在集市上她们看我的眼神。如果有时间真应该到土著人生活的村子里住几天，了解他们的生活。在驶离卡维恩最后一片岛屿的时候，我感觉到，真的应该利用船的特点，去了解那些平时无法去的地方。

12 月 11 日

烙铁的生日

船位：S03°17′，E151°26′

风速：10 节，航向：160°

今天是王铁男的生日。大家从早上就在想怎么过。可是我们就这样小的空间，又没有什么东西可以改善生活。最后决定，由他自己钓条鱼来改善生活。直到太阳落入海面以下，鱼竿依然没有发出响声，看来靠他的鱼是没戏了。

晚餐，我们吃的是炸酱面。面是从厦门带来的，又单独给他做了一个荷包蛋。下午全体船员轮流搅鸡蛋，准备给他烤一个蛋糕。我们在卡维恩买了一个西瓜，也算作生日宴的大餐。小李是我们船上的艺术家，他设计了一个蜡烛，对烙铁保密。经过一番努力，蛋糕出炉了。有点硬，不太像蛋糕，倒像是蛋饼，反正有那个意思。蜡烛是一个红红的西红柿，上面根茎坑里滴点油，放上纸芯。西红柿放在蛋糕上，还很别致。虽说很简单，但烙铁吹蜡烛时非常地开心（图二〇）。

图二〇　烙铁的生日蛋糕

12月13日

赤道印象

船位：S09°06′，E154°33′

风速：8节，航向：160°

从昨天就有风了，一扫多日的平静，船速也开始加快。我们很快就要进入南半球信风带了。

进入赤道前，曾认为赤道上一定会热得要死，在马尼拉还买了一台小空调。谁知自从进入赤道就没有热过，甚至晚上在甲板上时还要穿航海服。整个在赤道上的航行，应该是到现在为止最舒服的航段了。

赤道无风带不是绝对的无风，而是没有常向的风，哪有雨就往哪刮。之所以不热，是因为海水是恒温的，大约27度左右，阳光的热量没有聚集的地方。稍有风就是凉风。就像卡维恩，太阳底下热，树荫底下凉。陆地面积小，热量很快就散发了。

我们即将进入澳大利亚东北的珊瑚海。这里是西南太平洋飓风的区域，也是我们此次航行的重点气象危险区域。加上我们桅杆支索的故障，如果遇上大风将是对我们的巨大威胁。我们计划每天用卫星宽带看一次气象预报，随时掌握信息以采取避让措施。

12月13日

小连的日记　　连金俊

如果把这次远航看作是人的一生，我想这段航程应该是我们无忧的少年阶段。没有了狂风和暴雨的呵斥，我们享受着赤道无风带无忧的航行。宽阔的太平洋，仿佛只属于我们。船长不用再为航行担忧，改变角色成了我们的专职厨师，用我们仅有的几样食物变出每餐可口的美食。有时候觉得，他更像是个慈父。

帕劳七彩的海、美丽的珊瑚、神奇的水母、纯朴的人们让人难忘。离开帕劳那天的傍晚，日落变换着七彩的光芒，像是城市灿烂的灯火在为我们送行。那光芒让我们想起了，离开厦门时在厦金海域看到的、我们那座城市的灯火。

昨天对于我们每个人都将是永生难忘的。赤道前的一阵大雨洗尽了我们从北半球带来的尘土，我们用自己的方式在赤道旁徘徊，第一次穿越了赤道。穿越赤道像是我们这次远航的成年礼，我们用自己的方式庆祝这次成长。

每一天的日出日落都是大自然给我们的最美礼物。迎着太平洋上亮起的第一道曙光，走出船舱。新鲜的空气，新鲜的人。太阳是最伟大的灯光师，天空是云彩的舞台。他们变换着为我们蓝白两色的航行带来无尽的色彩！在太平洋的最深处，他们只为我们表演。

彩虹几乎每天都会光顾，有时候不用经历风雨我们也能看见彩虹。她是云端飘逸的一小朵，是在正午的太阳边形成的美丽光环，甚至会形成同心环。前天我们更是见证了在同一片云彩里升起的三道彩虹。可怜我们家小姑娘，五岁了还没见过真正的彩虹。记得有一天，在接她放学的路上看到一道彩虹。一路小跑着冲进她们教室，想抱她出去看彩虹，可惜彩虹已经离开了。

夜幕降临，夕阳抹去最后一道云彩。月亮已等在半空，为我们照亮了整个海面。享受完船长准备的月光晚餐，我们接着享受这无边的夜色。仰卧甲板，这满星的苍穹在这一刻也只属于我们。赤道无风带的海，平静得可以看见月亮和星星的倒影。这时候，我们那最年轻的水手常常会一个人坐在甲板上，戴着耳麦听着属于他们的音乐，月光照亮了他满脸的遐想。恋爱中的水手，昨天在赤道上写下了"0度的风、晋城的爱!"，是哪位幸福的姑娘让我们这年轻的水手如此着迷。

夜深了，只有船在微风中轻轻划过水面的声音。北京时间也11点多了，小姑娘应该睡熟了。现在想起来，前段时间在家每天牵着她软软的小手送她上幼儿园，应该是今生最大的幸福。

12月16日

船位：S16°10′，E154°55.6′

风速：14节，航向：160°

整天下雨，高高的涌浪不断涌来。奇怪的是，刮的北风怎么来的是南边的涌浪。可能南边有一个大的风区，才形成了这样的涌浪。因为涌浪能传递得很远，风没到涌浪就先到了。

早上小李看到要下大雨，就把所有的瓶子取出来。他接得很开心，很有成果，好几天的饮用水不用愁了。可谁知瓶子是接满了，但雨水直到晚上都没怎么停过，看来水多了也不行(图二一)。

图二一　接雨水

天气预报显示，在南边的塔斯曼海也就是新西兰有一个热带气旋，将经过北岛。这个气旋离我们有1000海里，难道说是它的影响？应该不是。

舱里热，外面湿，人的心情好像天一样闷闷的。涌浪让船摇得厉害，饭也不想吃了。

12月17日

船位：S17°49.66′，E154°20.45′

风速：27节，航向：214°

昨天的涌浪真的是南边大面积风区造成的。原定航向是180度，但由于风向是170度，我们只能走190到200度了。这样我们就偏离了原定航线。不过帆船航海就是拐来拐去的跟着风走，预计以后只要有偏东风，我们就转回来了。

浪开始越来越大，风也更大了，海浪不时的打到甲板上。昨天的衣服是雨水淋湿的，今天的是被海浪打湿的，温度和前两天相比真是冰火两重天。晚上已经变得有些寒冷了，徐毅和烙铁值班时把接水的布包在身上，又挡浪又挡风。

昨天接的一箱淡水是准备用来洗澡洗衣服的，结果都被摇出来了，剩下的也让海水给混合了。

12月18日

船位：S19°24.37′，E153°27.67′

风速：25～30节，航向：195°

夜幕降临，漆黑的海面上厦门号在风浪中狂奔。周围能见到的只有船体与海浪冲击溅起的白浪。看不见的浪峰，会突然猛烈地将船首高高地抬起或者干脆直接盖过船身。睡在船舱内，会感觉船像突然撞到了什么，发出巨大的声响。舱内的人就如同进了翻滚的游戏机，摇来晃去的，完全找不到重心。走路一定要抓牢，否则直接就倒到一边去了。原先大家都在船尾上厕所，出于安全，打开了舱内的厕所。

支索的问题一直困扰着厦门号，船的每一次倾斜、海浪的每一次撞击都会让我们紧张。狂风依然没有退去的意思，它像一个巫师一样在演奏。他把支索当作他的琴弦，用带钩的手指狠劲地拨动着，发出能够振动心灵的刺耳的号叫。这号叫拨动着我们的神经，让我们对船上发出的每一个声响都很敏感。

18点，主帆后帆脚的绳索在剧烈的抖动中被磨断。帆在风中像旗帜一样发出猎猎的巨大声响，帆孔被撕裂了一个半米长的口子。小连、小李和祖扬在摇摆达60度、落差达5米的甲板上艰难地落下主帆并捆好。我们单独使用前帆行驶。因为夜晚在甲板上工作太危险，稍不留意就会落水或被磕碰伤，只好留下问题待天亮再解决。

天气预报显示，在南纬20度海域之内有20节的南到东南风。一艘台湾籍货轮中华和平号告诉我们有涌浪。今天我们的方位是南纬19度，如果预报准确，还要行驶一天时间。

船上已经两天没有做饭了。因为摇摆得太厉害，左右倾斜、上下跳跃，一旦热的饭菜洒了，会发生烫伤的危险。所以大家只吃饼干和罐头，等风浪减小后再好好吃上几顿。

12月19日

船位：S21°53.7′，E153°11.9′

风速：25节

我们检查了昨夜被扯破的主帆，升起了最后一格，只占原先的三分之一，只能等到了码头上拆下来缝好。

浪依然大，风依然大。好在风有点向东偏转，我们的航向开始向东南转回来了。大家似乎对海浪和摇摆也习惯了，没有昨天那样难受。再有就是温度低了，舱内可以睡觉了。

下午在摇摆的舱里抱着水池做了一顿饭，绿豆米饭加洋葱炒鸡蛋。这几天的零食当饭吃也够不好受的，得出的经验就是到了新西兰，我们要好好准备到合恩角的40天的饭，尤其是风浪大的时候的饭。这几天对我们也是锻炼。

12月20日

船位：S24°33.26′，E153°49.49′

风速10节

早晨非常晴，风也小了。几天的南风（就如同我们的北风）把天空吹得干干净净，觉得天很高，人的心情也豁然开朗。我们航行的第一个飓风危险区过了（图二二）。

图二二 万里无云

此时，我们已经接近了澳洲大陆的东岸。中午我们在望远镜里看到了陆地，矮矮的，不像我们沿海有那么多的高山。我们明天将踏上一个新的大陆，现在的纬度和厦门相对，季节应该像厦门6月的天气。

上午对船只进行了全面的检查，发现上次调换的侧支索又有几股钢丝断裂了。这就更需要我们到澳大利亚进行更换，但我们的签证问题到现在还没有得到澳大利亚方面同意的答复。移民局的邮件回复称，直接进入是很严重的，要每人罚款3000澳币(相当人民币1.8万元)。因此，徐毅正在抓紧和澳大利亚的航运代理公司联系。

这里的海水非常干净，颜色和赤道北边的稍有不同。有点这边是蓝黑墨水，那边是纯蓝墨水的意思。我想可能是天空中的水汽对阳光反射颜色的不同吧(图二三)。

图二三 海天一色

12 月 21 日

船位:S27°05.9′,E153°19′

风速:10 节

天刚蒙蒙亮,厦门号的右舷绕过布里斯班港狭窄通道的白色灯标,沿着左红右绿的灯标驶入弯弯曲曲的河道。14 点。我们接近了 RIVER GATE 游艇会。码头上有几位身穿蓝色工作服的身材高大的工作人员在向我们热情的招手。船靠过去,几个人接住绳子几下就系好了。这时我发现他们腰里都带着枪,感到很奇怪,码头工作人员怎么会有武器,原来是专为给我们办理入境的海关人员。

澳大利亚的海关很严。先是没收了我们的手机和硬盘类的电器,之后就在舱里翻箱倒柜,我们都不允许进去看。天气很热,想象得到,在舱里翻东西绝不是好受的。大约两个小时后,他们才检查完毕,开始认真地指导我们填表。快结束时,有一个人问徐毅,你的头巾上画的是什么。徐毅说是枫叶,他笑着说,是大麻叶。看到船舱里所有箱子都被翻了个,大家取笑徐毅说,就他的头巾闹的。整个过程是非常认真愉快的。

检验检疫方面,有了前两站的经验,我们在到达澳洲的前一天,就将生鲜、种子类的食品清理光了,舱内也打扫得干净整齐,就等他们检查了。九点一开门,吓了我们一跳。工作人员推来四个巨大的垃圾箱,足以把船上的所有食品都装进去。四位工作人员又把船舱翻了个个,认真的检查有没有虫卵之类的东西。每一个瓶子都要打开,闻一闻、问一问,确认后再礼貌的还给我们。可惜华侨大学王老师给的光秃秃的小树苗盆景被他们客气地收走了。

移民局的两位工作人员在看过我们的证件后说,我们没有办理签证就进入澳大利亚,将被每人罚款 3000 澳元。我们可以在 28 天内缴纳,也可以申诉,如果我们能说明,也可以免除罚款。一听,我们都有点傻了,这可是 13 万人民币呀! 好在后面有个申诉,不管怎样,船是一定要修的。

12 月 24 日

圣诞节的公园聚餐

帆船俱乐部周士敏的哥哥在布里斯班,听说我们来了,在圣诞节这天来接我们到他家附近的公园烧烤。

周先生家是一栋很好看的小别墅,院子有一千平方米。他还有两个活泼的小女孩。公园在他家附近,和我想的很不一样,只是一大片很漂亮的绿地和树林,非常干净,有几个小亭子和儿童玩的秋千玩具。空地上有一个很干净的电烤炉,可以免费使用。由于是圣诞节,很多澳洲人都出去度假了,偌大的公园里仅有我们几个。眼前都是绿色,空气中飘荡着植物的芬芳和回荡着鸟的鸣叫。天格外的蓝,云格外的白。很轻松的一个上午,食品只是佐料,真正享受的是朋友与自然的环境。

让我赞叹的是这里的清洁。没有清洁工走来走去,没有一块精细雕琢的石材,没有一片丢弃的垃圾,原木、枯枝、小河流水都是那样自然,让人仿若置身森林里一样。在感叹他们真会享受的同时,也在检讨我们自身。每个公园都有太多的人工雕琢、修饰,不但要花很多的钱,要有很高的维护成本,和这里相比也缺少了真实。

12月26日

壮观的悉尼——霍巴特帆船赛

我们昨天乘飞机到了向往已久的悉尼，今天早早地到了悉尼北岸的一个小山坡上。这个地点是一艘准备参赛的帆船船员告诉我们的。虽然时间还早，但陆陆续续来了很多人。很多人把浴巾铺在草地上，小孩子在边上玩耍。很快，悉尼湾就热闹起来了。船越来越多，杰西卡的粉红女郎也在其中，还有一艘船上面画了一个巨大的斑马，直升机也在天上飞来飞去。湾里很快有了上百条船，帆船、游艇、游轮、独木舟交杂在一起，非常热闹。13点，赛船分两个级别同时启航，快船在第一条线上，小一点的在第二条线。随着一声炮响，看比赛的人都鼓起掌来。虽说不能参赛，但他们的热情却非常高。88艘参赛帆船在上百艘各式观赛船和10架直升机的全方位簇拥下，几分钟就驶离了我们的视线。虽然启航的过程很短，但那震撼的场面却永久的停留在我们的心里(图二四)。

图二四　悉尼——霍巴特帆船赛

12月31日

海洋环保

我们在布里斯班停泊的10天，码头每天都能挡住顺流而下的漂浮物。这些漂浮物都是一些树的枯枝落叶，没有看到漂浮的塑料袋或食品垃圾。在穿过黄金海岸的30海里内湾时，我们也没有看见一片垃圾，不由得让人感叹这里人的清洁习惯。

而在国内的一些景点，不说水中含有的污染物，单水上漂浮的乱七八糟的垃圾每天都收不过来。看来爱船先要爱水，水好才会有人爱船。应该把爱自家床单的爱法用来爱护我们身边的自然界，那样生活才会更好，毕竟人不是总躺在床上吧。我在签证处见到一个大约两岁的小孩，吃完糖果后把包装袋递给他妈妈，而不是丢在地上。环境保护要从孩子开始就养成习惯，这样我们的家园才会更清洁。

早就听说澳洲人喜爱帆船，这下真领略到了。由于得知新西兰也要签证，我们计划把船先开到悉尼，然后从那里去新西兰，即省了钱，也省了时间，风向也会好。

我们穿过狭长的内湾从黄金海岸出海，一路上遇到无数的帆船和游艇。感人的是两船相遇时，双方都会挥手致意，让人感到非常舒服。这一天不知挥了多少次手。

你会看到很多挥手的姿势，有使劲挥的，有含蓄挥的，但绝不敷衍。我们也许永远都不会认识，但会把快乐带给对方。

他们的船大多比较小，很多是老夫妻驾驶的。船很有风格，自己装点，但绝不豪华。两对年轻的父母更夸张，将很小的小孩绑在充气筏上，拖在快艇的后面。这要在国内，一定会说不是亲生的。

澳洲有非常多的公共锚地，水面上也设置了很多免费使用的锚泊浮球。我们看到很多船都拖着一艘小艇，走到哪里就锚泊在锚地，开小艇上岸玩，晚上再驾小艇回船上住，非常方便。如果我们的海域有更多的便利，也会有更多的人参与到海上活动中来。

船修好了，全部支索都换成新的了（图二五）。我们的下一站是新西兰，短暂停留后就开始横渡南太平洋。这条航线在全世界航海者心中都是最具挑战的航线。在悉尼的澳大利亚航海俱乐部里，我们见到了两位德国帆船航海者。当他们看到中国国旗时，走过来、走过去，又看到船舷上的CHINA XIAMEN，然后走回来问，你们从哪里来？我说中国。你们到哪里去？我说环球。他居然用中文的“牛X”来称赞我们。目前，我们中国人到发达国家的签证办理起来依然不顺利，我们此次航行深有体会。但我们努力地去做，做更多提高国民素质的事。早晚有那么一天，我们可以顺利的周游世界。

图二五　澳大利亚工程师在换侧支索

澳大利亚至新西兰，航程：1200海里，预计航行时间9天。

新西兰——合恩角，航程：5000海里，没有补给点，穿越西风带、绕过南纬56度的合恩角。预计航行时间：30天。

2012年1月5日

改变航行计划，冲刺合恩角

航行之前，从各方面了解到的签证信息是，驾驶船舶进入新西兰时不需事先办理签证，但要求船上人员整船进整船出。因为有了澳大利亚的经验，我们还是直接和新西兰移民局联系了一下。得到的答复却是中国不在这个条款的范围之内，我们一定要事先办理签证。我们到新西兰领事馆时，签证官说我们必须有新西兰下一个站的签证才可办理签证。怄气，我们中国人办出国签证怎么就如此费劲。我们又赶往智利领事馆，智利领事馆的官员还不错。先是说不能办理，之后听说我们是帆船环球航行经过，就告诉我们需要提供哪些材料来说明。经过两天的整理，总算把材料递交上去了。但这个过程需要5至10个工作日，不管怎样，总算有点着落了。

根据时间推算，如果等智利签证办好之后再办理新西兰的签证，时间最少要20天。这样，我们通过合恩角的时间就会推后，再加上其他因素的影响，气象条件对我们就会很不利。因此我们决定取消新西兰停泊点，把原计划在新西兰进行的船舶检查安排在悉尼进行，在智利签证办妥后，直接驶往智利南端的威廉姆斯港。

原计划南太平洋不间断航行的距离是5000多海里，这样就变成了约6000多海里。我们就要在海上不间断的航行约40天。根据目前的时间推算，如果我们1月20日启航，到达合恩角的时间有可能是3月1日至10日。澳大利亚的三次单人环球航行，通过合恩角的时间都是在1月底2月初。这期间的气象条件比较好，但也都遇到过四十节的风和十米的浪，并且温度都在五度左右。3月份的寒冷也是对我们航行的威胁。水温低于五度，会使船舱温度更低，再加上潮湿，人员会发生冻伤。由于澳大利亚没有低温柴油，发动机也可能启动困难，一旦无法启动将导致供电困难，并导致通讯导航问题。总之，厦门号是中国第一艘沿西风带横跨南太平洋的帆船，也是第一艘绕过合恩角的帆船。虽然我们在澳大利亚了解了一些环球航行的情况，做足了已知的准备。但实施方案一定还有许多计划不到的地方，尤其这40天要沿着西风带走。如果我们走低纬度，天气会好，但距离远、速度慢，时间也会更长。接近合恩角时气象条件会变差，也会产生补给和人员的心理压力等问题。如果走高纬度，距离会短，但风浪大，对人、对器材的要求也更高。我们将在航行途中，随时掌握天气的变化，变更航向和行驶纬度，确保顺利完成这个航段。

1月8日

厦门号帆船在悉尼进行全面检修。澳大利亚的帆船检查专家检查了船体结构，并根据我们的航线特点对帆船进行了全面的检查。得出的结论是船体结构没问题，其他一些问题也可以在出发前解决。帆船将在12日下水返回澳大利亚帆船俱乐部。

1月9日

澳大利亚海洋博物馆

随着一艘在图片上经常见到的古帆船出现在我们眼前，澳大利亚的历史便开始一页页的在参观者面前生动地展开，这就是澳大利亚海洋博物馆。依我们看，它应该叫航海博物馆，因为这里的陈列基本都与船有关。HMB Endeavour 是库克船长著名的探险船只的复制舰，展现了库克船长和船员在1768到1771年漫长而艰难的环球航行。这就是澳大利亚历史的写照。

上了船，有几位年长的解说员为你解说。不论你是几位，他们都会如数家珍地给你讲解每一件沉淀着许多故事的展品。虽然不是周末，但仍有家长带孩子参观，让他们从小就知道他们祖国的历史。展馆很大，展品也多被隔成如同船舱的小屋。吊在空中的澳洲海军直升机、第一位女性单人环球的帆船、第一次绘出的南十字星天象图、一个分解的灯塔等等，很多的第一让你清楚地感觉到这个国家来自海洋，感觉到他们的前辈依靠六分仪和星象图在航行中的艰辛和勇气。展馆配备了很多电脑，人们可以从这里看到展品更多的故事和图片。展馆还展出了现代驱逐舰和潜艇。每一个地方都有讲解员为你解说，如潜艇的解说是一位白发老人。他的第一句话就是，你愿意在这艘船上服役吗？他讲解得非常生动，让人以为他也许就是这里的艇长。

展馆的最后一项是观看一部保护水的电影。每人手捧一个发光的水滴，在全景棚里席地而坐。银幕中间是一个以前农村常见的压水机。没有台词，一切都在蓝色里，是那么的美好。慢慢的，流出的水变成黑色，枯瘦的小孩挑着水桶在龟裂的土地上行走，成堆的塑料垃圾充斥了海湾，喷涌而出的废水管道、巨大的鲸陈尸海滩等等。最后大家手捧发光的水滴很虔诚地依次走过，没人讲话，但心中都在感叹，水！水！每一滴水都要珍惜和保护。

博物馆在海湾里，这里的水面和地上都看不到垃圾，海鸥自由地在人群中走来走去……

2012年1月10日

China new year

这里也有过年的气氛了，大街上悬挂着大幅的中国新年的宣传旗。走在街上你会看到很多的中国人，据说有几十万，看来这里的华人在新年时也很热闹。最大的感受就是“中国制造”随处可见，只要你看好的商品，好像都是中国制造的。从这点来说，我们应该自豪，因为我们生产了最好的产品。但遗憾的是中国制造仅仅是制造，好像没有中国的品牌展示在这里，希望以后会有。

1月23日

船位：S34°15′，E151°39′

风速：14节，航向：132°

大年初一早上九点，海关人员准时到澳大利亚游艇会码头的厦门号船边，为我们办理离境手续。临走时他们说：“你们可以在24小时内随时离开。如果你们航行中遇到问题需要返回澳大利亚，就请给我们电话，我们会到码头为你们办手续。如果你们需要继续在澳大利亚居留一段时间，你们要记住签证是三十号到期，不要过了。”之后，很真诚的和我们道别。

朝向无际的灰蒙蒙的大海，让我有了很强烈的踏上探险之路的感觉。到达合恩角的这段航程相对于我们整个环球航行来说，就如同去珠峰登顶，合恩角就是顶峰。所以，有兴奋，也有压力。我们的计划是从悉尼出来，根据风向向东南行驶，从新西兰的最南端绕过，进入南纬45至50度的西风带海域。这段航程有一千多海里，再向东折，行驶至合恩角。

傍晚，小李和小连值班，其他人都在摇摆颠簸的船舱休息，准备值夜班。澳大利亚东海岸是冲浪者的天堂，因为这里的海底到岸边的过渡很短，离岸两海里就有两三百米深，离岸20海里就有两三千米深。大洋上的长涌在岸边被海底抬起，形成涌浪。从开始我们的船就一直在大幅度的跳跃，船首不停地拍浪并发出很大的声响（图二六）。

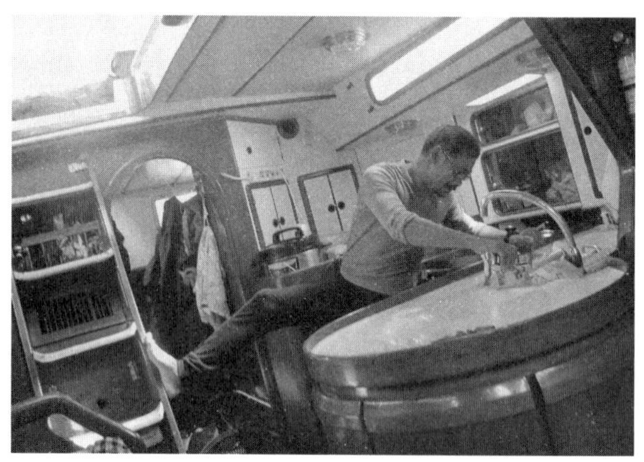

图二六　倾斜的舱要这样站

躺在船上刚要睡着，忽然迷迷糊糊的感觉舱内有海水流动的声音。爬起来一看，地板上什么也没有。刚要睡着，又听到哗的一声，再看还是没有，还在想外面的声音怎么这么清楚。刚睡过去，就听到小李大喊"船长！"这是我最怕听到的声音，赶紧答应。他很紧张地说："舱里有水！"我一看，船舱后部的地板上已经漾起浪了，声音就是从这里发出的。我赶紧喊其他人，烙铁取出应急排水泵接电源，徐毅到厕所检查和打开排水阀门。一阵忙活后，水位得到了控制。经检查，污水箱的出口阀门有问题，风大船斜导致海水倒灌从而造成了舱内进水。经过一阵折腾，再加上在岸上待久了，有点不适应，我们中的好几个都晕船了。虽说有点出师不利，但对在未来六千海里无停靠的情况也是很好的经验。不过想起来还真后怕，因为水漫高后就威胁到船的电源了。

1月24日

船位：S36°41′，E153°17′

风速：14节，航向：132°

经过一夜的摇摆，大家还都没缓过劲来，因此饭也省了。我们准备了足够100天的食品。前天，在这里的中国朋友杜老师开车到悉尼蔬菜批发市场，采购了很多蔬菜，有白菜、包菜、萝卜、西红柿、南瓜、辣椒、茄子、土豆和葱头。我们还准备了很多食品，主食有麦片、澳洲大面包、意大利面、挂面、泡面和国内带的两百斤大米，另外还有黄油、奶酪、13斤牛肉做成的牛肉酱和小连同学做的肉酱，再加上水果，整个后舱都塞满了吃的。当然蔬菜水果是不好贮存的，我们准备这其中有百分之五十是损耗。

走之前，厦门的陈总打过电话来，专门询问了厦门号通讯导航设备的情况。他还请来悉尼的技术人员为我们的设备进行了检查，他们说，这段航程将会非常艰苦，一旦有问题无法外援解决，所以一定要准备好。

1 月 25 日

船位:S37°43.5′,E154°40.1′

风速:15 节,航向:150°

经过两天的调整,大家都恢复到了航海状态。因为昨天没有做饭,中午准备做米饭改善一下。我先把米放入锅里,然后拿五升水的桶准备往里倒。当时,船倾斜太厉害,大约有 20 度。我稳定了一下,双手举起桶,刚倒了一点,突然船向右猛地掀了一下,整个人就像从高处掉下来一样,连人带桶从左舷飞到了右舷,砸在工作台的边上,又钻进工作台下面。我快速地爬起来,可是胸腔像被捆住了一样,一点气都吸不进去,只觉得发出闷闷的声响。徐毅赶紧过来扶我,又拍后背。我挥挥手想说没事,可什么都说不出来,心里想,这下坏了。

1 月 26 日

船位:S39°55.639′,E157°31.86′

风速:19 节,航向:100°

塔斯曼海的风浪还真名不虚传,尤其是涌浪。今天风速 20 节,风向偏北,船横风行驶,航速 10 节。昨天我们跑了 200 多海里。

10 点,徐毅打开卫星宽带,查看未来五天的高纬度气象情况。他发现 30 号左右,在新西兰南部海域有五十节的大风,并伴随大雨。我们当即决定改变航向,向东行驶穿过新西兰南北岛之间的库克海峡,顺便到惠灵顿检查一下身体。这样也避免在未来四十天没停靠的航程出现问题。

昨天被撞的地方痛了一夜,没办法翻身,甚至动一动都没办法。要命的是,船的每一次摇摆都会让我感到很痛。根据以前左胸肋骨骨折的经验,我判断可能骨折了。由于没有出现发烧及其他现象,应该没有气胸及内脏的伤害。疼痛感起码要持续一周时间,看来这个罪一定要受了。

由于我们没有新西兰的签证,因此汲取去澳洲没办签证的经验,提前与新西兰海上警卫队联系,请求紧急靠泊。

1 月 27 日

船位:S39°50.885′,E160°45.044′

风速:19 节,航向:100°

凌晨 1 点,我被卫星电话的铃声吵醒,赶紧叫徐毅,因为自己没办法动。电话是新西兰海岸警卫队打来的,他们详细地了解了我的伤情,问我们是否需要他们现在派直升机来把我接走。我听了很感动,但感觉不需要,并且这里距离新西兰还有 400 多海里,就谢绝了。之后,他们要我们每天报一次方位,有问题随时呼叫他们做应急处理。

1 月 28 日

船位:S39°57.44′,E164°07.567′

风速:19 节,航向:86°

塔斯曼海是澳大利亚东南部与新西兰之间的海域,受西风带的影响,涌浪很大,就算是没什么风的天气，海面上也有四五米高的长涌。海是深灰蓝色的，没有赤道附近那种艳蓝的诱惑，似乎更加深沉，更容易让人有遐想的空间并感受大海的广阔。

我们六个人如同一部旋转的机器，缺了一个零件就会有问题。我伤了，船上由徐毅指挥。他将值班做了调整，由固定的两人值班换成了交叉接替，船上的值班及生活依然很有序。只是，我看到他们上来下去的感觉很不舒服，并且心里有些担心，真要是发生问题不能继续走可怎么办。

国内的朋友很关心我的病情，专门打来卫星电话询问，甚至请医生在电话里给我诊治和指导服药。烙铁为了避免由于船的摇摆使我产生的疼痛，就在船上做了两个带子，并用它们固定了两个坐垫，把我夹在中间。我身体不动了，可心里却憋得难受，只好盼着病情尽快好转。

1月30日

船位：S40°27.654′，E171°37.665′

风速：16节，航向：091°

看到新西兰的山了，新西兰海上警卫队把与我们的联络移交给了海事部门。海事部门做了更详细的了解，安排了游艇会泊位及岸上接应办法，并要求我们每六小时与他们联络一次，最后又确定了准确的靠岸时间。这两天风小了，似乎我们每段航程都是这样，要靠岸的时候天就好了。

今天起床后似乎感觉好了很多，就费劲地爬上了甲板。久违的蓝天碧海，顿时让我感觉舒服了很多。想到我们此行有那么多领导和朋友的支持，我们一定要做好。此次受伤也给我们敲响了警钟，船上安全要更加注意。原来只注意不要掉到海里，看来船舱里也要注意。用我的伤换来大家的注意也是值得的，只是有点悬。

1月31日

进惠灵顿

船位：S41°22.67.4′，E174°49.359′

风速：30节

今天早晨起床时感觉像好了一样，身上很舒服。我直接坐在了值班的位置，还为大家做了一顿饭。我想受了伤还是要活动一下，这样也会恢复得快些。可大家说，你要躺在床上，没事也要装作有事，上岸的时候我们要把你抬上去。我说要是肋骨长上了或者没断怎么办。大家就开玩笑说要烙铁准备一个锤子，不行就再来一下。现在不断都不行了，免得新西兰说我们骗签证。我似乎也找不到痛的地方，心里还真有些犯嘀咕。

新西兰海事部门再次确认了到达时间，说救护车、海关和移民局的人会在码头等候。

上午十一点进入库克海峡，海面风浪开始加大，从十七节增加到二十五节。十三点时，增加到三十节、阵风四十节（图二七）。此时我们已经接近了惠灵顿的湾口，本想贴近山边就可以躲避大风进入海湾了。没想到风在这里转向，从湾口吹出来，而且阵风达到了五十多节。快接近湾口时，突然前帆卷帆器的绳索断了，整个大前帆完全放

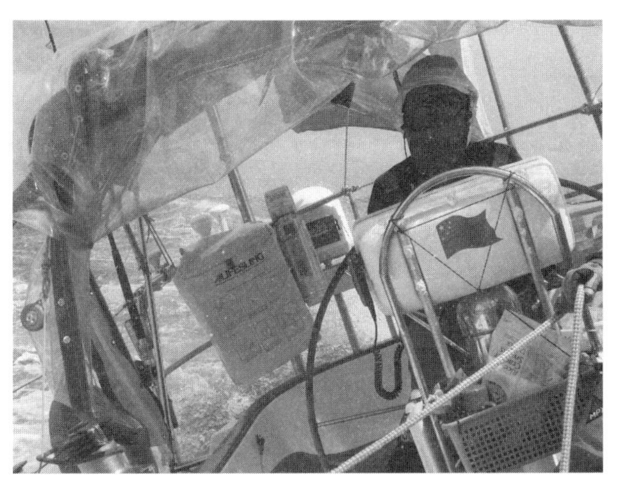

图二七 库克海峡的风真大

开，在狂风中剧烈的抖动，控帆索像一条沉重的钢鞭在空中挥舞。徐毅果断地把即将进入窄航道的船转向顺风驶向外海，避免漂到岸边。小李和烙铁冲到船头，巨浪无情的从他们头上越过扑上甲板，风的号叫中仍能听到他们大声的喊叫。帆一点点的收紧，主帆也顺利落下。此时惠灵顿港务部门已经从海事部门接过了与我们的联络，说救护车等已经准备好，港湾里仍有三十节的大风，问我们是否需要帮助。由于帆船的动力比较小，我们迎风时仅有一节的航速，我们回答需要帮助。因为在窄航道中，一旦动力发生问题后果将是非常严重的。就在我们在港外落帆的过程中，一艘很大的新西兰客轮在围着我们转。虽然我们还没顾得上联系，但看得出他们在看护我们，也许是想为我们挡风。可我们那时根本无法靠近他们，但心里非常地感谢。

大约一个小时后，一艘海上警卫队的船在风浪中出现了。在对讲机联络后，他们问我们需要怎样的帮助。祖扬说我们的船目前状况还好，就让他们为我们护航。他们就航行在我们的前面，我们航速两节，他们就慢慢地保持二十米距离，一路领着我们。

17 点，在海岸警卫队的护航下，我们顺利地到达了惠灵顿游艇会。在回复我们向护卫艇的感谢中，他们说看到我们很高兴，祝我们船长早日康复。

穿绿色服装的医疗机构人员在码头上为我检查了身体，并把情况说给了海关和移民局。我没有装成没有恢复的样子，因为我觉得一切都要实事求是。不论在什么情况下，就如同我们在向澳大利亚移民局递交的申诉报告那样，其实人家也会理解。事后和朋友一起聊天，他们说在新西兰和澳大利亚，人们不会对他人说的话表示疑问吗，警卫队凭什么相信我受伤了，凭什么一路关照。这就是为什么我们非常需要“人与人的信任”的原因。

六天痛苦的航程，但感受却没有那么痛苦。因为感受了更多的爱，也唤起了更多对他人和大海的爱。

后来，新西兰的签证办得很顺利。这两个因为签证问题从航行计划中取消了的国家又都到了。我开玩笑说，用两根支索换了澳大利亚签证，又用两根肋骨换了新西兰签证。离开菲律宾时，我曾对中国游艇协会的谢老说，我们不去澳大利亚了，他说没关系，随缘吧。

伤真好了，医生的诊断书显示，右侧6、7、8肋骨骨折，但对接良好，没有气胸等异常，不需用药，慢慢恢复。

我们又要起航了，一路向东朝着家的方向。

2月11日

帆船之都

趁着采购发动机螺旋桨的空隙，我们到世界闻名的帆船之都奥克兰拜访了新西兰北区海岸警卫队和皇家游艇会。警卫队的负责人接待了我们，一见面他就用手捂住肋骨装做痛的样子。我们都笑了起来，我告诉他我已经好多了，并感谢他们的帮助。新西兰海岸警卫队不是我们通常以为的国家安全机构，而是一个政府资助的民间组织。它的经费来源除去政府资助的部分外，还有企业赞助和帆船游艇个人缴纳的会费，另外一部分费用就是赌场等娱乐场所缴纳的费用。警卫队的工作人员80%是志愿者，这些人不领取任何报酬。在新西兰报名参加警卫队的人很多，需要经过严格的培训才能成为志愿者，最终入选的条件很苛刻，因此成为志愿者也是很高的荣誉。北区海岸警卫队装备有两架直升机和四艘高速艇，指挥中心的墙壁上有十几面显示屏，分别显示着海图、地图、气象、船舶流量等信息，几个穿制服忙碌的人也都是志愿者。在这里，每年约有7000人在他们的帮助下脱离危险。我们谈话的时候就有一艘快艇刚把一名患者接到码头。另外，海岸警卫队也参加一些维护治安的联合行动。我们看到奥克兰的海面上帆船和游艇很多，正是有了海岸警卫队的保障才能让海上活动安全有序的开展。而这些成员来自于社会，这点对我们将来的发展是极好的借鉴。

奥克兰皇家游艇会有一百多年的历史，琳琅满目的银质奖杯摆满了陈列室，向人们诉说着这里帆船运动的兴盛。其中有两尊美洲杯帆船赛的奖杯，是他们两届比赛的冠军荣誉。港池里，停泊着1900艘帆船和游艇；码头上，新西兰美洲杯帆船队在进行训练。曾获得过荣誉的上届赛船经过改装后也用于接待游客，每人花50新元就可以乘坐满载着荣誉的美洲杯赛船出海，去体验世界最高级的帆船赛(图二八)。

图二八　奥克兰皇家游艇会

2月14日

离开新西兰,意外的接触

船位:S43°08′,E176°48′

风速:10节

新西兰海关来了三位工作人员为我们办理离境手续,其中两位会讲中文,因而办得很顺利。今天的惠灵顿湾海平如镜,和我们来时是截然不同。

16点,船已经驶出库克海峡,开始了5000海里的跨洋航程。17点,我们在甲板上整理船帆进行夜航准备。突然船顿了一下,又向上抬了一下并发出一声很重的击打船底的声音。我立刻感觉是撞到东西了,赶紧往水里看。在我的脚下,一个巨大的棕黑色的物体浮出水面。我惊呆了,大喊:"烙铁、祖扬,我们被鲸鱼撞上了,快来看!"鲸鱼巨大的身躯慢慢地从船底滑出,竖的条纹,一粒粒圆圆的鼓包,和电影《海洋》中的一样。我期待着它喷出水柱,期待着看到它张起巨大的尾鳍,一切都是那么的突然,又那么的近。突然我想到,如果尾鳍上来我就下去了。我赶紧抓住身边的绳索。鲸鱼慢慢地滑过,露出的脊背重新潜入海中,没有出现尾鳍击打水面的动作,也没有喷水,无声地离开了我们的船。它一走,我们立刻想起船是否有问题,烙铁用水下摄像机拍摄螺旋桨,祖扬到船舱检查是否有漏水。我心想,一旦出现问题要回港修理那可笑话大了。还好,经过一番检查没有发现问题。那头鲸鱼在我们船尾几百米的地方又露出了海面,像一个浮在海面的大木头,呼吸时喷出的水柱好高。这时我们开始担心鲸鱼会不会被我们撞伤,看着它在海面上大口的喘气,心里总不是滋味。直到一小时后,右前方的另一头鲸出现,也是在海面上不动,大口的喘气。才想到我们船速很慢,应该不会撞伤它,才心安的继续向前驶去。

2月15日

船位:S42°39′,E176°10′

风速:26节,航向:103°

太阳升起后,海面上很静,发现不远处有一个像鱼鳍样的东西竖在水面上。我们以为是鲨鱼,一会又看到几个。烙铁就拿起相机开过去看,近旁才看清是海豹。以前都以为海豹是在岸边生活,而我们现在距离最近的岸边也有50海里了。海豹两只手抱住头躺在水面上睡觉。我们来的时候,它们睁开大大的眼睛,翘起长长的胡子,抖抖头上的水,翻过身,像海豚一样在我们船头跳跃。它们好像属于一个家庭,其中最小的只有50公分长。它们对我们一点防备都没有,跳几下又翻过身躺在水面上。我们不忍打扰他们,就扬帆远去了(图二九)。

16时,天空开始布满阴云。风逐渐增大,从15节增加到30节,但不是想象的西风而是东南风。我们收起大前帆,升起暴风帆,主帆也缩小了一半,为进入夜间航行做准备。这一夜,我们初次领教了西风带的寒冷。气压升到1020百帕,高密度的空气,在30节大风的推动下,在海面掀起四到五米的大浪,气温也降到16度。我们迎风行驶,航速7节。为西风带准备的羽绒被发挥了作用。为了增加热量,我们准备了加巧克力和奶粉的麦片,用开水一冲就可以吃。驾驶台也增加了一个透明的雨棚,值班舒服多了。

图二九　海豹

看天气预报，我们所处的位置是一个风带的边缘，明天天气会逐渐转晴，风也会逐渐减小。不过我们觉得有风总比没风好，起码我们有速度，总不能在海上漂，那4000多海里要漂到什么时候。

2月16日

船位：S43°21.5′，E178°42′

航向：93°

今天天气好多了。南太平洋的海豚很多，但自从被鲸撞了一下，见到成群的海豚都有点紧张，生怕它钻到船底下时被螺旋桨打坏。在悉尼修船时就发现舵的后边缺了一块，像是海豚咬的。如果真伤了它，我们都会很难过的。再说如果螺旋桨坏了，对我们也是很麻烦，只是求这些小宝贝别在船底下钻来钻去的。

昨天风大没有做饭，今天决定改善一下，用澳洲买的发面粉做一回烙饼。面粉加鸡蛋调好后，放在火上，结果烙出来的和面包一样，非常好吃。这样，我们这段航程就有好吃的了。

夜晚烙铁值班后说，月亮在海面升起来时像一面金色的船帆，非常好看。因为这里的空气湿度很低，天空非常透彻，星星也是在海平面上，看上去像行驶的船灯。

2月16日

过日期变更线

船位：S44°59′，W180°

8点，船驶过了国际日期变更线，这样我们就又重新过回了16日。我们开玩笑说，多活了一天。从现在开始，我们的经线就是西经了。

2月18日

船位：S47°30′，W172°08′

风速20节，航向：126°

昨夜，在寒冷中度过了西风带上又一个风雨飘摇的夜晚。0点以后，风速突然从15节增加到30节，阵风达到35节，船速达到12节。狂风卷着巨浪从船侧后方袭来，不时将船头高高地抬起，发出哗哗的响声。船尾的水流发出白色的荧光被拖出几十米远,周围的浪尖也都闪着粼光追逐着我们。前方一片漆黑,厦门号如同闭着眼一样在风浪中狂奔,让人有种心里没底的感觉。要命的是天气预报并没有说这个海区有高于20节的风,因此我们也没有将主帆缩小。漆黑的夜晚,在狂摇的甲板上工作是非常危险的。一旦落水,将是永别。所以只能注意观察,熬过夜晚待天明后再做调整。

天亮了,天依旧阴沉沉的,气势磅礴的长浪不断地从船尾涌来。勤劳的海鸟已经在波峰浪谷中像战机一样地穿梭飞翔了。它们紧贴着深黑的海面,翅膀尖向下扣着,紧随着波浪起伏。每当我看到它们矫捷的身影都会从中获取力量,大海是属于他们的,也是属于我们这些勇敢水手的。

2月19日

船位:S47°31′,W167°47.2′

风速:11节,罗经航向:55°,真航向:90°

昨天我们走了180海里,按这个速度,我们再有25天就可以到合恩角了。我们现在已经接近了南纬50度,这个纬度是南极低压与南太平洋高压的交界,因此风力稳定。另外就是海流,我们将乘着稳定的西风一路漂流到合恩角。

通过这几天的航行,对西风带为什么被称为咆哮的西风带有了切身的感受。来一片云,风速立刻就上升到25至35节,随便就是五六米高的大浪;南风一吹,温度就下降到十一二度;北风一吹,又升到十八九度,不断的变来变去(图三〇)。海浪对我们也是很大的考验,这几天就没有没浪的时候。即便风小时,海上依然有浪,船左右摇摆都在30度。昨天晚上说好几个月没有吃过包子了,就试着包。包好后刚要往锅里放,一个浪过来,整屉包子掉地上,结果大家拿手电满地找,都摔瘪了。蒸出来都开口了,大家起名叫开口笑,所以大家在船上都很小心(图三一)。

图三〇 西风带的条状云

我们现在的生活很简单。值班时,甲板上狂风恶浪的。值班以后,到了舱里又摇得厉害,索性就躺在床上盖着被子休息,说起来比在赤道时,外面有雨里面热还好一些。

图三一 阴云密布,海浪像小山一样从船尾追来

2月20日

船位 S49°48′,W163°09′

风速25节,罗经航向:70°,真航向:104°

傍晚,我们距离南纬50度只有十几海里了。为避免夜间换舷的麻烦,决定顺风换舷。航向从原先的170度转为90度朝向正东行驶。

在这里,厦门号的GPS实际移动航向是87度,但船上罗经航向是50度。我想关注我们航行的朋友帮助解答一下,是磁偏差还是地球经纬线在地球高纬度地区的角度?

厦门号的这次环球航行,让我们大大的扩大了地理、航海、人文和生物等方面的知识面。比如说,帕劳的小岛是珊瑚基体的,底部被海水侵蚀得像个蘑菇,珊瑚是怎样长这么高的。澳大利亚和新西兰没有猛兽,只有其他大陆没有的有袋动物。这里的牛羊都放养在山上,如果有虎狼类的猛兽,那可就有的是吃的了。从厦门出来,海上不时的能看到飞鱼,但过了新西兰就再也没有看到过。这里的海上有非常多的飞鸟,它们什么时候飞到陆地上去繁衍,它们靠什么导航去找到陆地。在这离陆地上千海里的地方有海豹,他们怎样找到陆地。这些疑问给我们的航行增加了话题,但就我们的知识来讲还没有答案。我们会把这些为什么,充实到我们的航海文化馆里,让人们更多的了解海洋世界。

2月21日

船位 S49°47′,W158°20′

风速25节,罗经航向:60°,真航向:100°

每每从船舱探出头时,看到的都是小山一样的浪,听到的则是刺耳的风声。大海在这时可以说没有任何美丽可言,黑灰色的海水,凛冽的寒风。我们的帆船如同漂在海上的树叶随波逐流。船帆不时在船摆动时发出令人心颤的巨大声响,总担心那些连接件是否结实。船舱里如同进了杂耍乐团,乱七八糟的声响乱成了一锅粥。不过好在我们已经习惯了,也凑合着能睡着。当四周一片漆黑,船被海浪推起来时,你会有那种飘悠在空中飞行的感觉，而不是在海面滑行。那一瞬间，让你感觉不到自己是怎样的姿态。

虽然如此，大海还是会露出内在的根本的美。就是当巨浪涌来，在你身边翻起浪花前的瞬间，你会看到一抹剔透的有一点绿的宝蓝色，像玻璃更胜玻璃。遗憾的是这个瞬间只能记在心里，相机几乎无法抓拍。也许这就是要认识大海，一定要更多亲身体验的原因所在。每个人在这时的感觉应该都是不同的。

2 月 22 日

船位：S49°52′，W152°37.569′

风速 26 节转 12 节，罗经航向：60°，真航向：98°

今天不再努力地去想哪天到达合恩角，也不再不停地测量剩余多少海里。这不仅仅是因为在海浪里摇得有点习惯了，更多的是把心摇平静了。在新西兰起航的时候，陈建发给我一条短信，是南普陀方丈发来的《心经》。说实在的，我是不信佛的，但我还是细细地读了。虽说还不懂，但我觉得心经就是心静，别有贪念，而把眼前的事情做好，就像那句"佛祖心中留"。真正的力量还是来自自己，但这个力量里已经有了佛祖的力量。

船速很快，我们昨天走了 200 海里，今天走了 213 海里。开船和开快艇似得，耳边听着哗哗的响声，海浪推着你，乘着风的翅膀在飞，这一切会让你喜欢上海风和海浪。那些勇敢的海鸟，让你联想高尔基的《海燕》，想到咆哮的西风带在你的脚下，你会为自己感到骄傲。

2 月 23 日

船位：S49°48′，W149°31′

风速 10 节，罗经航向：45°，真航向：87°

今天，大海给我们放了一个假。从早上开始，周围恢复了久违的蓝色，风小到我们启动了发动机。趁此机会，我们从头到尾检查了船和绳索，发现卷帆器的绳索还是磨卷帆器。烙铁忙活了好久，也没有办法根本解决，只好每次都要注意观察，否则在大风的时候会很麻烦。船的其他状况很好，今天大家也很轻松，说说笑笑的很开心。根据气象资料显示，这样的天气能持续几天，接下来的就是 30 节的南风，南风一吹气温就会下降，对我们又是严峻的考验。

2 月 24 日

船位：S50°07′，W145°19′

风速：5 节，罗经航向：50°，真航向：90°

今天西风带继续给我们放假，小李的身体也恢复了。全天风速没有超过九节，但下午的航速竟达到 7 节多。1030 百帕的高气压下，天气异常的晴朗。我们继续检查机器，发现自动舵的推杆连结处松动了。可能是被前几天大风大浪的冲击力弄坏了，烙铁忙活了接近 3 小时才修好。大家说，没有烙铁这环球航行是没办法继续的，都靠他了。

夜晚出奇的静,谁也没想到西风带会有这么好的天气。寒冷的北风轻轻地吹,透着清凉。我们猜想在这漫长的西风带上,也许只有我们在航行,反正我们没看到别人。

今天没有月亮,但海面却不黑。银河不再像北半球那样是一条银色的河,而是有了很多亮度深浅不同的分叉,像瀑布一样泼洒在离船不远的海面上。低垂在海平面上的星星,像同行船上的航灯,只是我们永远也不能靠近。南十字星高悬在我们头顶,牛郎织女好像也离开我们团聚去了。繁星点缀的南太平洋夜空,除去银河外,你还可以看到一团团像云一样的星云,令你会有万千的遐想。

海风轻轻的吹过,耳边只听得到船划开海面的哗哗声。祖扬说了一句话:“光说西风带有多么可怕,但只听别人讲不行,一定要自己去亲身体会。”

(未完待续)

征稿启事

《国家航海》由上海中国航海博物馆主办，内容涉及上海国际航运中心文化历史与政治理论、中外航海史、航海文物等方面。欢迎海内外致力于航海研究领域的专家、学者、工作者惠赐佳作。为方便作者来稿，并使稿件规范化，特将来稿基本要求告知如下：

1. 来稿应侧重于上海国际航运中心文化历史与政治理论、中外航海史、海上交通或贸易史、中外古船与沉船研究、水下考古、航海文物研究等方面，具有创新意识，选题新颖，方法合理，内容充实，观点鲜明，论据充分，文字简练，图文规范。

2. 来稿篇幅以12000字以内为宜，重大选题的稿件在20000字以内。本编辑部对来稿有文字性修改权，如不同意，请来稿时注明。

3. 稿件需提供200字左右的中文摘要和3—5个关键词；并提供文章题目、摘要、关键词的英译文本；请提供作者姓名、单位、职称、通讯地址、邮编、联系电话、电子信箱以及来稿字数等信息，以方便联系。

4. 投稿时，请采用打印稿和电子文本同时寄送的方式。打印稿一般应A4型纸隔行打印。打印稿寄至“上海市浦东新区申港大道197号《国家航海》编辑部”，邮编：201306，编辑部电话/传真：021－68282176；电邮发送至：ardmmc75@163.com，发送时请以“投稿－文章标题”格式为主题。所来稿件恕不退稿。

5. 编辑部择优录用来稿。稿件应遵守学术规范，严禁剽窃、抄袭行为，反对一稿多投。凡发现此类行为者，后果由作者自行承担。所有来稿的处理结果，编辑部将通过电子信函通知。

稿件书写规范

1. 每篇文章按文章标题、作者姓名、作者单位或地址(包括邮政编码)、提要、关键词、正文、英文标题、英文提要、英文关键词顺序编排。

2. 注释采用脚注,每页单独编号。

3. 除英文提要和纯英文注释使用西式标点符号外,统一使用中文标点符号。阿拉伯数字之间的起讫号一律用波浪线"～";中文之间的起讫号用一字线"—"。英文提要和英文注释中的出版物名称用斜体。

4. 第一次提及帝王年号,须加公元纪年;第一次提及外国人名,须附原名。中国年号、古籍号、叶数用中文数字,如贞观十四年,《新唐书》卷五八,《西域水道记》叶三正。其他公历、杂志卷、期、号、页等均用阿拉伯数字。

5. 注释号码用阿拉伯数字表示,作[1]、[2]、[3]……其位置放在标点符号后的右上角。再次征引,用"同上"×页或"同注[1],×页"形式,不用合并注号方式。

6. 引用专著及新印古籍,应标明注引章卷数、出版者及出版年代、页码,如:

[1] 谭其骧主编:《中国历史地图集》第七册(元明时期),(上海)地图出版社,1982 年,第 57—58 页。

[2] 姚大力:《谈古论今第一人:司马迁和他的〈史记〉》,《读史的智慧》,(上海)复旦大学出版社,2009 年,第 10 页。

[3] [明]马文升:《禁通番以绝边患疏》,[明]陈子龙等选辑:《明经世文编》卷六二,(北京)中华书局,1962 年。

7. 引用古籍,应标明著者、版本、卷数、页码。

8. 引用期刊论文,应标明期刊名、年代、卷次、页码,如:

[4] 张瑾瑢:《清代档案中的气象资料》,《历史档案》1982 年第 2 期,第 100—110 页。

[5] 邱仲麟:《保暖、炫耀与权势——明代珍贵毛皮的文化史》,《中央研究院历史语言所集刊》第八十本第 4 分,2009 年,第 555～629 页。

[6] 李眉:《李劼人轶事》,《四川工人日报》1986 年 8 月 22 日第 2 版。

9. 未刊文献标注,如:

[7] 方明东:《罗隆基政治思想研究(1913—1949)》,博士学位论文,北京师范大学历史系,2000 年,第 67 页。

[8] 中岛乐章:《明前期徽州的民事诉讼个案研究》,国际徽学研讨会论文,安徽绩溪,1998 年。

10. 引用西文论著,依西文惯例,其中书刊名用斜体,论文加引号,如:

[9]　Peter Brooks, *Troubling Confessions: Speaking Guilt in Law and Literature*, Chicago, University of Chicago Press, 2000, p. 48.

11. 其他解释式注释中涉及文献出处时,如下:

[10]　关于这一问题,参见卢汉超:《赫德传》,上海人民出版社,1986 年,第 89 页。

[11]　参阅张树年主编:《张元济年谱》第 6 章,商务印书馆,1991 年。

[12]　转引自王晓秋:《近代中日文化交流史》,中华书局,2000 年,第 456 页。

国际海事博物馆协会大会征稿启事

国际海事博物馆协会(International Congress of Maritime Museum),英文简称ICMM,是海事博物馆的国际性组织。2013年,国际海事博物馆协会大会将于9月8日～15日在葡萄牙的卡斯卡伊斯(Cascais)举行。

2013年国际海事博物馆协会大会旨在传承人类海洋历史、关注当下海洋热点议题。国际海事博物馆协会作为一个组织联盟,倡导人类航海文化遗产的重要性,并借助博物馆溯古通今、启示未来的文化功能实现上述宗旨。

国际海事博物馆协会由来自世界各地的海事博物馆组成,是一个全球性的组织联盟。本次会议以共享航海为主题——这是一个具有地域性、民族性和世界性的主题,并以多元化的方式来诠释这个主题。不同社会背景中的文化机构有不同诉求,这意味着需以多元化途径阐释历史。同样,在参会规模上也不拘一格。无论是小型的私立博物馆,还是大型的国立文博机构,都欢迎参会。本次会议之丰富多元,既是机会,也是挑战,旨在互相启发,取长补短,跨越国家与行业的界限,开创新的合作模式,共同致力于海洋文化的传承与保护。

现代社会中,海洋文化景观几经变迁,曾经熟悉的航海活动也难觅踪影。渔场、船坞、海上客运旅游与现代社会渐行渐远。同时,一些热点问题却与现实更加紧密相关,比如,全球性的海盗问题、海洋生态问题等。在波罗的海以及其他海域,历史与自然以一种全新的方式对接相连,数以千计、保存完好的沉船静静地躺在海底,然而周围的海水污染却日趋严重,大量历史珍宝正面临着威胁……

基于上述背景,会议组委会发出征稿邀请。诚邀那些关于海洋历史研究又具有现实关怀和未来启示的论文稿件。稿件内容具体包括:

1. 当下海洋热点问题的讨论
2. 历史上和现代社会中的海军角色
3. 航海历史——民族史还是世界史
4. 展望与使命——全球范围内博物馆的角色演变
5. 走向观众——与受众互动的有效途径
6. 新技术,新可能
7. 建立合作
8. 海事博物馆的合作:问题与可能

9. 业内最新动态汇报
10. 其他

欢迎中国的海事类博物馆以及从事航海文史研究的个人参会研讨，更多详情请查询网页：http://www.icmmcascais2013.org/；http://www.icmmonline.org/。

图书在版编目（CIP）数据

国家航海. 第四辑 / 上海中国航海博物馆主办. —上海 ：上海古籍出版社，2013.5

ISBN 978－7－5325－6819－2

Ⅰ.①国… Ⅱ.①上… Ⅲ.①航海—交通运输史—中国—文集 Ⅳ.①F552.9-53

中国版本图书馆CIP数据核字(2013)第088307号

国家航海（第四辑）

上海中国航海博物馆 主办

上海世纪出版股份有限公司
上海古籍出版社 出版
（上海瑞金二路272号 邮政编码 200020）

(1)网址：www.guji.com.cn
(2)E-mail:gujil@guji.com.cn
(3)易文网网址:www.ewen.cc

上海世纪出版股份有限公司发行中心发行经销 上海颛辉印刷厂印刷

开本787x1092 1/16 印张12 插页2 字数248，000

2013年5月第1版 2013年5月第1次印刷

印数:1-1.800

ISBN 978-7- 5325-6819-2

K•1719 定价：48.00元

如有质量问题，读者可向工厂调换